教育部人文社会科学研究规划基金项目

U0652538

科技型小微企业商业模式创新
——影响因素、内容结构和绩效

王益锋 著

西安电子科技大学出版社

内 容 简 介

全书共八章，内容主要包括科技型小微企业、商业模式的起源与发展、商业模式创新理论基础、科技型小微企业商业模式创新的多维影响因素、基于扎根理论的商业模式的结构模型、科技型小微企业商业模式设计对创新绩效的影响、初创科技型小微企业商业模式设计、价值主张视角下的商业模式创新演化。

本书既适用于相关学者和研究生研究参考，也适用于企业工作者尤其是小微企业从业者借鉴参考。

图书在版编目(CIP)数据

科技型小微企业商业模式创新——影响因素、内容结构和绩效/ 王益锋著. —西安：西安电子科技大学出版社，2019.12
ISBN 978 - 7 - 5606 - 5485 - 0

Ⅰ. ① 科… Ⅱ. ① 王… Ⅲ. ① 高技术企业—中小企业—企业管理—商业模式—研究
Ⅳ. ① F276.44

中国版本图书馆 CIP 数据核字(2019)第 252261 号

策划编辑　戚文艳
责任编辑　孙雅菲　阎　彬
出版发行　西安电子科技大学出版社(西安市太白南路 2 号)
电　　话　(029)88242885　88201467　　邮　　编　710071
网　　址　www. xduph. com　　　　　　电子邮箱　xdupfxb001@163. com
经　　销　新华书店
印刷单位　咸阳华盛印务有限责任公司
版　　次　2019 年 12 月第 1 版　2019 年 12 月第 1 次印刷
开　　本　787 毫米×1092 毫米　1/16　印张　12
字　　数　280 千字
印　　数　1～1000 册
定　　价　32.00 元
ISBN 978 - 7 - 5606 - 5485 - 0/F

XDUP　5787001 - 1

* * *如有印装问题可调换* * *

前言
QIANYAN

　　小微企业是小型企业、微型企业、家庭作坊式企业的统称，由经济学家郎咸平教授于2011年提出，近年来发展迅速，在经济发展中发挥着非常重要的作用。小微企业是我国经济发展的生力军、就业的主渠道、创新的重要源泉。截至2017年末，我国小微企业法人约有2800万户，个体工商户约有6200万户，中小微企业（含个体工商户）占全部市场主体的比重超过90%，贡献了全国80%以上的就业、70%以上的发明专利、60%以上的GDP和50%以上的税收。小微企业已成为保持国民经济平稳发展的重要基础，对就业、税收和社会稳定都有着积极的作用，在我国经济社会发展过程中起着非常重要的支撑作用。但是，由于固定资产偏少、技术水平偏低、生产成本较大、定价谈判能力薄弱以及融资受限等，小微企业在发展中遇到了困难。互联网的不断发展，"互联网＋"的提出和不断应用，为小微企业创新发展模式和提升发展质量提供了更好的机会。自2015年以来，政府工作报告高频提及小微企业，特别是2019年的政府工作报告，提及小微企业达12处之多。各级政府也纷纷重视小微企业的发展，银行等金融机构在融资等方面也不断给予支持和政策倾斜，小微企业的发展进入了新的时代。

　　科技型小微企业是专门以新技术、新产品为核心要素的小微企业，在我国小微企业中占有很大比重，是我国科技创新、技术进步的重要力量。科技型小微企业具有高创新、高投入、高收益、高风险等特点。大部分科技型小微企业拥有专利或独占技术，其成长性较一般企业而言更快，并且能够促进我国经济高质量发展，因而在国民经济中的地位愈发突出。

　　关于科技型小微企业发展的研究，学术界和实业界的不少学者和专家从政策制定、融资环境与途径、技术创新、团队建设等层面做了很多深入的研究，形成了非常好的极具学术价值和应用价值的研究成果。我们的研究是在我所指导的研究生多年来对小微企业的发展、商业模式及其创新研究的基础上，以及2014年立项的教育部人文社会科学研究规划基金项目——"基于长尾理论的科技型小微企业商业模式创新研究"的基础上，所形成的研究成果。

　　一般来说，科技型小微企业的发展除了依托相关政策、加强金融支持、引进高端人才、提升技术创新、加强团队建设等主要途径外，商业模式创建、转型及创新也是非常重要的途径，而且商业模式创新较传统发展途径而言具有更强大的市场效用和更明显的经济收益。亚马逊等巨头从创立伊始的科技型小微企业一跃成为业界龙头，正是通过自身商业模式的突破和创新来实现的。商业模式创新能够促进科技型小微企业的良性成长，并且推动社会进步和经济发展。

商业模式的创新要结合企业自身及其所处行业的特点，要综合企业所处的内外部环境来进行创新，从而形成一个适合企业发展的、较为独特的、有较强环境适应能力的企业商业模式。同时，还应注意的是，商业模式创新不是一成不变的，而是一个动态的发展及调节过程，尤其是科技型小微企业更应注重商业模式创新的动态管理。正如亚马逊多年来不断在构成自身商业模式的各要素间调整和重组，使商业模式处于持续创新状态。因此，科技型小微企业在面对内外部环境变化时，需要及时对商业模式进行适度的调整和再创新，以适应市场的变化，最终实现收益。

本书的研究成果是基于团队的研究工作，团队成员包括西安电子科技大学经济与管理学院的王倩副教授、李琳副教授，申宇琛、王峥博士研究生，王佳琪、王玥、尉一龙、王子威、靳孟茹、史露露、罗增荣、董婷等硕士研究生。本书的出版得益于教育部、西安电子科技大学和西安电子科技大学出版社的大力支持，在此对教育部、西安电子科技大学及其出版社、团队成员一并表示衷心感谢。由于"基于长尾理论的科技型小微企业商业模式创新研究"是比较新的研究领域，资料来源有限，团队能力有限，疏漏和不足之处在所难免，欢迎广大读者不吝赐教。

本书资助项目(项目编号 14YJA630063)：教育部人文社会科学研究规划基金项目——基于长尾理论的科技型小微企业商业模式创新研究。

王益锋
2019 年 9 月于西电

目录
MULU

第一章 科技型小微企业

与大中型企业相比，小微企业尤其是科技型小微企业更容易受资金、技术、人才、信息的制约而面临严峻的生存难题，成长状况堪忧。更有一些学者指出我国小微企业平均生存年限仅为 2.5 年。近年来，科技型小微企业在数量上不断增多，技术和市场是其创新的重点领域，而最具活力的创新——商业模式创新，往往被忽略了，然而，eBay、Amazon、Google 等科技企业的成长历程表明，创新的商业模式才是成功的关键。

1.1 科技型小微企业概念与特点

1.1.1 科技型小微企业的概念

1. 小微企业

随着我国改革事业的不断深入，小微企业数量已占据企业总数量的 90％以上，解决了我国 80％以上人口的就业。小微企业在国民经济中具有重要地位，所发挥的作用也日益增强。尤其是在党的十八大上提出"实施创新驱动发展战略"和"支持小微企业特别是科技型小微企业发展"以来，科技型小微企业更加受到实业界和学术界的青睐和重视。作为市场经济的主力军，科技型小微企业在互联网蓬勃发展的背景下快速成长。在工信部联企业〔2011〕300 号的《中小企业划型标准规定》中，企业被划分为中型、小型和微型，其中，小微企业是小型企业、微型企业、家庭或个体商户的统称。虽然受地域和经济的影响，小微企业的定义不尽相同，但从各国对中小企业的划分来看，可以概括为两类：一类是从量的方面界定，标准主要包括人数、资产和收入；另一类从质的方面界定，主要是以企业的经济特征和控制方式作为中小企业的划界标准，该类划分方式主观性更强。

我国综合了质和量的双重标准，对各行各业的小型和微型企业进行了具体的划分，本书选取了其中最主要的行业进行说明，具体如表 1.1 所示。

表 1.1 我国中小微企业划分标准(主要行业)

行业名称	指标名称	计量单位	中 型	小 型	微型
农林牧渔业	营业收入(Y)	万元	500≤Y<20 000	50≤Y<500	Y<50
工业	从业人员(X)	人	300≤X<1000	20≤X<300	X<20
	营业收入(Y)	万元	2000≤Y<40 000	300≤Y<2000	Y<300
建筑业	营业收入(Y)	万元	6000≤Y<80 000	300≤Y<6000	Y<300
	资产总额(Z)	万元	5000≤Z<80 000	300≤Z<6000	Z<300

行业名称	指标名称	计量单位	中　型	小　型	微型
交通运输业	从业人员（X）	人	300≤X<1000	20≤X<300	X<20
	营业收入（Y）	万元	3000≤Y<30 000	200≤Y<3000	Y<200
信息传输业	从业人员（X）	人	100≤X<2000	10≤X<100	X<10
	营业收入（Y）	万元	1000≤Y<100 000	100≤Y<1000	Y<100
软件和信息技术服务	从业人员（X）	人	100≤X<300	10≤X<100	X<10
	营业收入（Y）	万元	1000≤Y<100 000	50≤Y<1000	Y<50

依据中华人民共和国工业和信息化部、国家统计局、国家发展改革委、财政部［引用日期 2018-05-23］《关于印发〈中小企业划型标准规定〉的通知》内容，各行业的划分标准具体如下：

（1）农、林、牧、渔业。营业收入 20 000 万元以下的为中小微型企业。其中，营业收入 500 万元及以上的为中型企业，营业收入 50 万元及以上的为小型企业，营业收入 50 万元以下的为微型企业。

（2）工业。从业人员 1000 人以下或营业收入 40 000 万元以下的为中小微型企业。其中，从业人员 300 人及以上，且营业收入 2000 万元及以上的为中型企业；从业人员 20 人及以上，且营业收入 300 万元及以上的为小型企业；从业人员 20 人以下或营业收入 300 万元以下的为微型企业。

（3）建筑业。营业收入 80 000 万元以下或资产总额 80 000 万元以下的为中小微型企业。其中，营业收入 6000 万元及以上，且资产总额 5000 万元及以上的为中型企业；营业收入 300 万元及以上，且资产总额 300 万元及以上的为小型企业；营业收入 300 万元以下或资产总额 300 万元以下的为微型企业。

（4）批发业。从业人员 200 人以下或营业收入 40 000 万元以下的为中小微型企业。其中，从业人员 20 人及以上，且营业收入 5000 万元及以上的为中型企业；从业人员 5 人及以上，且营业收入 1000 万元及以上的为小型企业；从业人员 5 人以下或营业收入 1000 万元以下的为微型企业。

（5）零售业。从业人员 300 人以下或营业收入 20 000 万元以下的为中小微型企业。其中，从业人员 50 人及以上，且营业收入 500 万元及以上的为中型企业；从业人员 10 人及以上，且营业收入 100 万元及以上的为小型企业；从业人员 10 人以下或营业收入 100 万元以下的为微型企业。

（6）交通运输业。从业人员 1000 人以下或营业收入 30 000 万元以下的为中小微型企业。其中，从业人员 300 人及以上，且营业收入 3000 万元及以上的为中型企业；从业人员 20 人及以上，且营业收入 200 万元及以上的为小型企业；从业人员 20 人以下或营业收入 200 万元以下的为微型企业。

（7）仓储业。从业人员 200 人以下或营业收入 30 000 万元以下的为中小微型企业。其中，从业人员 100 人及以上，且营业收入 1000 万元及以上的为中型企业；从业人员 20 人及以上，且营业收入 100 万元及以上的为小型企业；从业人员 20 人以下或营业收入 100 万元以下的为微型企业。

（8）邮政业。从业人员1000人以下或营业收入30 000万元以下的为中小微型企业。其中，从业人员300人及以上，且营业收入2000万元及以上的为中型企业；从业人员20人及以上，且营业收入100万元及以上的为小型企业；从业人员20人以下或营业收入100万元以下的为微型企业。

（9）住宿业。从业人员300人以下或营业收入10 000万元以下的为中小微型企业。其中，从业人员100人及以上，且营业收入2000万元及以上的为中型企业；从业人员10人及以上，且营业收入100万元及以上的为小型企业；从业人员10人以下或营业收入100万元以下的为微型企业。

（10）餐饮业。从业人员300人以下或营业收入10 000万元以下的为中小微型企业。其中，从业人员100人及以上，且营业收入2000万元及以上的为中型企业；从业人员10人及以上，且营业收入100万元及以上的为小型企业；从业人员10人以下或营业收入100万元以下的为微型企业。

（11）信息传输业。从业人员2000人以下或营业收入100 000万元以下的为中小微型企业。其中，从业人员100人及以上，且营业收入1000万元及以上的为中型企业；从业人员10人及以上，且营业收入100万元及以上的为小型企业；从业人员10人以下或营业收入100万元以下的为微型企业。

（12）软件和信息技术服务业。从业人员300人以下或营业收入10 000万元以下的为中小微型企业。其中，从业人员100人及以上，且营业收入1000万元及以上的为中型企业；从业人员10人及以上，且营业收入50万元及以上的为小型企业；从业人员10人以下或营业收入50万元以下的为微型企业。

（13）房地产开发经营。营业收入200 000万元以下或资产总额10 000万元以下的为中小微型企业。其中，营业收入1000万元及以上，且资产总额5000万元及以上的为中型企业；营业收入100万元及以上，且资产总额2000万元及以上的为小型企业；营业收入100万元以下或资产总额2000万元以下的为微型企业。

（14）物业管理。从业人员1000人以下或营业收入5000万元以下的为中小微型企业。其中，从业人员300人及以上，且营业收入1000万元及以上的为中型企业；从业人员100人及以上，且营业收入500万元及以上的为小型企业；从业人员100人以下或营业收入500万元以下的为微型企业。

（15）租赁和商务服务业。从业人员300人以下或资产总额120 000万元以下的为中小微型企业。其中，从业人员100人及以上，且资产总额8000万元及以上的为中型企业；从业人员10人及以上，且资产总额100万元及以上的为小型企业；从业人员10人以下或资产总额100万元以下的为微型企业。

（16）其他未列明行业。从业人员300人以下的为中小微型企业。其中，从业人员100人及以上的为中型企业；从业人员10人及以上的为小型企业；从业人员10人以下的为微型企业。

2. 科技型企业

国外一般以产业标准为基准来划分科技型企业，并将企业强度（研发经费与营业收入的比率）和企业科技人才强度（专业技术员工与总员工的比值）作为主要的衡量指标。高新技术产业的这两项指标通常是全国制造业平均值的两倍。

我国对科技型企业的界定则是在国外研究的基础上，按照《国家高新技术企业认定管理办法》来划分的。科技型企业通常都拥有自主知识产权，并且研发人员和研发经费都在企业中有相当高的比重。一般情况下，这类企业的研发经费投入强度应在 3% 以上，技术人才占比应在 10% 以上，具有大学以上学历人员占比应在 30% 以上。

由此可见，科技型企业是指那些处于技术进步较快的高技术领域，主要从事研发、生产或销售高新技术产品或大规模运用高新技术的企业，换句话来说，科技型企业在经营过程中所提供的产品或服务都具有较高的技术含量。

3．科技型小微企业

基于以上的文件指标，全面认识科技型小微企业需要明确两个方面的内容：一是"小微"的概念，二是"科技"的概念，并要体现"科技"与"小微"之间的内在联系。我国科技型小微企业应满足以下条件：一是在我国境内依法设立，员工人数从 1 人到 150 人不等；二是拥有大专以上学历的科技人员占公司总人数的比例要高于 30%，并且直接从事研究开发的科技人员占公司总人数的比重不得少于 10%；三是经营状况良好，其中资产负债率小于70%；四是每年投入到新技术和新产品研究开发的费用不低于营业收入的 3%。

科技型小微企业是专门以新技术、新产品、新科技作为企业成长核心的小微企业，在我国科技产业中占有较大比重，是促进我国社会科技发展和技术进步的重要力量。

据此，本书对科技型小微企业的定义为：科技型小微企业是指拥有一定科技人员，掌握自主知识产权、专有技术或先进知识，通过科技投入开展创新活动，提供产品或服务的小微企业；其主营业务属于电子与信息、生物与医药、新材料、光机电一体化、资源与环境、新能源与高效节能、高技术服务业、农业与农村、航空与航天、地球或空间或海洋工程、核应用技术等 11 个技术领域；从业人员的数量在 100 以下，营业收入在 1000 万元以内，且企业中具有大专以上学历的人员占职工总数的比例不低于 20%；企业科技经费支出额占企业主营业务收入的比例不低于 3%；企业由其知识产权、专有技术或先进知识产生的收入占企业主营业务收入不低于 20%。

1.1.2 科技型小微企业的特点

由定义可以看出，科技型小微企业与传统企业相比具有如下特点：

（1）高创新性。与一般小微企业相比，科技型小微企业具有知识、技术、智力高度密集型的特点，通过不断地创新产品、模式、技术或服务获取竞争优势。科技型小微企业的成长与发展是科技成果商业化的关键步骤，新技术的研发和应用在科技型小微企业发展中有重要推动作用。

（2）高投入性。高投入性是指科技型小微企业的技术和产品的研发经费投入比重高、科技人员需求量大、技术成本投入高。企业的创新活动通常具有知识密集型和人才密集型特征，新技术开发、新产品上市、新服务提供等经营活动中所配置的技术设备需要较大的资本投入，尤其是在将研发成果推向市场和扩大市场占有率的阶段都需要大量的资金投入。科技型小微企业的高度创新性的特点决定了其需要投入大量人力、物力、财力等资源，以保障企业创新活动的顺利进行。

（3）高收益性。科技型小微企业蕴含的技术成本、知识成本和智力成本具有较高的附加价值，一旦创新成功，可以为科技型小微企业带来高价值，创造高回报，尤其是当企业拥有某项独占的技术或服务时，市场的旺盛需求和技术垄断会给企业带来超额收益，这是传统企业无法比拟的。

（4）高风险性。科技型小微企业的高风险性主要表现在以下三个方面：一是在企业人力、财力、物力和内部经营管理方面，存在如管理不善、决策失误、资金不足等风险；二是科技型小微企业研发的产品能否被市场接受，产品的扩散速度和产品投入市场后的竞争能力都有很大的不确定性；三是创新的不确定性，新技术更新换代的速度非常快，生命周期短，一项新技术可能很快被其他技术替代。

（5）高成长性。科技型小微企业在创新过程中积累了大量的产品或服务开发经验，一旦创新成功并且受到市场的认可，就能使其成长在生命周期规律的基础上，在短时间内实现跳跃式发展，比传统企业的成长速度要快。

（6）无形资产比率高。科技型小微企业通常属于新材料、新技术等领域，它们往往拥有数量相对较高的专有技术或专利。相较于传统企业，无形资产在企业总资产中所占的比例更高。在科技领域，衡量一家科技企业的价值和发展前景主要标准是企业技术水平的先进性，主要表现形式为专有技术、商业诀窍、商誉、著作权等，这类资产在科技型小微企业中所占的比重越高，说明该企业的技术水平越高，未来的增长潜力会越大。相关统计资料表明，美国、日本、德国等一些欧美发达国家的多数科技企业的无形资产占比已超过了其他国家。从世界经济的中长期发展趋势来看，大力发展创新意愿强的科技型小微企业，对加速技术进步、转变经济增长方式、提高经济质量有重要作用。此外，科技型小微企业发展还可以通过增加与其他产业的关联性，间接提高该产业产品的科技附加值，促进传统产业的技术升级，提高整个经济系统的生产效率。由此可以看出，科技型小微企业在国民经济中的地位越来越突出，所扮演的角色也越来越重要。

1.2　科技型小微企业发展的现状与地域特征

1.2.1　科技型小微企业的发展现状

国务院总理李克强 2018 年 3 月在国务院常务会议上，曾六次提及降低小微企业融资成本，并指出小微企业是就业最大的容纳器，支持小微企业就是支持就业。

企业是市场经济运行的基本组成要素，经济社会的发展依托于企业这一重要的群体。我国企业的分布结构表明，企业规模分布呈现"金字塔"形状，塔基和塔底由数量众多的中小微企业组成，塔尖则是由少量的大企业构成。罗仲伟等在 2012 年的整理研究表明，小微企业约占企业总量的 90%，中小企业为国家贡献了税收总额的 50%，解决了我国 80% 的就业问题。另据相关统计数据显示，科技型小微企业已经成为科技型大中型企业的发源地和科技成果转化的重要场所，是我国创新过程中的重要力量，科技型小微企业为全国贡献了约 65% 的发明专利、75% 以上的企业技术创新和 80% 以上的新产品开发。

科技型小微企业发挥着越来越重要的作用。在国家大力推行人才战略以及受过高等教育的毕业生越来越多的背景下，科技型小微企业不仅解决了大量的就业，也孕育出了一批又一批的优秀企业，在广阔的科技领域，为国家经济和科技的发展不断地做出贡献。以浙江省为例,浙江省工商局最新公布的数据显示,浙江省 2016 年新增小微企业 25.1 万家,同比增加 38.9%,其中,超过四分之一的企业注册地在杭州,而在这些企业中,科技型小微企业数量明显增加。在浙江成长较快的八大重点产业里,信息业增势较猛,其中小微企业的贡献尤其突出。除金融、环保产业外,八大产业中小微企业数量占比均较高于其他产业,信息经济产业更是高达 2.1 万家。在册的服务业企业中,85% 以上属于小微企业,而新注册企业数量也保持高速增长,带动第三产业小微企业比重不断提高,三产业(第一产业、第二产业、第三产业)小微企业数量比由 2015 年的 2∶37∶61 调整至 2∶33∶65。随着"互联网+"思维深入各个行业,电子商务和传统企业相互融合,出现了杭州跨境电商模式、遂昌农村电商模式、义乌市场依托模式等跨产业、跨品类的新兴业态,带动批发和零售业、租赁和商务服务业小微企业进一步扩大,新增数量占到总数的 37.9%、13%。2016 年新认定科技型小微企业 7654 家,认定首批高成长科技型小微企业 1431 家,浙江全省科技型小微企业累计达 31 584 家,其中有 4176 家已成长为高新技术企业。

由此也可看出,科技型小微企业不仅具有高创新、高成长等特点,还为就业、科技发展、税收等做出了重要的贡献。

1.2.2 科技型小微企业发展的地域特征

随着互联网的不断深入、双创氛围越来越浓厚,区域创新和科技型小微企业的关系越来越密切,很多区域将科技型小微企业视为创新系统的重要载体,同时,纵观目前的小微企业发展,不同的区域也呈现出不同的特点。下面选取了沿海、内陆、北方三个区域进行阐述。

1. 沿海区域:以浙江省为例

2015 年以来,浙江省贯彻国务院关于促进小微企业发展的决策部署,坚持创新驱动发展战略,积极推进大众创业、万众创新,使小微企业保持着良好的发展势头,其发展特点如下:

(1)完善政策体系,重视创新主体培育。2015 年 5 月,杭州入围全国 15 个小微企业创业创新基地城市示范之一,市科委会同市财政局等部门编制了《杭州市小微企业创业创新基地城市示范工作方案》及《专项资金管理办法》,扎实推进小微企业创业创新基地城市示范工作,同时,起草制订《杭州市科技型初创企业培育工程实施意见》《杭州市领军型创新创业团队引进培育计划实施细则》,举办"企明星成长计划"年度总决赛,加快科技型小微企业、创业人才团队和明星企业的培育。2014 年,"雏鹰""青蓝"企业共投入研发经费 25.8 亿元,实现销售收入 217.34 亿元,净利润为 12.73 亿元,上缴税收 10.5 亿元;企业员工总数达 5.25 万人,研发人员为 2.1 万人。截至 2015 年,已累计认定省科技型中小企业 4437 家,其中"雏鹰"企业 997 家、"青蓝"企业 400 家。

(2)创新科技金融,破解企业资金困境。一是做大风险投资引导基金。初步构建了"创投引导基金+天使引导基金+硅谷引导基金"的杭州市风险投资引导基金体系,截至 2015 年 8 月,创业投资引导基金批复合作单位 29 个,基金总规模为 41.3 亿元,投资项目有 182 个,连续六年荣获全国最佳政府引导基金称号;蒲公英天使投资引导基金批复合作单位 13 家,规模为 7.3 亿元,投资项目有 63 个;美国硅谷引导基金已经投资或孵化企业 12 家,总投资金额为 150 万美元,引入基因芯片等 3 个重点项目落户杭州。二是完善政策担保体系。

以杭州市高科技担保公司为龙头，开展科技型初创企业政策性担保工作，累计为中小微科技企业提供担保融资金额约58亿元，担保融资企业1600余家（次）；设立科技型中小企业融资周转金，累计为600余家中小企业融资周转27亿元，节约企业成本5000余万元。

（3）集聚创新资源，带动产业转型升级。一是推进众创空间建设。起草制定了《杭州"创新创业新天堂"行动计划》和《关于发展众创空间推进大众创业万众创新的实施意见》，着力发展一批基于"互联网＋"的众创空间，成立了浙江省首家众创空间联盟。全市现有众创空间60余家，第一批认定了17家市级众创空间，其中贝壳社等14家众创空间被纳入国家级科技企业孵化器管理体系。根据微链大数据，上半年在杭州范围内共举办创新创业活动488场，平均每天有2.7场，杭州正在打造名副其实的"众创天堂"。二是搭建协同创新平台。加快推进青山湖科技城、未来科技城建设；继续深化与高校及科研院所的战略合作，推进杭州市与浙江大学建设紫金创业小镇工作。三是深化科技创新服务。围绕重点发展产业，加快已有的25个科技创新服务平台建设，制定出台《关于推广应用创新券的通知》。深入开展"五个一"服务行动等科技创新服务活动，建立网上网下结合的技术市场体系，2015年上半年共吸纳技术成果1901项，技术合同成交额为16.81亿元。

2．内陆区域：以四川省为例

四川省科技型小微企业发展现状如下：

（1）全面覆盖、协调联动的顶层设计。四川省坚决执行和贯彻落实中央政策，省、市、县三级分层推进、细化措施，不断健全推动大众创业、万众创新的政策体系。目前，除了省级层面已出台《关于全面推进大众创业万众创新的意见》《关于进一步做好新形势下就业创业工作的意见》《关于改革完善体制机制大力促进大学生和科技人才创新创业的意见》等20多个文件以外，各市（州）、各部门均有针对性地出台了一系列配套政策，推动了国务院各项政策在四川的深化、细化、具体化，为创新创业活动提供了重要支撑和坚实保障。

（2）结构合理、重点突出的政策体系。四川省于2015年5月在全国率先出台了《关于全面大众创业、万众创新的意见》，明确了8项工作任务和14条支持政策，推动针对科技型小微企业管理的简政放权力度；明确了政府服务职能定位，强化了创新创业公共服务，抓住了政府职能转变的"有管有放"。此外，一系列针对不同领域、聚焦不同人群的政策顺次推出，加强了市场监督，引导了结构调整以确保各类市场主体公平竞争；四川省突出以集成支持为导向，切实加大财政投入支持"创客空间"建设，科研成果转化、创新创业奖励、促进产业聚集，构建了多领域融合、多主体交叉、多种资源共享的创新创业生态链。

（3）推进创业创新平台建设，打造阶梯型孵化器。四川省大力加强对于创新创业平台建设的经费支持，以"孵化＋创投"、孵化楼宇、创业苗圃等新型孵化生态为重点，逐步形成了"创业苗圃＋孵化器＋加速器＋产业园"阶梯型孵化体系，一大批低成本、便利化、全要素、开放式的众创空间，竞相涌现在四川省科技型小微企业面前。此外，政府支持在蓉高校、园区、企业和科研院所利用周边存量土地和楼宇，打造创新创业基地和科技孵化园区，进一步满足四川省科技型小微企业对办公场地的需求。突出协同创新，鼓励并引导行业骨干企业牵头，以提升创新能力为核心，以技术创新战略联盟为平台，为科技型小微企业的发展创建了协同创新环境。四川省支持行业重点企业在行业部分领域牵头组建工程技术研究中心，对组建企业一次性给予20～100万元资助；支持科技型中小企业与国内高校、科研院所联合共建实验室，对组建企业一次性给予10～50万元的资助。

（4）加强税收优惠，激励研发投入。四川省不断降低企业成本，出台全面落实结构性减税政策。2015～2016年，四川省的优惠政策为科技型小微企业减税额超过了1000亿元；仅2016年，因全面推开营改增试点，全省减税170亿元左右，为四川省科技型小微企业创造了最优的财税环境。落实促进小微型企业发展营业税政策，2016年，四川省促进创新的优惠政策新增减税约800亿元；全年高新技术企业新增2.5万家，累计达10.4万家；高技术制造业增加值增长10.8%，占规模以上工业增加值的比重为12.4%，比上年提高0.6个百分点；软件和信息技术服务业完成软件业务收入48 511亿元，比上年增长14.9%；落实就业创业税收减免政策，合计减免税收2516.67万元。

（5）突出多层次、全方位的金融支持。推进便捷融资，支持成都高新区、绵阳科技城申报全国首批科技和金融结合试点，制定支持科技和金融结合系列政策措施。创新"央行科票通""央行小微票据通"等业务，定向支持科技型中小企业融资。实施小微企业金融服务提升工程，引导金融机构加大对科技型小微企业的信贷支持。截至2016年，全省金融机构科技贷款余额为1360.12亿元，全年累放贷款1097.87亿元。在全国率先成立了8家重点支持创新创业的科技支行，开展知识产权质押融资和科技小额贷款试点。建立了科技贷款联动机制，推动设立科技型中小微企业贷款风险补助资金。此外，建成了四川省银科对接信息服务平台，举办首届军民融合和"双创"等专题银企对接活动，成立了3家军民融合服务中心和3家小企业信贷中心，通过"银科对接系统"向科技型企业发放贷款3850亿元，军民融合贷款余额达214.82亿元。主动对优质企业减费让利，加权平均贷款利率同比下降1.36个百分点；银监会、省国税局、地税局下发文件将"银税合作"推广到21个市（州）、117个县（市、区），组织开展银企项目对接活动256场，达成融资意向395.37亿元。初步实现了四川省科技型小微企业贷款的持续增长。

（6）企业软硬件齐修，人才技术齐头并进。在政策的引导下，对从国（境）外、省外来川创新创业的高层次人才及团队，符合《四川省高层次人才特殊支持办法（试行）》规定条件的，优先纳入四川"千人计划"，最高给予个人200万元的一次性安家补助和团队500万元的项目资助，并在岗位激励、项目和平台建设等方面给予持续支持，使科技人员、青年大学生、海外高层次人才和"草根"能人四大重点人群积极性不断提升，迈入了创新创业主战场。

3. 北方区域：以山东省为例

山东省的小微企业发展呈现出以下特点：

（1）小微企业创新能力明显提升。《关于支持高新区科技型小微企业创新发展的若干意见》从社会化服务、科技创新、科技金融、财税等方面，为力挺小微企业打出一套"组合拳"，明确了小微企业创新成长路线图，利用省级科技计划为国家创新基金"抚企育苗"，为小微企业承担国家项目提供了基础支撑。在2014年的国家创新基金项目中，全省项目立项率达到61.9%，比2013年提高了5.8个百分点。通过实施国家创新基金项目，88%的小微企业研发资金投入增加15%以上，先后助推30多家企业成功上市，威海广泰、积成电子、阳谷华泰等一批企业迅速壮大，成长为具有一定影响力的高新技术企业。据调查，项目实施后企业的销售收入、上缴税收和净利润分别比项目实施前增加了180%、170%和165%。目前，全省小微企业群体从8000多家增长到4万多家，为全省经济转型发展注入新的活力。

（2）科技服务机构发展活力开始显现。加快发展以生产力促进中心、科技企业孵化器、专利服务机构、技术市场和省大型科学仪器设备共享平台为代表的科技公共服务平台，通过与人才、金融等创新要素的密切结合，为小微企业提供研发设计、检验检测、技术转移、专利标准、人才培训、决策咨询、企业孵化等方面的服务；按照"基金＋基地＋基业"发展模式，加快建设专业技术领域孵化器，建成国家级孵化器46家，2014年新增孵化器面积65万平方米，新增各类种子资金、孵化资金5000万元，全省用于支持小微企业发展的各类资金达到2.6亿元，为小微企业服务能力显著增强；制定了《科技型小微企业共享科学仪器设备扶持办法（试行）》，以"创新券"形式为小微企业共享大型科学仪器设备提供20％～30％的补助。科技服务机构服务能力迅速提升，服务效能显著提高。2014年有48家科技企业孵化器等公共科技服务机构获得国家创新基金科技服务类项目支持，机构数量比去年增加2/3；获补助资金总额达7307万元，是2013年的4.08倍。

（3）突破小微企业融资难有了一定进展。为加快科技金融结合，中国人民银行济南分行出台了《关于贯彻落实银发〔2014〕9号文件 扎实做好科技金融服务的意见》，拓宽小微企业直接融资渠道；出台《山东省科技型小微企业知识产权质押融资暂行办法》，对小微企业获得知识产权质押融资给予贷款贴息补助、专利价值评估费补助，缓解小微企业知识产权质押融资困难，优化小微企业融资环境。超过300家小微企业通过争取国家创新基金引导基金类项目，已累计获得资助1.9亿元，带动大量社会风险投资，财政科技资金"四两拨千斤"的示范和导向作用凸显。2014年上半年，共有22家小微企业通过专利权质押获得贷款7470万元。

根据对上述几个区域的研究发现，区域的创新环境对于科技型小微企业的发展起着至关重要的作用，目前各区域对于小微企业的扶持大都围绕着小微企业融资难的问题，但是基于金融体系的复杂性和区域的特点，即便有很好的政策，依然无法立竿见影地促进小微企业的大步发展。但是我们可以看到，税收的减负、人才的引进、孵化器等软硬件的搭建，不论在哪个区域，对科技型小微企业的发展都起着非常重要的正面影响。

1.3　科技型小微企业发展中的问题和解决途径

1.3.1　科技型小微企业发展中的主要问题

科技型小微企业经营艰难，面临融资难、收入不稳定、政策支持不充分等诸多困难。虽然我国科技型小微企业运营举步维艰，但因其经营灵活得以迅速发展，然而企业本身经济根底又比较薄弱，与开展高新技术所需的高资金投入存在很大的矛盾，使得大多数科技型中小企业既要应对来自企业自身的资金短缺和公司治理的挑战，也要面临来自政府市场监管等外部政策及运营环境的压力。

1. 缺乏规范化体制

科技型小微企业发展离不开规范化体制的引导和扶持，但目前国内的体制环境、产业环境、信息环境尚未形成有利于其发展的形态。在宏观体制方面，科技型小微企业急需政府相关法律法规的保障及政策支持。政策法规是促进与保障科技型小微企业创新实施技术发展的重要手段，而当前政府出台的有关政策并未实现统一规划和部署，有针对性的扶持方式实施起来相对困难，亟待落实。究其原因，主要在于一方面政府与企业之间缺乏有效互动，政府既没有及时有效地向企业宣传最新政策，大多企业也认为政策于自身不适用而不愿进一步去了解；另一方面，政企之间的信息交流缺乏有效的引导机制，对企业而言，由于信息渠道不畅通，使其很难有效获取创业所需技术和市场开拓等重要信息，同时，科技人才及市场监督机制的缺乏也使得科技型小微企业不知道如何获得科技信息并加以鉴别，搜索并获取到的技术成本过高。

2. 资金扶持力度小

根据科技型小微企业的特点可知，其投资风险明显高于传统企业，一方面大多数小企业的资金主要来源于创业者个人储蓄或向亲朋好友借贷，再加之其规模小、资产有限等很难通过抵押方式从金融市场上获取大额资金，单一的技术研发方导致其缺乏多途径的可替代技术，使得一旦研发失败，很难再有崛起的机会；另一方面，银行更加偏好为大型企业、国企等提供贷款支持，对科技型小微企业的支持力度微乎其微，进一步阻碍了小企业通过银行贷款筹集创业资金。由此可见，政府部门对存在巨大技术风险及市场风险的科技型小微企业给予资金扶持的力度不够，严重阻碍了原本就在市场上生存力和竞争力远低于大企业的小微企业的发展，同时，在税收等相关优惠政策上的倾斜力度较弱，在营造良好法律环境方面仍有欠缺。

3. 企业融资难度大

资金压力大、融资难度大已严重阻碍科技型小微企业的生产和发展。由于企业规模小、资产少、缺乏充足的抵押物，再加上技术市场存在极大的不确定性，使科技型小微企业很难吸引风险投资，也很难从银行获取贷款。另外在这些从银行获得贷款的科技型小微企业中绝大部分已具有一定规模，而对于还处于创业初期或急需发展壮大的其他科技型小微企业来说，融资难直接导致很多科研成果难以快速市场化，从而错过了商机，同时研发期的大量资金投入更加剧了企业的财务负担。

4. 高素质人才匮乏

科技型小微企业在创业初期往往只有几个核心员工，人员缺乏也直接体现在日常管理和技术研发等方面。对科技型小微企业而言，一方面，不仅由内而外缺乏专业技术人才及懂科技的高素质管理人才，还缺乏吸引各类人才的完善的薪酬福利待遇和长远职业发展规划，同时，企业发展的不稳定性使其吸引高素质人才更是难上加难；另一方面，从企业内部来看，科技型小微企业又不愿意加大力度培养员工。高素质人才的匮乏使得企业自主研发能力和创新能力受到严重影响，企业产品长期以来得不到更新换代，久而久之企业丧失的将不仅是主动进取的创新精神，更重要的是缺乏核心技术创新能力及市场竞争力。

5. 技术创新能力弱

大多数科技型小微企业缺乏核心技术，而自主创新开发能力不强，未能形成与自身发展相契合的核心技术与核心能力。目前，很多科技型小微企业的创新主要是在技术引进的基础上进行模仿或二次创新，真正原创技术或发明专利技术少。同时，对企业技术创新能力的考量还反映在研发经费投入上，企业只有投入了足够的研发费用，才能为研发人员的创新提供保障，才能进一步提高产品科技含量，形成企业核心技术，进而提升企业核心竞争能力。有关学者研究发现，如果一个企业研发费用只占销售收入的 5%，则注定要失败；若占 10%，勉强能维持发展；若占 15% 则能参与一定竞争；若达到 18% 以上才能真正具有核心竞争力。总之，技术创新能力不强已在一定程度上制约了我国科技型小微企业的快速发展。

1.3.2 科技型小微企业发展中问题的解决途径

1. 完善相关政策制定

科技型小微企业发展需要国家从宏观层面上制定相关政策加以保障，企业成功研发的科技成果只有真正转化为科技产品才能实现最终价值。目前，我国每年获得各种省部级奖励的科技成果众多，但最终成功实现转化的产品却很少，这不仅影响了企业科技能力的提高，也是对科技资源的浪费。因此，各级政府部门应积极扶持科技型小微企业健康成长，在促进企业培育自主创新能力的同时提高其科技成果转化率，并注重转变企业的管理职能。从创业辅导、资金支持、技术培育、管理咨询、信息服务、人才保障等方面构建全面的支持服务体系，积极给予小微企业以必需的政策支持，通过相关门户网站及时对外发布政策信息、市场信息和技术信息帮助小微企业提高获取信息、利用信息的能力。宏观体制建设的完善是一个长期过程，需要政府相关部门在实践中不断探索和改进。

2. 加大财政资金扶持力度

科技型小微企业在成长过程中始终存在资金短缺的问题，政府部门应充分发挥资金对企业技术研发的有效激励作用。国外政府每年都会将超过30%的研发经费拨向企业研发机构，而该比例在我国长期以来只维持在15%左右，而且相关经费只占企业研发资金来源的4%。政府部门应加大对科技型小微企业的财政扶持力度，既要大力提高研发经费支出比例，拨出部分资金对企业研发活动和核心技术研发人员给予补贴及奖励，提高企业的积极性，又要建立专项基金充分发挥政府资金在企业研发投入中的关键作用，帮助科技型小微企业有效获取各类最新科技信息，了解技术发展趋势，逐步克服研发活动中的不确定性。

3. 构建金融支撑体系

构建强健的金融支撑体系是帮助科技型小微企业成长壮大的关键。一方面加快建设政策性金融体系，搭建多层次的资本市场和融资平台，全方位拓宽企业融资渠道，为企业培育良好的投融资环境，促进资金向科技行业流动，努力维护投资人的合法权益，积极实现科技创新；另一方面，金融机构应将更多目光聚焦于科技型小微企业，制订出更具操作性的融资方案，降低融资门槛。与此同时，还应积极建立资本市场、风险市场与科技型小微企业间的联动机制，将科技型小微企业的融资场所扩展到债券市场和技术产权交易市场，完善的金融支撑体系，将有效解决科技型小微企业融资难的问题，为其寻求进一步发展壮大奠定坚实基础。

4. 引进高端创新人才

人才是企业的核心，创新性人才是科技型小微企业发展中的核心，参与者、制造者和改变者应积极实施人才战略，将智力要素与技术要素结合起来建立有效的人才激励体制，加强开发人力资源，引进高端创新人才，努力创造人才优势是当前科技型小微企业的迫切需求。针对高素质人才缺乏的困境，应通过各种柔性人才流动方式吸引国内外科技领域高端人才；针对高素质人才留住难的困境，应实施待遇留人、事业留人、感情留人等全方位留人战略，并加大自身对人才的培养力度，通过与其他科研机构高等院校开展协同合作，不断加强培训，提升人才知识结构，增强人才自主创新能力，将潜在人才转化为从业人才，使人才真正扎根于企业，改变科技型小微企业的人才架构，让更多的高素质人才为企业创新作出贡献。

在企业自身引进人才的同时，行业团体、政府协会也应通过各方渠道引进一批国内外前沿科技的研究团队，培养一批熟悉国内外产业市场的领军人才及创业服务团队，建立高端创新人才绿色通道，为科技型小微企业引进人才做好协调服务工作。

5. 培育技术创新能力

技术创新能力是科技型小微企业生存的基础，良好的技术创新能力能使企业在市场中保持优势地位，企业技术创新能力的培养可通过自主创新、联合创新、引进创新来实现。首先企业核心技术不能始终依靠引进与转移的方式来获取，更需要通过学习前沿科技来激发自主创新，通过专利技术优势争取市场资源；其次加强企业集团与科研机构、高等院校等的产学研结合，利用企业的产业优势，结合政府政策以及高校科研机构的人才和技术资源优势，通过强强联合实现产学研间的有机联系、分工合作及协同创新，实现资源最优配置，使科技创新成果及时转化为科技产品；最后要充分借鉴发达国家的成功经验及技术优势，通过引进创新资源来培育自身核心技术，争取后发至上获取竞争优势。

6. 深度挖掘商业模式对企业的作用

管理学大师彼得·德鲁克曾言，"当今企业之间的竞争，不是产品之间的竞争，而是商业模式之间的竞争"。企业，尤其是科技型小微企业，如果要想立于不败之地，除了利用国家政策之外，更重要的是打造一个促进企业发展的商业模式，企业才有可能依据所处的内外部环境来实现自身商业模式的建构和创新，并能够灵活地随着环境的变化适时调整商业模式。企业的发展是个动态的过程，同样，商业模式随着企业在不同时期的需求也是一个动态的变化，这就需要全面深入地把握影响企业商业模式创新的因素，找到企业价值实现以及持续发展过程中的关键性因素，才能更好地为企业赢得持续性的竞争优势，从而有利于其长远发展。

随着我国经济的快速发展，科技型小微企业作为新兴产业形态正处于高速发展阶段，是为大型企业提供外包服务和配套产品的核心力量，对提高产品质量、提升经济发展水平、缓解就业压力起着关键作用。通过完善宏观体制建设、加大财政资金扶持力度、构建金融支撑体系、引进高端创新人才和培育技术创新能力等外部手段可以帮助小微企业更好生存，但是企业的长远发展必须通过对商业模式的研究和创新，才可在激烈的市场竞争中经久不衰。

1.4 科技型小微企业成长中的商业模式

科技型小微企业是企业界的新星。从前国务院总理温家宝在十一届全国人大会议上作的政府工作报告中的"推动科技型小型企业发展"以及从十八大报告中的"支持科技型小微企业发展"都可以看出，发展科技型小微企业已经被政府提到了国家战略层面。

从科技型小微企业的定义中我们可以看出，其商业模式创新主要是提供了有别于其他企业的价值主张。商业模式的不可复制性，注定科技型小微企业需设计好的商业模式来获取其应有的价值。

目前很多大中型公司，甚至是世界 500 强公司，在公司成立起步的阶段，也对商业模式有着深刻的研究。一定意义上说，科技型小微企业成长为大中型企业的商业模式创新起到了推动的作用。

以亚马逊为例，分析科技型小微企业成长中的商业模式。亚马逊公司是美国最大的网络零售商，也是全球第二大互联网企业，亚马逊由最初的传统零售商通过商业模式创新成为目前世界上市值最大的互联网企业。公司通过稳健扩张的多元化战略的实施以及商业模式的持续创新，突破了传统的网络零售局限，在科技服务、数字产品等领域占据了重要的市场地位，成为可以与 Google 相媲美的互联网巨头企业，案例具有典型性与可借鉴性。

1. 网络书店商业模式——部分构成要素的创新

亚马逊网络书店相比于传统书店可谓是实现了商业模式的破坏式创新。首先，网络销售的方式改变了盈利模式中的成本结构要素。网络销售没有实体店面的高额固定成本支出，实现了成本的大幅度下降，从而保证了产品价格远低于实体经营的竞争对手。其次，网络销售使得价值主张下的目标市场和产品服务两个要素都发生了变化。

1994 年创立之初，亚马逊只是一个在线书籍零售商，但企业的价值主张却定位于成为地球上最大的书店。2001 年，对于亚马逊是个里程碑式的改变，贝索斯在市场需求的引导下，将亚马逊的价值主张创新为"世界上最大的以顾客为中心的企业，人们可以从这里找到和发现他们希望在线购买的任何商品"的企业。

以顾客为中心的价值主张创新，要求亚马逊尽可能地增加品牌商的入驻。因此亚马逊陆续推出 Marketplace、AWS、Prime 以及自服务平台向第三方的企业和商户开放，使更多的用户和商家入驻亚马逊。用户和商家的入驻，促使亚马逊可以进行"一对一"的精准营销，从而改善客户体验和提升客户满意度和忠诚度，对线上注册的客户进行行为跟踪、挖掘，针对热点对潜在客户适时地展开"一对一"的营销。客户可以选择自己喜欢的方式同亚马逊进行交流，方便地获取信息，得到更好的服务。亚马逊能够持续改善客户体验，根据客户的个性化需求提供定制化、个性化的服务，随着客户满意度的不断提高，客户忠诚度也将随之提升，用户数量也会随之增多。商家希望利用亚马逊平台的用户数量必然会选择加入亚马逊，因此商家的入驻数量也会进一步提高，平台双方的数量呈指数式增长，交易数量将会呈倍数增加。2007 年，亚马逊选择为第三方卖家提供外包物流服务（Fulfillment by Amazon, FBA），将货运企业纳入亚马逊建立的价值网络中，导致企业网络规模进一步扩大。

正是价值主张的创新，推动参与价值创造的交易者网络规模的扩大与网络关系的重构，价值网络发生创新。在目标市场方面，网络销售摆脱了实体书店区位的限制，通过快递送达的方式将目标市场扩大为全国乃至全球范围；在产品服务方面，新兴的网络书店模式为消费者提供了完全不一样的产品服务，消费者不仅可以轻松地从海量的图书资源中实现查找，而且可以足不出户地完成整个购买行为，从中获取巨大的便利，消费者感知价值和消费者剩余得到了巨大的提升。基于商业模式创新带来的破坏式效应，亚马逊创立之初就实现了奇迹般的增长，上市之后股价更是一年内狂涨 966%。

2. 综合零售商业模式——要素关系的重组

《纽约时报》专栏曾经认为亚马逊注定失败，理由是别人在卧室里都能再建一个亚马逊，由此可见，亚马逊网络书店商业模式缺乏有效的隔绝机制，竞争对手很容易实现模仿。针对竞争对手的反击，亚马逊不再满足于仅销售图书类商品，开始寻求相关多元化，再一次进行商业模式创新，发展成综合零售商业模式。在网络书店阶段，亚马逊商业模式的四个维度、八大要素之间的关系相对平衡独立；而到了综合零售阶段，产品服务要素的地位明显上升，正是因为该要素的变化而引起了其他要素的一系列联动改变。此阶段亚马逊商业模式的创新，反映了要素关系重组的过程。原本相对独立的各个要素，通过相互作用与影响，形成了更为复杂、紧密和系统化的关系，最终塑造出了亚马逊在这一阶段的商业模式。

创新的突破口来源于产品服务要素的扩充，亚马逊由原来销售单一的图书类商品改为实行多元化经营战略，通过不断扩展产品销售门类，最终发展成为销售品类最为齐全的网络综合零售商。亚马逊最初是传统的书籍零售商，企业的盈利主要来源于书籍销售带来的差价。2001年，企业以顾客为中心的价值主张，促使亚马逊公司采用提成方式来鼓励其他网站链接本公司产品信息，任何一个拥有自己网站的商业或机构，都可以注册成为 Amazon. com 的合作伙伴，并选择亚马逊商品广告添加到自身的网站上，即当顾客通过此链接指向 Amazon. com 并完成整个购买流程时，合作机构可以得到相应的手续费。在这种独特的合作模式下，虽然亚马逊的收入被合作机构分享，但其本质为亚马逊节省了大量的营销费用，同时扩展了亚马逊宣传范围，为亚马逊平台吸引了大量优质商家。而且随着时间的推移，亚马逊融入用户生活后由用户流量带来的商家入驻费、产品佣金分成费、产品推广费等成为转型后企业的主要盈利来源。据悉，亚马逊将平台上的卖家分为个人卖家和企业卖家，相对于企业卖家，个人卖家会受到更多的限制。亚马逊对两者的收费也有很大区别，如个人卖家不需缴纳月费，但每销售出一个产品即需缴纳 1 美元左右的固定费用，外加销售一件商品的产品佣金；而企业卖家需缴纳每月的月费，另外按百分比扣除商家销售每件商品的佣金，如亚马逊收取的佣金比率一般为 20％。

随着产品服务要素的改变，目标市场要素也会受到影响而发生变化。由于销售品种的增多，使得亚马逊的客户群体由原先的图书商品购买者扩展到了所有零售商品购买者，而得益于先前亚马逊全球最大书店的品牌已被广泛传播，并形成了稳定的顾客群体和品牌声誉，亚马逊零售商品销售拥有广阔的市场。与此同时，为了适应产品服务要素的改变，提高销售质量，亚马逊在关键资源和核心能力两个要素方面也作出了积极的调整：一方面亚马逊以短期亏损的代价大力投资仓储物流和信息系统等基础设施的建设；另一方面形成了以客户体验为中心的难以模仿的核心竞争力。庞大的客户群体、独特的资源与能力，对亚马逊商业模式下的成本结构、收入来源、伙伴价值要素亦产生重要作用。伙伴价值方面，对于各零售商品的上流供应商而言，亚马逊网络书店的成功模式和巨大销量对他们有很大的吸引力，与亚马逊合作将为他们带来更大的价值；而互联网技术的发展及亚马逊仓储物流信息系统的逐渐完备，可以为供应商省去很多中间环节，创造更大的效益，实现供应商与亚马逊的双赢。成本结构与收入来源方面，一是亚马逊的品牌及市场吸引力使得其对供应商拥有很强的议价能力，为商品的低价格提供了保障；二是由于亚马逊已经在图书领域建立的完善仓储物流和运营体系，其销售品类增加的边际成本远低于竞争对手，盈利模式具有绝对的竞争优势。而在隔绝机制方面，如果说网络书店模式是"别人在卧室里都能轻松再建的一种商业模式"，那么亚马逊的综合零售商业模式则依靠公司积累的独特资源与能力、顾客和供应商群体，实现了商业模式的有效隔绝，使其竞争对手难以模仿和破坏。亚马逊综合零售商业模式的隔绝机制，是其他各个要素共同作用的结果，与此同时，该要素又可以有效维护亚马逊商业模式的稳定，并对其他要素起到促进的作用。

亚马逊这一阶段的商业模式创新更为复杂，所有商业模式构成要素被涵盖其中，创新的成功不仅得益于单个要素的改变，还得益于要素之间的相互作用以及要素之间的关系实现重组，最终带来了商业模式的创新。

亚马逊商业模式的创新是通过改变单个或几个构成要素而实现的，对于互联网企业而言这是一种有效且稳健的商业模式创新途径。此外，互联网企业应随时关注外部技术环境的变化，以发现有可能对现有业模式进行冲击或颠覆的新技术，识别可以给企业带来竞争优势的技术并加以运用；同时重视内部技术能力的积累，形成技术领域的核心竞争力，通过技术的创新来实现商业模式创新。

恰当的商业模式可以有效地帮助科技型小微企业的发展，由于企业处于初级阶段，对市场的敏感度更高，可以针对市场的发展灵活地调整自己的方向，所以在科技型小微企业成长中更应重视商业模式的形成与发展。

第二章　商业模式的起源与发展

在 20 世纪 50 年代就有人提出"商业模式"的概念，但是真正流行开来却是在 90 年代。商业模式在中国的兴起，源于互联网企业创立的高潮期。当时一系列新兴的互联网公司，急迫地想要得到风险投资者及其他投资者的支持，而风险投资者评价企业价值时很大程度上关注的是这个企业的"商业模式"。互联网企业尤其是电子商务的出现彻底打破了传统企业经营模式，并获得了巨大的成功，此时学者们在惊叹之余，纷纷把目光转向了沉寂已久的商业模式，开始研究商业模式的变革对社会以及企业发展的影响。遗憾的是，不论商业模式在国外流传还是在国内兴起，至今对商业模式的定义仍然没有统一的标准。

2.1　商业模式的起源与界定

2.1.1　商业模式的概念形成

商业模式是创业者的创意，商业创意来自于机会的丰富和逻辑化，并有可能最终演变为商业模式。其形成的逻辑是：机会是经由创造性资源组合传递更明确的市场需求的可能性（schumpeter，1934；Kirzner，1973），是未明确的市场需求或者未被利用的资源或者能力。尽管它第一次出现在 20 世纪 50 年代，但直到 90 年代才开始被广泛使用和传播，已经成为挂在创业者和风险投资者嘴边的一个名词。

有一个好的 Business Model（商业模式），成功就有了一半的保证。商业模式就是公司通过什么途径或方式来赚钱。简言之，只要有赚钱的地儿，就有商业模式存在，如饮料公司通过卖饮料来赚钱；快递公司通过送快递来赚钱；网络公司通过点击率来赚钱；通信公司通过收话费赚钱；超市通过平台和仓储来赚钱等。

随着市场需求日益清晰以及资源日益得到准确界定，机会将超脱其基本形式，逐渐演变成为创意（商业概念），包括如何满足市场需求或者如何配置资源等核心计划。

随着商业概念的自身提升，它变得更加复杂，其内涵包括产品/服务概念、市场概念、供应链/营销/运作概念（cardozo，1996）。至此，商业概念逐渐成熟，并最终演变为完善的商业模式，从而形成一个将市场需求与资源结合起来的系统。

商业模式是一种包含了一系列要素及其关系的概念性工具，用以阐明某个特定实体的商业逻辑。它描述了公司所能为客户提供的价值以及公司的内部结构、合作伙伴网络和关系资本（Relationship Capital）等用以实现（创造、推销和交付）这一价值并产生可持续盈利收入的要素。

在文献中使用商业模式这一名词的时候，往往模糊了两种不同的含义：一类作者简单地用它来指公司如何从事商业活动的具体方法和途径；另一类作者则更强调模型方面的意义。这两者实质上是有所不同的，前者泛指一个公司从事商业的方式，而后者指的是这种方式的概念化。后一观点的支持者们提出了一些由要素及其之间关系构成的参考模型（Reference Model），用以描述公司的商业模式。

2.1.2 商业模式的界定

20 世纪 90 年代，随着信息技术和互联网的飞速发展，"商业模式"这一新名词逐渐在学术研究领域中受到追捧。经过多年的发展和沉淀，商业模式已成为一个流行的商业术语，但由于研究对象和研究领域的差异，商业模式的概念至今没有得到统一的认识。纵观学术界关于商业模式的研究，学者们对商业模式的界定主要集中于三个不同视角：一是价值体现视角，强调企业经营哪种业务，如何通过经营该项业务获得利润，具有代表性的研究学者有 Osterwalder、Rappa、Teece 和 Petrovic 等；二是组织架构视角，强调企业如何与价值网络中的其他个体发生联系，具有代表性的研究学者有 Timmers、Chesbrough & Rosenbloom、Amit & Zott 和 Thomas 等；三是竞争优势视角，强调企业如何在市场竞争中获得并保持竞争优势，具有代表性的研究学者有 Casadesus - Masanell & Ricart、Shafer 和 Morris 等学者。发展视角的商业模式界定具体内容如表 2.1 所示。

表 2.1　发展视角的商业模式界定

研究视角	学者	界　定
价值体现视角	Osterwalder（2005）	商业模式是反映企业如何赚钱的抽象的商业逻辑
	Rappa（2000）	公司通过价值链定位来赚钱，商业模式是对企业如何进行自我维持并在价值链上定位和获利的描述
	Teece（2010）	商业模式描述的是企业创造、传递和获取价值的动态收益和成本结构，企业需要预测客户的潜在需求和购买力，进而向客户提供产品或服务，以此获得额外利润
	Petrovic et al.（2001）	商业模式是一个通过一系列业务过程创造价值的商务系统
组织架构视角	Timmers（1998）	商业模式是指产品、服务和信息流的架构，包括对商业行动者及角色的潜在收益的描述
	Chesbrough & Rosenbloom（2002）	商业模式是一个将技术当中的潜在价值转化成经济价值的重要通道
	Amit & Zott（2001）	商业模式描述了由企业、供应商、辅助者和客户组成的网络运作方式
	Thomas（2001）	商业模式是由客户、供应商、资源、渠道、过程和能力等组成的整体架构，能为企业带来有利可图的生意
竞争优势视角	Casadesus-Masanell & Ricart（2010）	商业模式反映企业的现行战略，即企业通过对商业模式的选择在市场上进行竞争
	Shafer et al.（2005）	商业模式反映了企业如何选择其核心逻辑及策略，以在价值网络上创造和获取价值
	Morris et al.（2005）	商业模式由企业战略、体系结构及内部相关性的风险策略构成，通过一系列设置可以获取持续竞争优势

国内学者也对商业模式的概念进行了深入的研究和探索。罗珉和曾涛等学者认为商业模式是企业在明确组织外部环境、内部资源和企业能力的前提下，通过对企业本身、客户、渠道合作伙伴、股东及其他利益相关者的整合来获取经济利润的一种概念性工具。翁君奕通过细分企业经营环境和平台环境，把商业模式定义为企业核心界面要素形态的组合，包括客户界面、内部构造、合作伙伴界面等要素。陈琦认为企业通过与客户的交易获取价值，商业模式是企业为抓住商业机会、创造商业价值所设计的交易内容、交易结构和交易管理。魏江和刘洋等学者从内部机制、外部环境和系统整合三个角度对商业模式进行了深入研究，提出商业模式是企业为满足客户需求而进行的一系列关于价值主张、价值创造和价值获取等活动的组织架构。黄培和陈俊芳从企业运作角度出发，指出商业模式是企业在其经营过程中获得利润的标准方式和方法。

　　综合上述分析，结合科技型小微企业的发展现状和特点，笔者认为 Zott 和 Amit 提出的商业模式的概念更能体现科技型小微企业商业模式的本质。因此，本文认为商业模式是企业通过价值网络与外部利益相关者相互作用形成的商业系统，为客户、供应商、股东及其他利益相关者创造价值和获取利润。

2.1.3　商业模式的要素

　　从上一节的理论分析看出，学者们对商业模式的概念存在着不同理解，因此商业模式的构成要素和分类也表现出多样性，要对商业模式的本质有更加深入的理解，就要对商业模式的构成要素进行研究。由于侧重点不同，不同学者对商业模式构成要素的描述也不尽相同，具有代表性的关于商业模式构成要素的研究有以下几种：

　　(1) Hamel 认为商业模式应该包括四个组成部分：核心战略、战略资源、客户界面和价值网络(见图 2.1)，而且这些要素是相互关联的。

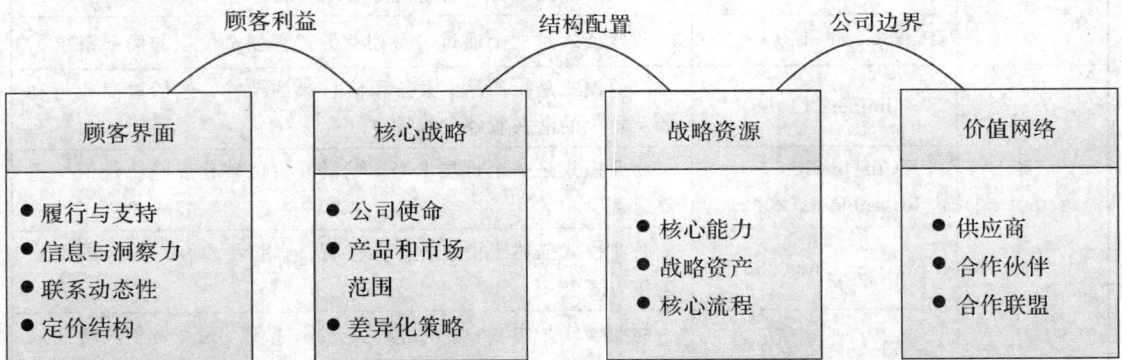

图 2.1　Hamel 商业模式四要素模型

　　(2) Osterwalder 将商业模式划分为四个组成要素，分别是产品/服务、客户界面、基础结构和财务状况；在此基础上又将其分为九个子要素，分别是价值主张、目标客户、分销渠道、客户关系、价值配置、能力、合作伙伴网络、成本结构及收入模式(见图 2.2)，并对其进行了详细的描述。

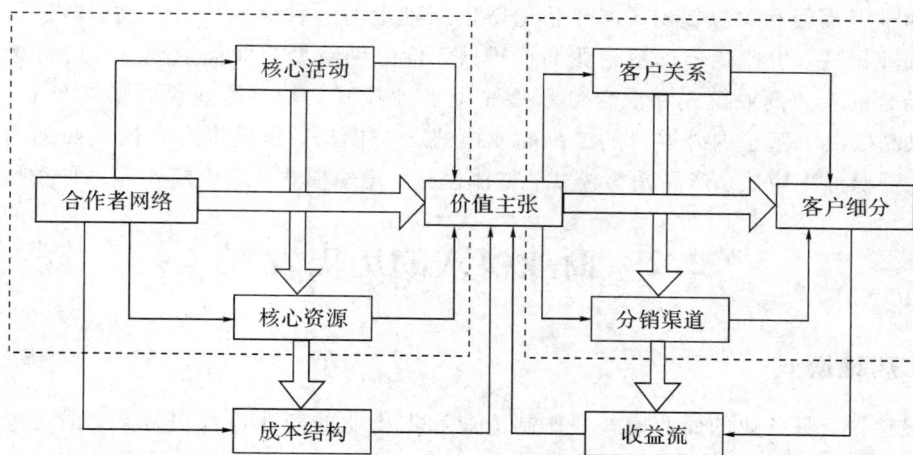

图 2.2　Osterwalder 商业模式九要素模型

（3）Chesbrough 和 Rosenbloom 通过对施乐模式的研究将商业模式划分为六个要素组成部分，分别是价值主张、目标市场、价值链结构、成本结构和利润模式、在价值网络中的位置、竞争战略，并对其进行了详细的描述。Linder 等学者通过对 70 家企业的实证研究，提出了包括定价模式、收入模式、渠道模式、商业流程模式、基于互联网的商业关系、组织形式和价值主张在内的七大商业模式要素。Amit 等学者通过对 59 家电子企业的实证研究，指出商业模式的组成要素包括交易内容、交易结构和交易治理三部分。Alt 和 Zimmerman 首次将法律和技术元素引入电子企业的商业模式结构之中，提出了商业模式的六维构成要素，分别是使命、结构、流程、收入、法律义务和技术。

国内学者翁君奕通过对 36 家企业的调查研究指出，商业模式是由客户界面、内部结构和伙伴界面三个核心要素组成，每个核心要素又可以划分为价值对象、价值内容、价值提交及价值回收四个基本要素。曾涛提出了商业模式的三角结构模型，认为一个主体企业的商业模式包括顾客、供应商和股东三个组成部分。除此之外，还有原磊提出的四要素模式，即价值主张、价值网络、价值维护和价值实现；叶乃沂提出的七要素模式，即 e 化市场环境、客户关系、产品创新、财务要素、企业资源和业务流程；罗珉提出的八要素模式，即价值主张、核心战略、资源配置、组织设计、价值网络、产品与服务设计、经营收入机制和赢利潜力。

基于商业模式构成要素的不同，不同学者提出了不同的分类标准，将商业模式划分为不同的类型。最有代表性的是 Timmers 的分类，他将互联网商业模式分为十一种：电子商店、电子采购、电子商城、电子拍卖、第三方市场、虚拟社区、价值链服务提供商、价值链整合、第三方合作平台、信息经纪和信任。Bigliardi 等学者通过对意大利生物技术企业商业模式的聚类分析，将商业模式划分为四种类型，分别是小研究企业、服务企业、传统整合企业和工业化整合企业。Weill 和 Vitale 通过对电子证券经纪的分析研究，描述了四种商业模式：直接面向客户模式、全方位服务的金融提供商、中介——广告门户网站、中介——收费的金融垂直门户网站，并进一步描述了每个模式的业务开展方式。Alt 和 Zimmermann 通过研究提出了两种商业模式类型划分标准，一种是基于目的的类型，如业务模式、仿真模式和参考模式；另一种是基于对象的类型，如收入模式、部门及行业模式和市场模式。

国内学者高闯和关鑫提出了基于价值链创新理论的五种商业模式类型，即价值链延伸型企业商业模式、价值链分拆型企业商业模式、价值创新型企业商业模式、价值链延伸与分拆相结合的企业商业模式和混合创新型企业商业模式。基于商业模式的"3—4—8"构成体系，原磊提出了基于内外混合的二维商业模式分类模型。程愚将商业模式归纳为资源获取模式、资源加工模式、产品销售模式、整体模式、竞争模式、适应模式等六种类型。

2.2　商业模式的历史发展

2.2.1　店铺模式

一般地说，服务业的商业模式要比制造业和零售业的商业模式更复杂。最古老也是最基本的商业模式就是"店铺模式"（Shopkeeper Model），具体点说，就是在具有潜在消费者群的地方开设店铺并展示其产品或服务。

商业模式，是对一个组织如何行使其功能的描述，是对其主要活动的提纲挈领的概括。它定义了公司的客户、产品和服务，还提供了有关公司如何组织以及创收和盈利的信息。商业模式与（公司）战略一起，主导了公司的主要决策。商业模式还描述了公司的产品、服务、客户市场以及业务流程。

大多数的商业模式都要依赖于技术。互联网上的创业者们发明了许多全新的商业模式，这些商业模式完全依赖于现有的和新兴的技术。利用技术，企业们可以以最小的代价，接触到更多的消费者。

2.2.2　"饵与钩"模式

随着时代的进步，商业模式也变得越来越精巧。"饵与钩"（Bait and Hook）模式也称为"剃刀与刀片"（Razor and Blades）模式，或是"搭售"（Tied Products）模式，其出现在 20 世纪早期。在这种模式里，基本产品的出售价格极低，通常处于亏损状态；而与之相关的消耗品或是服务的价格则十分昂贵。比如，剃须刀（饵）和刀片（钩）、手机（饵）和通话时间（钩）、打印机（饵）和墨盒（钩）、相机（饵）和照片（钩），等等。这个模式还有一个很有趣的形式，即软件开发者们免费发放他们文本阅读器，但是对其文本编辑器的定价却高达几百美金。

2.2.3　硬件＋软件模式

苹果以其独到的 iPod ＋ iTunes 商业模式创新，将硬件制造和软件开发进行结合，以软件使用增加用户对硬件使用的黏性，并以独到的 iOS 系统在手机端承载这些软件，此时消费者在硬件升级时不得不考虑软件使用习惯的因素。

2.2.4　其他模式

在 20 世纪 50 年代，新的商业模式是由麦当劳（McDonald's）和丰田汽车（Toyota）创造的；60 年代的创新者则是沃尔玛（Wal-Mart）和混合式超市（Hypermarkets，指超市和仓储式销售合二为一的超级商场）；到了 70 年代，新的商业模式则出现在 FedEx 快递和 Toys R US 玩具商店的经营里；80 年代是 Blockbuster、Home Depot、Intel 和 Dell；90 年代则是西南航空(Southwest Airlines)、Netflix、eBay、Amazon 和星巴克咖啡(Starbucks)。

随着科学技术不断发展,商业模式也有了多样化趋势,互联网的免费模式就是其中典型代表,由于新兴商业模式太多,故不一一列举。

每一次商业模式的革新都能给公司带来一定时间内的竞争优势,但是随着时间的改变,公司必须不断地重新思考它的商业设计。随着(消费者的)价值取向从一个工业转移到另一个工业,公司必须不断改变它们的商业模式。一个公司的成败与否最终取决于它的商业设计是否符合了消费者的优先需求。

2.3　长尾理论与商业模式

2.3.1　长尾理论

1. 长尾理论的提出

长尾理论诞生于 21 世纪初,通俗讲就是对于来自大众的不起眼的服务具有核心的规模经济优势,在规模技术手段允许的时代,长尾经济就应运而生。

克里斯·安德森指出,长期以来处于尾部的利基市场并没有引起生产者的重视。他在 2004 年 10 月的《The Long Tail》一文中最早提出来,用来描述诸如亚马逊和 Netflix 之类网站的商业和经济模式。安德森认为,只要存储和流通的渠道足够大,需求不旺或销量不佳的产品共同占据的市场份额就可以和那些数量不多的热卖品所占据的市场份额相匹敌,甚至更大,这就是长尾理论。在图 2.3 中,需求较大的头部所占份额和需求较小但商品数量众多的尾部所占份额大体相当。

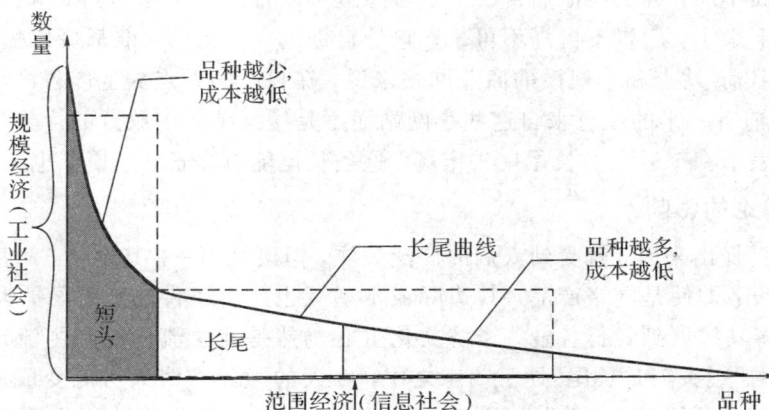

图 2.3　长尾曲线

之后,安德森开始在博客上公开编撰书稿,并在两年后出版了《长尾理论》一书。书中阐述,商业和文化的未来不在于传统需求曲线上那个代表"畅销商品"的头部,而是那条代表"冷门商品"经常被人遗忘的长尾。举例来说,一家大型书店通常可摆放 10 万本书,但在亚马逊网络书店的图书销售额中,有 1/4 来自排名 10 万以后的书籍。这些"冷门"书籍的销售比例正在高速增长,预估未来可占整体书市的一半。这意味着消费者在面对无限的选择时,真正想要的东西和想要取得的渠道都出现了重大的变化,一套崭新的商业模式也随之崛起。对企业来说，98％的产品都有机会被销售，不能忽视所谓的冷门产品，它们也许才是企业的利基（niche）产品。无数的冷门产品汇聚起来，可能得到比一个畅销产品大得多的利基市场。

安德森在书中还指出了长尾理论不可或缺的六个条件：

（1）在任何市场中，利基产品都远远多于热门产品。而且，随着生产技术变得越来越廉价，越来越普及，利基产品所占比例仍在以指数级的速度提高。

（2）获得这些利基产品的成本正在显著下降。数字传播、强大的搜索技术和宽带的渗透力组合成了一种力量，凭借它，在线市场正在改写零售经济学。

（3）从自动推荐到产品排名，一系列的工具和技术都能有效帮助消费者找到适合他们的特殊需求和兴趣的利基，从而真正改变需求。

（4）一旦有了空前丰富的品种和用来做出选择的过滤器，需求曲线就会扁平化，热门产品的流行度会相对下降，利基产品的流行度则会相对上升。

（5）尽管没有一个利基产品能实现大的销量，但由于利基产品数不胜数，它们聚合起来，将会形成一个可与大热门市场相抗衡的大市场。

（6）当以上几点全部实现，需求曲线将不受供给瓶颈、信息匮乏和有限货架空间的扭曲。而且，这种形状受少数大热门的支配程度很低，它的分布就像人口分布一样分散。

总结来说，长尾理论指的是只要存储和流通的渠道足够大，需求不旺或销量不佳的产品所共同占据的市场份额可以和那些少数热销产品所占据的市场份额相匹敌，甚至更大，也就是说，众多小市场汇聚成可与主流大市场相匹敌的市场能量。

Google 是一个最典型的"长尾"公司，其成长历程就是把广告商和出版商的"长尾"商业化的过程。数以百万计的小企业和个人此前从未打过广告，或从没大规模地打过广告。他们小得让广告商不屑，甚至连他们自己都不曾想过可以打广告。但 Google 的 AdSense 把广告这一门槛降下来了，广告不再高不可攀，它是自助的、价廉的，谁都可以做；另一方面，对成千上万的 Blog 站点和小规模的商业网站来说，在自己的站点放上广告已成举手之劳。

Google 目前有一半的生意来自这些小网站而不是搜索结果中放置的广告。数以百万计的中小企业代表了一个巨大的长尾广告市场。这条长尾能有多长，恐怕谁也无法预知。

2. 长尾理论的影响

长尾理论自提出来后，就受到人们的广泛关注，但褒贬不一。其中，王海岳认为长尾理论是武断的假设：即使是网络产品，其边际成本递减也是有条件的，无限扩大的长尾只是臆想，更不能将其扩展到各行各业。经济文化重心仍然是在主流产品和主流市场上，只不过企业和产品的"短头"和"长尾"处于动态之中，今天的"短头"明天可能变成了"长尾"，今天的"长尾"明天也可能变成"短头"。学者彭兰、陈婧认为，长尾理论启发我们大众消费正慢慢转化为小众消费。

经济的多元化催生出许多新的经济思想，长尾理论可以说是在蓝海战略后又一个有着独特创新的思维。它是在主流经济的夹缝中成长出的一种新的经济现象。长尾理论并不是一种真正意义上的创造，只是将我们经常忽视的小市场推到了新的舞台。长尾理论诞生于互联网商业运营模式中，并为这种模式提供了很好的理论指导。在这种模式中，消费者被当成了具有个性偏好的个体来对待，并把大众化定制作为大众市场的替代品，因此在他们所经营的市场上就不是工业时代被标准化了的"大众产品"，而是更具有个性的非标准化的

"定制产品"，这与传统的非互联网运营模式和运营理念完全不同，所以就需要有一个全新的理论对这种模式进行描述和指导。如在 IT 领域，惠普 PC 在 2018 年重返 PC 霸主地位就是因为它构筑并抓住了"长尾"，把 80％的增长重心从处于"头部"位置的行业客户和中心城市客户，转移到处于"尾部"位置的区域中小企业客户和普通个人用户，从而在行业企业市场 PC 需求放缓的情况下获得了出人意料的高增长。而这时，惠普的直接竞争对手戴尔的发展重心还是放在企业客户上，导致了其 PC 业绩下滑，输给了惠普。当然，长尾理论并不局限于一两个领域，它给我们带来了一种思想上的变革，反映了人类对世界、存在和未来的结构问题的新思维。"长尾"是对事物的一种结构化的描述和划分方式，其本质无非是一种认识事物本质和真相的思维方式。长尾理论揭示了一个真理，那就是随着科学技术的发展和人们思维观念的更新，以前人们忽略的东西或由于客观条件的限制无法关注的东西，也会慢慢被发掘，最后甚至与流行的东西相匹敌。这些东西可以是售卖的商品，可以是未知或新兴的事物，可以是创新的思想，等等。因此，长尾理论提醒我们应对已经存在的事物进行改进和完善，对原有的思想进行反思，让理论与实践保持一致。

3. 长尾理论的局限性

长尾理论的提出，让人们以创新的视角去观察处于长尾末端的一个个分散的利基市场，当市场上有无限多种类的产品和无限多个性化需求时，利基市场便展现出了特有的经济性，并对传统的以"二八定律"统治的企业经营理念形成了一定冲击。但是从实际应用情况来看，长尾理论仅在创意文化行业、媒体行业、互联网及电子商务行业等新兴经济领域有成功的案例，而在传统工业领域存在一定的局限性，主要表现在以下几个方面：

（1）供给丰饶的条件难以满足。长尾理论的基本假设是丰饶经济学，因为数字产品可以不受限制地进行生产，并且其产品的流通靠互联网可以快速实现，甚至有些有形产品的供给也可以接近丰饶的程度，像沃尔玛、亚马逊这样的大型流通企业，可以把分散的供给和需求集中起来，通过高效的供应链体系进行配送。然而在更多工业生产领域，产品具有一定专业性和复杂性，没有足够多的生产者实现丰富的供给，而且对于企业来说也不可能设计十万多种产品分别满足每一个细分市场的需求。

（2）虚拟商品和有形商品存在差异。虚拟商品的流通不受货架、卡车等仓储和运输条件限制，而有形商品在销售过程多少会受到这些条件的制约，虽然现代集中供应链管理系统已经可以实现物流的高效运转，进一步降低有形商品配送的成本，但是不能忽略的是商品的保值问题，虚拟商品如一张经典音乐专辑，其价值可能在几十年后仍然较高，但是对于有形商品来说，不仅有食品、日用品的保质期限制，而且对于一般的生产和流通企业，让一件非畅销商品在仓库长时间储存等待"伯乐"到来是不现实的，也不利于企业对存货周转率的控制。

（3）足够低的客户获取成本难以实现。长尾理论一个很重要的准则是使利基市场的获取成本降低到规模经济的程度，只要小批量、多品种的生产成本小于收益的增长，企业还是可以获利的。这一点在媒体数字产品的相关行业容易实现，借助于互联网的传播性，其生产的变动成本几乎为零，但是在传统工业领域，由于生产需要耗费原材料和其他费用，其变动成本不可能做到无限低，另外，要满足个性化需求可能还要增加固定投入，由于利基市场的需求较分散，如果不能通过规模经济实现固定成本的摊销，那么企业在利基市场获取一个客户的成本将居高不下。

2.3.2 长尾理论对商业模式的影响

长尾理论对商业模式的影响可从内外两方面来具体阐述。

1. 内部方面

（1）企业家能力。在长尾时代，能够抓住尾部潜藏的巨大效益，对企业商业模式进行创新或转型的企业家是这个时代最成功的企业家代表。

（2）组织学习能力。长尾时代的到来，为企业尤其是科技型小微企业带来了新的生机。通过组织学习，企业可以通过利用自身资源和优势对市场机会进行挖掘。

（3）创新资源拥有能力。为了发展长尾市场，科技型小微企业要积极吸引高科技人才的流入，加大科技研发力度，为产品创新奠定基础，形成长远规划。

（4）技术进步。科技型小微企业在发展过程中要关注技术前沿动态，与时俱进，时刻重视各种信息技术的研发，申请专利和发明，为长尾市场的产品保驾护航。

2. 外部方面

（1）消费者需求变更。人际沟通活动是互联网时代的特性，也是为什么企业要如此注重消费者需求的原因，口碑相传，靠的就是消费者的沟通活动，这也是企业降低营销成本的关键，是长尾产生的必然条件。所以科技型小微企业要想在长尾市场立足，就得重视消费者需求的变化，及时调整方向。

（2）外部环境和制度。在长尾时代，政府或者银行等金融机构应该将目光放在尾部的小微企业上，而不是只聚焦于头部的大型企业。只有抓住了尾部的数量众多的小微企业，政府才能更好地对经济市场进行调控，银行等金融机构才能更长远地发展。

（3）竞争环境。长尾经济下，科技型小微企业要有危机意识，多关注竞品动态，关注与自己有利害关系的政府、竞争对手、供应商、顾客等相关方的竞争环境，及时响应市场变化，才能在市场中快速打通突破口。

（4）创业文化。目前市场的产品已趋于饱和，推出新产品吸引消费者买单成为重要的话题。所以科技型小微企业可针对某一细分的长尾市场，在组织内鼓励团体创业，内部形成一种良性竞争，促使新产品快速诞生，从而推动公司的成长。

商业模式随市场的发展发挥着越来越重要的作用，长尾理论也给小微企业提出了更多的思路，对二者的研究，可以有效地帮助科技型小微企业的发展和进步。

第三章 商业模式创新理论基础

3.1 商业模式创新的基础理论

我国小微企业普遍存在抗风险能力弱、生命周期短的特点。然而，有些小微企业却因其独特的商业模式创新获得了新生与长远发展。基于以往学者的研究成果，提炼小微企业商业模式创新核心要素，重点研究分析商业模式创新范式，对小微企业商业模式的创新有一定的参考价值。

3.1.1 商业模式创新的概念

由于商业模式概念的复杂多样性，尤其是考虑到商业模式各构成要素之间的变化程度与逻辑关系，如何界定商业模式创新，学术界至今仍存在很大分歧。尽管学者们在创新动力、创新途径与创新实施等方面做了大量的研究工作，但是整体而言仍存在两大不足：一是现有的大多数研究都是基于单一视角来考察商业模式创新，缺乏对商业模式创新的全面理解，因而难以深入系统地把握和揭示商业模式创新过程。二是现有大多数文献采用的是单纯的理论探讨或者案例研究方法，大样本企业的实证研究相对缺乏。而未经实证检验的理论演绎或案例研究的"碎片式"结论不仅缺乏足够的说服力和普适性，也难以为企业商业模式创新实践提供有效的指导。

1. 国外商业模式创新界定

熊彼特（1990）认为企业在实际生产经营活动中任何新要素的引入或者各要素的重新组合都属于创新，企业在竞争过程中为了追求超额利润、获得"熊彼特租金"，对企业内外各种资源要素进行重新组合，而企业商业模式创新正是为了追求"熊彼特租金"从而使企业获得竞争优势。

Chesbrough（2006）提出企业商业模式创新是描述企业在开放式的环境中如何构建技术、市场创新与其所包含的潜在经济价值之间的一种连接关系。

Bucherer 等（2007）认为商业模式创新就是企业为了某特定目的改变企业的核心要素和经营逻辑，从而实现持续盈利的过程。

Gordijn（2002）认为商业模式创新就是企业解构或重构自身价值模型的过程，同时提出用 e3－value 方法对模型进行深入分析。虽然商业模式创新对企业的长期成功或失败起着关键性的作用，但与产品创新或者技术创新相比，我们对商业模式创新知之甚少，并且在实践中还未开发出研究商业模式创新的通用方法。

Mitchell 等（2003）认为，如果只是商业模式中的某一个构成要素发生改变，即使这种改变能够显著提高公司当前的销售量，以及增强现金流或提升竞争力，也仅能称之为商业模式的改进，而非创新，只有商业模式构成要素中至少有四个以上要素与竞争对手不同时，才应该称为商业模式创新。

Tidd 和 Bessant(2012)从创新概念出发，将创新重新分为产品创新、流程创新、定位创新和范式创新四种类型。商业模式创新与产品创新、流程创新等传统类型的创新不同，它是一种全新的范式创新。范式创新反映的是影响企业业务的潜在思维方式变化，源自于新进入者对问题和游戏规则的重新定义和重构。他们从创新的角度出发，通过区分不同类型的创新来说明商业模式创新是一种不同于传统创新的全新创新，在"创新"种类中对商业模式创新进行定位。同时还从创新程度的角度阐明了商业模式创新的属性，即商业模式创新是一种非连续性创新。

Bock 等(2010)把商业模式创新看作一种不同于其他类型组织创新的全新变革过程，一种企业层面开发利用新机会的过程，并且认为一旦渐进式变革和产品创新滞后于外生不连续性，组织管理层就会利用商业模式创新来面对层次更高、为期更长的挑战。商业模式创新是一种不同于其他类型组织创新的新颖变革过程，因而可能是一种非常规的特殊创新。

谢德荪(Edison Tse)(2012)指出，创新从本质上可以分为科技创新和商业创新两大类，其中科技创新是指有关自然规律的新发现，他把这种创新称为"始创新"，而把商业创新理解为"创造新价值"，并进一步细分为"流创新"和"源创新"，并且认为商业模式(商业模型)创新属于"源创新"。商业模式创新的意义不在于创造新科技、新产品或新服务，而在于创造新价值，即通过实施新的理念来推动对人们日常生活或工作有价值的活动。新的理念可以由新产品或新科技(始创新)所催生，也可通过组合现有资源来实现。谢德荪的贡献在于明确把商业模式创新视为一种商业创新，并且认为新理念(顾客价值主张)是商业模式创新的源头和出发点，商业模式创新并非源于技术发明本身，而是源于对顾客需求的洞察、对价值的主张(即价值理念)。

在 Schlegelmilch 等(2003)看来，商业模式创新是一种战略性创新。通过颠覆既有规则和改变竞争性质来重构企业既有的商业模式和市场。在大幅度提升顾客价值的同时，实现企业自身的高速增长。Casadesus-Masanell 与 Rieart(2010)就对战略、商业模式之间的区别与联系进行了探究。其中，商业模式被定义为企业的运营逻辑，反映了企业是如何为利益相关者创造价值的，而战略是企业通过选择商业模式可以在市场上竞争的方案。两位学者形象地用汽车做类比，认为设计与建造何种汽车是战略，汽车本身是商业模式。所以，将商业模式创新看成是战略性创新是不妥当的。

Demil 和 Lecocq(2010)把商业模式创新定义为：商业模式内部不同要素之间的互动引发新的选择，促使企业提出新的价值主张，创造新的资源组合或者驱动组织系统演化，最终某一环节的变化对其他要素及其构成维度产生影响，进而引发有可能动摇整个行业根基的根本性创新。商业模式相对于其他的创新，已经将焦点从企业的内部移出来，内部要素互动的商业模式创新的概念与商业模式的本质是不同的。

Amit 和 Zott(2010)认为，商业模式创新就是企业通过重组其现有资源和合作伙伴来设计新的运营系统或者改良既有运营系统。运营系统只是商业模式的一部分，Osterwalder(2005)提出了更加完善的定义，商业模式创新是一种基于价值主张，涵盖关乎资源、流程等的运营模式以及涉及收入、成本等的盈利模式的设计过程。

美国资深管理学家迈克尔·汉默（Michael Hammer，2004）认为商业模式创新就是运营创新，并指出商业模式创新实质上就是组织深度变革。汉默博士强调，虽然运营创新可能是个陌生的词汇或者缺乏魅力，但它却是企业实现卓越绩效的唯一途径。用先进的技术和方法研发产品、开辟市场、提供优质客户服务，是运营创新与运营改革最大的不同之处。

综上所述，商业模式创新是一个在企业层面抓住新机会，创新价值主张、设计新的运营模式和盈利模式，从而为利益相关者创造出新价值，促进企业自身的价值增值的过程。但是，仅根据发生改变的要素数量来区别商业模式创新与商业模式改进显然存在很大的主观性。由于商业模式构成要素间的逻辑关系是有机的系统结构关系，相对于其他因素，某些处于系统核心地位的关键性要素对于系统的全局或者结构具有决定性作用。这些关键要素的改变，会引起其他要素的改变，进而引发企业商业模式整体的转型。而一些相对处于系统非核心地位的要素，对全局的影响则较弱。所以，判断商业模式创新不应是简单地依靠单独要素变化，或者是发生变化要素数量的多少，而应以商业模式作为一个整体是否发生变化为标准。所以，Mitchell 等用 4 个及以上要素数量的变化作为创新的界限，只能说明商业模式创新应该考虑多个要素的协同变化，而非单个要素的变化。

2. 国内商业模式创新界定

国内学者基于国外学者关于商业模式创新理论研究，结合中国经济发展状况对商业模式创新进行了深化研究。

孔翰宁等（2008）指出，当今企业商业模式创新的需要，比以往任何时代都迫切。从以往单纯靠产品创新，转到依赖消费者的创新；从产品驱动型的商业模式，转到服务驱动型的商业模式，都是商业模式实现质的变化的表现。因此，企业应该抓住互联网技术带来的机遇，从以往区域性的综合企业转变为全球网络中的专业化企业，通过弹性信息框架和协作业务网络来加快转型速度，赢得竞争优势。

通过对 Mitchell 研究的分析，齐严（2010）认为，多个要素的协同变化是企业商业模式创新区别于企业传统的市场创新、产品创新、技术创新等单独要素创新的关键所在。而所谓商业模式创新指的是企业商业模式的变化或改进，可能是由一项或几项关键要素的改变导致，但其最终结果一定是商业模式作为一个整体发生改变。

翁君奕（2004）认为，新企业活动的引入或者对企业活动的重新组合，都会导致企业活动结构的改变，这种改变被称为商业模式创新。

杨锴（2012）提出，企业商业模式创新就是企业为了应对不断变化的外部环境，满足消费者个性化的需求，通过设计自身运作模式，提升资源整合能力与发展潜力，实现企业盈利目标的过程。

刘扬（2015）认为，商业模式创新就是企业通过商业模式构成要素或要素之间逻辑关系进行优化，实现企业价值提升的过程。

另外，若干学者基于价值创造或价值链视角界定了商业模式创新。例如，胡艳曦（2008）、荆浩（2011）等提出，企业价值创造基本逻辑的创新性变化就是商业模式创新。Mitchell（2003）等将多个构成要素的变化与整体变化界定为商业模式创新，并指出商业模式"5W2H"构成要素中 4 个以上的要素均发生变化，可称为商业模式变革，而只有全新的或行业内未曾有过的商业模式变革则被界定为商业模式创新。Siggelkow（2002）将研究视角定位于改变的程度,并认为商业活动与行为的调整超过一定程度,就是商业模式创新。沈永言(2011)则认为,组织惯例、认知理念与业务系统等逻辑层面以及各层面相关构成要素是否改变是界定商业模式创新的关键。

3. 国内外商业模式创新述评

商业模式创新就是企业为了更好地满足顾客需求、获取更大的竞争优势,对自身价值创造、价值传递及价值实现各环节构成要素及其关系结构的优化变革,并且最终结果是商业模式作为整体发生改变。商业模式创新可能是商业模式构成要素本身的创新,也可能是商业模式构成要素相互间逻辑结构的创新,甚至是两者的兼得。获取超过行业原有商业模式下的超额利润,正是商业模式创新的价值所在,从而有助于企业在百变的经营环境中获得竞争优势,换言之,商业模式创新是一种潜在的竞争优势创造。但是,正如 Bucherer,Eisert 所说,尽管商业模式创新对企业的成败起到决定性的作用,但是与产品创新相比,其机关研究还需进一步丰富。

虽然商业模式创新已经成为当前研究的热点问题之一,但是对它的研究历史还太短。再加上以往商业模式创新的研究者,大多从某一片面的角度入手对商业模式创新进行定义。由此,学术界对于商业模式创新并没有达成共识,所以对商业模式创新依旧没有一个统一的定义。综合国内外学者的研究,将部分已有成果进行了总结,如表 3.1 所示。

表 3.1　商业模式创新定义

代表人物	主　要　观　点
Weill. p	商业模式创新就是不同商业模式组成要素的再组合
Trimi	在企业出现困境、急需通过改进走出困境时,改进是必须的,而改进所带来的结果是未知的,企业通过不断的尝试最终找到与自身情况相符的商业模式的过程就是商业模式创新
Tucker	商业模式创新就是企业从客户视角出发,发挥想象力使客户感觉到更加完美的过程
Magertta	从价值链的调整为出发点,认为企业对原有价值链的改变,或者原有价值链构成元素的创新就是商业模式创新
Mayo	只有当相对于竞争对手,至少 4 个以上的商业模式构成要素都有所改进时,才应该被界定为商业模式创新
乔为国	商业模式是企业商业实践的一种简单的描述,即企业价值创造的基本逻辑

根据对上表商业模式创新定义的归纳总结,可以看出对商业模式创新的定义相对狭隘。商业模式是各项要素的有机整合,商业模式创新也并非对一两个因素的改进完善。某些关键因素的改革会带来整个模式的改革,可能促进商业模式创新的进行。所谓商业模式创新是指企业商业模式作为一个整体所发生的变化或改进,它可以是由一项或几项关键要素的改变所引发,但其最终结果一定是对企业商业模式的各个方面产生影响,并使商业模式作为一个整体发生改变。

3.1.2 商业模式创新的分类

对商业模式创新进行分类能够帮助学者和实践者们更加了解创新的内涵。对其分类的依据可以分为三类：一类是依据商业模式创新的程度或强度来分类；第二类则是依据价值创造的不同视角来分类；第三类是根据企业核心逻辑变化来分类。

1. 按创新程度分类

Linder 与 Cantrell(2000)把企业商业模式创新分为挖掘型、调整型、扩展型和全新型四种类型。具体而言，挖掘型是不改变企业商业模式本质的同时尽可能地挖掘该模式的应用潜力；调整型是指调整企业的核心技能，如通过改变企业的品牌、技术、成本以及产品或服务平台，从而提高企业价值曲线的位置；扩展型指扩大现有商业模式的应用范围，将其应用到其他领域；全新型是程度最大的创新，指引入全新的商业模式逻辑。Mahadevan(2004)进一步指出，不同特征的企业需要采用不同的商业模式创新。具体而言，趋势创造者应该弥补新领域所需要的知识和技术，同时寻找可持续性的盈利模式，突出自身商业模式独特性；行业领导者需要采用的是妨碍性商业模式创新，通过控制垄断资源、实现范围经济和掌控供应链等来提高顾客的转换成本；新进入企业需要采用战争式商业模式创新，向客户推荐企业特色的价值主张，提高交易效率，同时降低企业用户的转换成本。

国内学者原磊(2007)基于模块化理论，依照商业模式核心逻辑改变程度的不同将商业模式创新划分为四种类型：① 完善型商业模式创新是基于对价值子模块的变革途径的变革；② 调整型商业模式创新是基于界面规则和同一单元模块内部的混合型变革路径的变革；③ 改变型商业模式创新是基于跨域不同单元模块的混合变革路径的变革；④ 重构型商业模式创新是建立全新商业模式的混合变革路径的变革。

2. 按价值创造视角分类

学者们从价值创造视角出发对商业模式创新进行研究主要分为三个方面：基于商业模式组成要素的创新、基于价值链的商业模式创新、基于商业模式系统角度的创新研究。基于商业模式组成要素的创新研究，学者们认为商业模式创新可以通过对商业模式中组成要素的一个或多个要素进行变化实现。如 Johnson 等(2008)提出商业模式由顾客价值命题(CVP)、盈利模型、关键资源、关键过程四要素组成，商业模式创新可以围绕这四个要素的创新来实现。但是这个视角下的研究往往强调的是企业内部一个或几个要素的改变，无法达到整体创新的目的，同时，研究者们对于商业模式的构成要素也没有达成一致的意见，这也给该视角的研究带来不便。随后有学者基于价值链研究商业模式创新，如高闯、关鑫(2006)提出以企业基本价值链(波特定义的经典价值链)为基础，通过其在整个产业的价值链上的不同变动方式及其自身基础价值活动的创新，将企业商业模式按其创新方式分为五种基本类型，即价值链延展型、价值链分拆型、价值创新型、价值链延展与分拆结合型及混合创新型。价值链创新视角体现出了整条价值链的整体性和系统性，但是过于线性化，且更注重竞争关系；随着商业模式创新研究的深入，学者们开始从系统角度研究商业模式创新，系统视角弥补了上述视角的不足，体现的是整体创新和网络化、系统化的特征，典型代表就是 Zott 与 Amit 等人对商业模式创新进行了分类。Zott 与 Amit(2001)把商业模式创新分为了四种类型：① 新颖型商业模式(Novelty)，重在采用新内容、改变运营结构或改善治理，通过全新的用户体验和交易方式，使顾客有更强的购买支付意愿；② 套牢型商业模式（Lock-in），通过保持顾客或合作伙伴持续的支付意愿；③ 互补型商业模式，强调商品、交易行为、资源或技术的捆绑，如提供一站式的采购服务，为顾客节约了时间与采购成本；④ 效率型商业模式，通过提高交易效率，比原来的商业模式为合作伙伴、消费者节约更多的成本。

在 Zott 和 Amit 后续的实证研究中，作者舍弃了分类中的互补型和套牢型商业模式创新，而仅对新颖型商业模式创新与效率型商业模式创新这两种创新模式进行了更加深入的研究分析（Zott 与 Amit，2007、2008）。之所以仅采用对这两类商业模式创新进行研究，第一是因为这两类模式特点对比鲜明；第二也与熊彼特关于价值创造的两个来源——创新与效率相呼应。随后这种分类方式得到了研究者们的广泛采用和认可，纷纷展开了对效率型和新颖型两类商业模式创新的后续研究（Aziz and Mahmoo，2011；Rhoads et al，2011；Brettel，Strese and Flatten，2012）。因此大部分对商业模式创新的分类也沿用 Zott 和 Amit 的经典分类方式。

基于构成要素视角的创新是企业商业模式创新不能回避的问题（刁玉柱、白景坤，2012），它包括商业模式构成要素本身的变化导致的创新以及各个组成要素相互之间关系的变化而导致的商业模式创新。Osterwalder（2004）提出了商业模式的九要素模型，九要素即价值主张、分销渠道、消费者目标群体、客户关系、合作伙伴关系、价值配置、核屯、能力、成本结构和收入模型等，也就是说可以通过改变这些构成要素来为企业创造新的商业模式。王红和孙敏（2015）也认为商业模式的各个构成要素中，任何一个要素变化都会形成一种新的商业模式，带来商业模式的创新。在各要素相互关系方面，Weill 等（2001）阐述了商业模式各个构成要素之间关联变化的重要性，他提出了"原子商业模式"的概念，进而提出各个原子模式都包含收入来源、重要的成功要素、战略目标和必备的核屯、竞争力这四大特点，要形成新的商业模式只需要改变这些原子模式之间的组合方式便能实现（王鑫鑫、王宗军，2009）。

3. 按企业核心逻辑变化分类

不少学者认为企业在商业模式创新的过程中由于创新程度的不同，他们所选择的创新途径也会不一样。Linder 和 Cantrell（2000）依据企业核心逻辑变化程度的不同，将企业商业模式创新区分为四个不同的层次：一是认识领会型商业模式，即利用企业现有的商业模式，挖掘潜力，最大限度地获得回报和利润；二是更新型商业模式，也就是企业通过不断地改变产品和服务平台、产品品牌、成本模式等获得竞争力，并利用核屯技术提升其在价值曲线上的位置；三是扩展型商业模式，即通过开拓新市场、扩展价值链功能及产品和服务线等扩大企业业务领域；四是全面创新型商业模式，也就是企业有目的性地采取一种全新的模式而不再回到往常的模式。Osterwalder（2004）以蒙特勒爵士音乐节作为商业模式实体的案例，把商业模式创新划分为存量型和增量型和全新型三类，存量型创新方式适用的企业是在现有的基础上，可以获得新的资源、拓展分销渠道或获得新的核屯能力，以供给与过去相似的产品或服务；增量型创新方式适用的是在有些方面比较滞后的企业，它们可以通过在已有的商业模式中增加一些新的要素来提升企业的竞争优势；全新型创新方式适用于那些拥有新技术且能够把握住创新机会的企业，他们可以在新技术市场形成的过程中进行商业模式的全面创新。

3.1.3 商业模式创新的驱动力

商业模式创新是为了实现企业和消费者之间更好的互动与沟通，在向消费者传递价值的同时促进其更多的消费，并帮助实现企业创造最大价值的方式（欧晓华、余亚莉，2013）。驱动力作为实现商业模式创新的基础，决定了创新过程也成为创新系统的重要成分。为使更多的企业进行商业模式创新，加大商业模式创新的可能性，必须更好地识别和把控商业模式创新驱动力。企业商业模式的创新是企业在一定推动力的作用下进行的，通过对国内外有关文献的梳理，本文将创新的动力大体上划分为外部驱动力和内部驱动力两大类。其中外部驱动力包括技术驱动、需求动力、竞争逼迫、政策驱动；内部主要是企业家创新精神、高管重视、系统整合。

1. 外部驱动力

（1）技术推动。技术的推动作用是被最早关注的动力之一，计算机技术的飞速发展，使得很多互联网企业用创新的商业模式很快脱颖而出。Gambardella 和 McGahan（2009）通过通用技术对产业结构的影响来研究企业商业模式创新，认为基于技术趋势的商业模式创新同时发生于一个市场部门的上游和下游产业中，最终到达企业的整体架构中。要使企业开发的突破性的技术产生市场化的价值，就需要对原有的商业模式进行改造和创新以适应新的技术市场需求。Yovanof 和 Hazapis（2008）的研究表明，计算机、电信等行业的融合发展以及新的"颠覆性技术"的威胁使得企业将商业模式创新引入企业战略目标中，推动企业实施商业模式的创新，同时商业模式的创新又能帮助企业更好地利用技术进步所带来的商业价值。

（2）需求拉动。市场经济体制下，市场是企业发生行为的起点和终点。随着市场需求的不断丰富，企业不得不针对需求调整自己的商业模式。从某种意义上说，正是需求的变化驱动着商业模式的创新，并且企业要想获取利润就必须为顾客创造价值，而顾客价值包括主观和客观两部分，客观主要指产品的价值，主观主要指品牌价值等。所以，为了给顾客创造更多的价值，需求成了商业模式转变的驱动力之一。

（3）竞争逼迫。企业所处的市场环境瞬息多变，企业为了在变化的市场环境中求得生存，就必须调整商业模式以适应不断变化的商业环境。Malhotra（2000）认为传统企业组织的商业模式是被开始就规定好的企业计划和目标所驱使的，其目的就是在建立共识、收敛性和合规性的基础上确保最优化和高效率。而要想实现新领域中动态的、不连续的商业环境不断重新评估组织程序，以确保组织决策过程与之保持同步，就必须进行商业模式的创新。Lindgardt 和 Reeves 等（2009）也认为企业商业模式的创新与当前的商业环境高度相关，商业模式创新在某些特定的环境中将变得相当有价值。在 2006 年，IBM 公司就针对全球范围内的 765 家企业的 CEO 或高管进行了调查，发现有将近四成的人担忧本行业的竞争对手可能通过商业模式的创新彻底地改变行业前景，所以他们希望自己所在的企业能够先于其他公司参与和引领这些创新（张璐璐，2014）。商业环境的变化多端与市场竞争激烈的压力，迫使企业考虑并实施商业模式创新，以确保企业能够在这样的环境和竞争中保持活力，并持续生存和发展，不断满足市场需求。Lindgardt 和 Reeves 等（2009）以苹果公司的成功为引例研究，认为商业模式创新可以使得企业在经济倒退的环境中避免遭受巨大影响。也就是说，企业可以通过密切关注商业模式的要素是否与行业趋势一致，以了解顾客需求偏好，抓住商业机会重新焕发生机，在他们看来，有价值的商业领悟往往源自于那些认为服务不周或者满意度不高的顾客。2002年德勤研究在分析研究了1家公司商业模式的创新过程之后发现，企业商业模式创新的动力主要来源于为了满足他们顾客的需求而进行的努力，也就是顾客并未感到满足或是被忽视的需求，并不是人们常常认为的社会经济的变化、技术以及法律规章等的作用(许萍，2013)。综上所述，市场消费需求的变化是企业进行其商业模式创新的一个重要拉动力量。

（4）政策驱动力。在查阅欧洲一个相关研究项目中发现，政府的一个重要作用就是促使商业创新。政府在促进创新和开创新规则的过程中起到重要作用。比如，政府的严格标准可以提高服务和产品的质量。

2. 内部驱动力

（1）企业家创新精神。企业家一直被视为是一种能够改变经济结构原有状态的创新动力因素。企业家的创新，首先表现为思维方式的创新；其次是技术创新、管理创新和营销创新等职能创新，并且最终的实现方式为商业模式创新。虽然企业家的创新行为更具体，但企业家可以利用其地位将这些创新用于提高企业内部资源的利用，且将实现企业多层面创新——商业模式的创新。因此，企业家的企业创新，并不是单纯地表现为某一企业职能的创新，而是涉及企业各个层面和多种职能的商业模式创新。

（2）高管重视。商业模式的创新是一个综合性的工作，涉及公司的方方面面，所以需要公司高管的高度重视和大力推动，方能克服公司内部的困难。Cantrell 和 Linder 通过对企业高管访谈资料和数据的整理得出，参与访谈的 70 名企业高层管理者作用于商业模式创新的努力达到其总体的 30% 左右，因此可以得出企业高管是推动企业商业模式创新的主要动力。2005 年在 economist intelligence unit 所发布的一项调查中，参与调查的一半高管认为商业模式创新要比企业的产品和服务创新重要得多；黄谦明(2009)基于资源基础观指出，企业的竞争优势来源于对资源的整合，而企业家作为资源的整合者，基于对资源的创造性配置来改进商业模式。在企业实践领域，当谈到阿里巴巴、腾讯、小米等这些成功的互联网企业，人们便会不自觉地想到马云、马化腾、雷军……可以看出，企业家所具备的创新精神有助于商业机会、资源价值的识别，企业家勇于变革、迎接挑战、乐于合作的精神推动着商业模式的创新，为成功实施创新、成就事业提供了强大的精神动力。

（3）系统整合。随着商业模式及其创新研究的不断深入，很多学者认为商业模式创新的动力并不是单方面的，而是各种因素的综合，更是内部和外部因素的共同推动结果。

3.2　商业模式创新的影响因素

小微企业能否健康持续发展，不仅要考虑企业内部的各种资源、能力和条件，还会涉及外部市场环境的变化。企业只有综合权衡各种要素对企业创新的作用，才能在企业商业模式创新实践中做出最正确的决策。因此，本章节基于商业模式创新的影响因素展开分析。

3.2.1　商业模式创新影响因素的理论分析

1. 内部因素

（1）领导者或管理团队因素。企业领导者或管理团队是否具备创新精神以及系统化的管理经验决定着企业商业模式创新能否最终成功。因为企业在面临各种内外环境的机遇及不确定性时，是否进行转型，是企业领导者或高层做出的，领导者或高层对外部环境的认识程度以及能否做出快速反应，都直接影响商业模式创新(Doz 和 Kosonen，2010；Cacalcante，2011)。尤其是当外部环境没有发生变化或变化程度不影响企业发展时，领导者或管理团队能否进行"破坏类创新"就显得尤为重要，企业能否比竞争对手提前感知技术范式的企业所需要的商业模式，通过商业模式创新把握行业变化的机遇。

（2）企业内部的资源与能力因素。企业的资源和能力是有限的，资源包括技术、市场、商业模式架构的系统性设计或这些因素的交互组合。这些有限的资源与能力能够帮助企业在原有商业模式的基础上突破企业的边界，从而实现商业模式创新。当企业的商业模式与环境发生冲突时，需要企业的动态整合能力。企业内部的资源与能力决定企业能否获得超额收益从而实现商业模式创新成功。谷奇峰(2009)等学者把企业能力理论划分为资源基础能力、核心能力、知识整合能力以及动态能力，并预测企业资源是企业能力理论未来研究的热点，动态能力是企业能力理论发展的最新趋势。企业进行商业模式创新时，要以自身的可持续经营为前提，即保持动态一致性(Demil 和 Lecocq，2010)。

（3）企业内部组织结构与组织活动因素。哈默尔(2012)认为，商业模式创新是在组织层面进行变革的过程，先行者们不是小幅度地调整已有的商业模式，而是以非常规的方式创造出新的商业模式。组织结构与活动是明确一家企业的战略性资源与价值网络之间的界限，这就定义了在组织内部活动中哪些事情自己做，哪些事情予以外包。企业的战略目标驱动着组织朝着某一方向进行商业模式进行创新(Sinkovics，2014)，组织结构与企业的战略目标相匹配能够增强组织的有效性，在企业受到外部环境冲击时，根据发展的需要选择更加扁平的、灵活的、智力型组织结构，在新型组织结构中，项目化管理的组织结构、网络学习型组织、虚拟组织都能够增强组织战略的敏感度，让企业外部资源内部化，促进知识转移和知识创造，通过组织学习吸收成功企业商业模式创新的成功经验，结合企业自身的发展优势，不断更新企业内部的组织结构(itami 和 Nishino，2010)。

2．外部因素

与其他经济活动相类似，外部的动力因素与制约因素会进一步引导企业依据环境的变化做出相应的调整，包括新知识引发的技术变革因素、市场竞争因素、市场需求因素。

（1）新知识引发的技术变革因素。由于商业模式研究的兴起是伴随着网络经济的出现以及信息时代的到来，因此新技术也就成为商业模式创新的主要驱动力。早期研究者Timmers(1998)，Amit 以及 Zott(2001)等人认为商业模式创新的主要动力是以互联网技术为代表的新技术。随后 Faber(2003)等学者的研究也表明产业的跨界重组、产业联盟、产业模块化都颠覆了原有的商业格局，成为欧美等西方国家商业模式创新的重要推动力。技术创新不仅能满足消费者的潜在需求，同时把新技术推向市场，带动产业发展升级。技术本身的特点还会影响商业模式创新的阶段性以及盈利性问题，新技术与新的商业模式需要相互匹配，如果技术创新一直不能给企业带来利益，就会产生企业发展的可持续性问题。因此，商业模式创新能够帮助企业获得技术变化带来的收益的同时也需要考虑匹配程度的问题。

（2）市场竞争因素。企业所在市场的情境因素会制约企业原有商业模式的有效性。Henderson 和 Venkatraman(2008)认为环境的不确定性、政策的改变、市场设备的更新换代让企业的竞争地位受到威胁时，企业就会识别竞争对手，采取对策性的竞争策略，从而产生创新商业模式的需求。此外，随着经济全球化的趋势，很多发达国家将在本土取得成功的商业模式转移到新市场，因本国国家市场政策的保护，往往比发达国家更加具有政策上的优势，避开了市场环境的不利因素和原有的制度冲突。

（3）市场需求因素。顾客维度作为商业模式中必不可少的一环，当人们对传统事物的看法和态度发生了根本性的转变，就会带来顾客的消费习惯的变化、企业为了满足顾客需求从而改变自身的商业模式（Winter、Pistoia 等，2015），一方面要将创造的价值传递给顾客，另一方面要针对顾客开发出新的需求。发展中国家或新兴市场在移植发达国家成功的商业模式时，需要考虑本土市场客户需求层次性问题（Sinkovics，2014），本土市场是否也有该需求，能否完成组织目标。中国的互联网企业大多复制国外成功的商业模式，因此，早期市场竞争十分激烈，只有深入挖掘国内、国外市场的差异化因素，有针对性地制定差异化的竞争策略才能在运营初创期脱颖而出。从某种意义来说，市场需求驱动商业模式创新。

3.2.2　商业模式创新影响因素的国内外研究现状

Gambardella 和 Mcgahan（2009）在研究中针对一类制药企业的商业模式创新过程进一步分析后，找出其创新文化、企业盈利水平、企业营销能力以及企业组织学习能力等极大地影响着其商业模式创新。

Sosna 等（2010）研究了欧盟各国小型计算机科技公司的商业模式创新，他们发现，这一类型的企业为了适应计算机市场技术更新快（每半年就会更新一次）、复杂多变的特点，越来越多地倾向于从外部引进高技术人才，而不是自己培养，这样可以更快地实现公司盈利，因此企业创新人才状况是商业模式创新的重要影响因素。

Lindgardt 等（2009）针对英国小型科技公司的商业模式创新进行了问卷调查，发现产品创新能力、流程创新能力、链条创新能力是三大影响因素，它们能够左右商业模式创新的动力。

Linder 和 Cantrell（2000）对 70 家企业的高层管理人员进行了访谈和调研，并根据有关的二手资料进行分析，结果表明企业的高层管理人员是推动该企业进行商业模式创新的主要动力。对于小微企业而言，企业家是企业的领导者或创始人，其行为和思想在很大程度上对企业其他成员产生影响。企业家的个性特征和为人处世方式对企业文化的发展有着重要影响，其危机意识、决策能力、进取和冒险精神决定了企业的战略制定和企业的未来发展走向。

李全起（2006）认为内部因素（企业组织形式、企业经济实力、企业人员素质、企业产权形式和企业内部激励机制）以及外部因素（市场形态和市场机制）是影响企业自主变革的主要因素。李东（2006）在研究商业模式的构成要素后，分析出商业模式创新的主要促进因素是市场全球化与数字技术的发展。

谢洪明、韩子天（2005）认为组织通过加强内外部学习，能够产生诸多新产品、新创意和新过程，进而提升商业模式创新活动的效率与效能，并能辅助商业模式更有效地适应外界环境的变化。

易加斌(2015)认为组织学习被看成是组织改变过程当中的一部分，它不仅可引起组织的知识、信念和行为的改变，还可以增强组织成长与创新的动力，并通过研究表明企业组织间的信任与知识共享通过组织学习机制对商业模式产生显著的正向影响。

姚伟峰等(2011)认为影响商业模式创新成功的重要因素是利益相关者，并且构建相应的利益补偿机制或利益共享机制平衡各方利益，可以保证商业模式创新的成功。

郭海等(2012)从企业所处环境的急剧变化性视角展开研究，在对大量企业的调研后得到外部环境的不确定性高、新技术的爆发、竞争的激烈程度都可以影响商业模式的创新；而客户需求与商业模式的创新呈现反相关作用。

秦瑶(2012)认为我国科技型小微企业具有规模小、员工少、抗风险能力弱的特点，造成大多数银行对科技型小微企业缺乏信心而不愿意为其创新商业模式提供资金贷款，因此融资环境是商业模式创新的一大影响因素。

姚伟峰(2013)应用聚类分析方法对商业模式创新的影响因素进行了分析，发现企业和员工的创新素质、企业创新能力、市场竞争公平性、市场竞争的强度、企业文化、政府对创新的支持程度、市场需求的强度、企业激励等因素都是影响商业模式创新的重要因素。

王炳成等(2014)在其研究中采用内容分析法对所调查的问卷进行剖析后，运用程式化的语言获得了排序比较靠前的影响商业模式创新的关键词，并归为组织层次，包括组织文化、创新合法性、组织资源、企业战略和团队合作等；员工层次，包括个体激励、员工吸收能力、员工企业家精神、员工思维方式、个体社会资本和人格特质。

刘敦虎等(2015)构建了移动互联网企业"商业模式创新关键要素模型"，发现价值目标、价值创造、价值获取与资源管理在商业模式创新中产生关键性作用。焦凯(2015)认为客户自身的价值需求创新是互联网时代商业模式创新的关键、源头，通过真正满足客户的价值需求主张才能有后续一系列行为发生，包括价值的创造、获取以及实现。

刘彬(2017)从"互联网＋"商业模式、商业模式创新、"互联网＋"的相关国内外研究展开现状综述，找出前期相关研究成果存在的不足之处，并引出本文的研究切入点。其次，通过对商业模式创新基础理论的进一步分析，结合创新关键活动，从行业发展、市场需求、创新条件、企业需求、服务环境等层面对"互联网＋"商业模式创新的影响因素进行初步探索。

许萍(2013)把技术进步归为影响商业模式创新的外部因素，结果表明技术进步对网络企业的商业模式创新并没有起到显著的推动作用，原因在于她所研究的仅限于行业的技术进步和基础性技术进步，却忽视了企业内部自身的技术进步。小微企业由于技术、资金等有限，难以承受独立研发新技术而产生的研发成本，因此其技术进步依赖于整个社会和行业的技术发展水平，及国家对整个行业技术研发的投入和支持度。

丁萍(2017)经过 strauss 三阶段编码的扎根分析，得到 227 个概念和 49 个范畴，并以"商业模式创新"为主范畴按照典范模式进行主轴编码，最后以"共享型价值主张"为核心范畴串联起各个概念和范畴。基于典范模式的范畴层次化，将移动出行平台商业模式结构的各个要素进一步梳理，按照因果关系调整典范模式层次，将调整后的层次重新命名为动因层、目标层、情景层、基础层、行动层和结果层。

动因层即为影响商业模式创新的因素，涵盖了领导者、时机和企业战略三个构件，包括的具体因素为企业家精神、领导者能力、政策机遇、市场需求、多元化战略、竞争战略、国际战略联盟。其中,领导者和企业战略这两个构件均为内部动因,时机为外部动因。丁萍的商业模式创新的动因层如表 3.2 所示。

表 3.2　丁萍的商业模式创新的动因层

构　件	因　素	类　别
领导者	企业家精神 领导者能力	内部动因
时机	政策机遇 市场需求	外部动因
企业战略	多元化战略 竞争战略 国际战略联盟	内部动因

本文作者(2013)首次采用元分析方法,从大量文献中提炼出 19 个因素,经过科学的筛选和分析将这 19 个因素又提炼为 14 个,并分为表层直接影响因素、中层间接影响因素、深层根本影响因素三大类,具体如表 3.3 所示。

表 3.3　王益锋、曹禺商业模式创新的影响因素

分　类	解　释	具体内容
表层直接影响因素	对短时间内提升科技型小微企业商业模式创新能力产生直接影响关系	企业营销能力 市场竞争激烈程度 公司战略改变 用户需求变更 合作伙伴变动 企业盈利水平
中层间接影响因素	通过间接影响的方式来对企业的商业模式创新产生影响,但它们之间也是存在影响关系的	企业创新人才状况 融资环境 链条创新能力 企业组织学习能力 产品创新能力 流程创新能力
深层根本影响因素	是一切影响因素的源泉,也是商业模式创新实现的基础,只有在这些影响因素得到保障、重视的前提下,商业模式创新才有可能实现	创新政策支持力度 企业自主创新能力

最终得出结论,政策支持力度与企业自主创新能力作为深层和根本的影响因素,将对科技型小微企业商业模式创新产生深远的基础性的作用。充分利用外部条件来降低创新成本,关注政府对科技型小微企业的政策支持,事半功倍。同时,注重人才的培养和企业创新文化的培育,加强企业自身修炼以提升核心创新能力。

3.3　商业模式创新的结构内容

学者对商业模式的创新研究从不同的视角展开，本文总结了前人的研究成果，详细描述了不同视角下的商业模式创新。

3.3.1　基于价值链视角的商业模式创新

价值链理论是哈佛大学商学院教授迈克尔·波特于 1985 年提出的。波特认为，每一个企业都是在设计、生产、销售、流通和辅助其产品的过程中进行活动的集合体，且所有活动可以用一个价值链来阐述。企业的价值创造是通过一系列活动构成的，这些活动可分为基本活动和辅助活动两类，基本活动包括内部后勤、生产作业、外部后勤、市场和销售、服务等；而辅助活动则包括采购、技术开发、人力资源管理和企业基础设施等。这些互不相同但又相互关联的生产经营活动，构成了一个创造价值的动态过程，即价值链。

高闯和关鑫（2006）认为，价值链是分析企业运作过程的有效工具，价值链由其内部价值模块链式搭建而成，通过改变模块间链接方式，或对其中的一个或多个模块进行改造，都可以实现商业模式创新。该研究视角将商业模式创新与否和企业价值链联系起来，因价值链内部连接方式或构成模块的变化，企业商业模式也将受到影响，这让企业在创新自身商业模式时更具逻辑性。该研究视角的不足在于，价值链多用于传统实体企业分析自身运作过程是否合理，但价值链中的某些模块并不适用于互联网企业，因此这方面研究有待扩充。

王琴（2011）认为，商业模式创新依赖价值网络的变化，价值网络不同于价值链，其内部价值模块不是按企业运作流程组织起来的，相互间没有明确的先后顺序。根据内外部环境变化，这些独立的模块进行灵活的分拆再重组，可以形成新的价值网络，实现商业模式创新。该研究视角由价值链研究演化而来，它提供一种新的思路，企业满足客户的需求后，客户不必因为享受了这种产品或服务而直接向企业付费，企业得以继续生存的收入来源，可以从第三方获取，第三方企业负责直接向客户收费。这使得企业通过免费吸引用户，扩大用户基数的行为成为可能。

价值链在经济活动中是无处不在的，上下游关联的企业与企业之间存在行业价值链，企业内部各业务单元的联系构成了企业内部的价值链。价值链上的每一项价值活动都会对企业最终能够实现多大的价值产生影响。

在价值链分析中，基本价值链可以用来表明如何为一个特别的企业建立一个反映它所从事的各种具体活动的价值链。企业从原材料采购到产品售出，每一个过程都有与之对应的价值链。企业竞争优势的获得不仅有赖于单个价值链的运作，更取决于企业整个价值链的运作。在同一行业中，企业不同，价值链也各不相同。一个企业的价值链以及价值链中所涉及的单个活动的方式反映了该企业的历史以及企业战略的制定与实施。实际上，企业进行新商业、新技术、新供应源、新渠道、新营销和组织结构的创新，正是价值链创新的一部分内容，也可以说是企业商业模式创新的部分内容。

通过对价值链的分析，可以得到商业模式创新的途径：延长自身基础价值链；价值链分拆；价值链延展与分拆相结合；不延长或缩短企业价值链，而只针对基础价值链上的价值活动进行创新。此外，企业可以通过前三种方式中的一种与价值活动进行创新相结合来实现企业商业模式创新，具体从价值主张、价值创造、价值传递、价值实现四个角度去考虑，如图 3.1 所示。

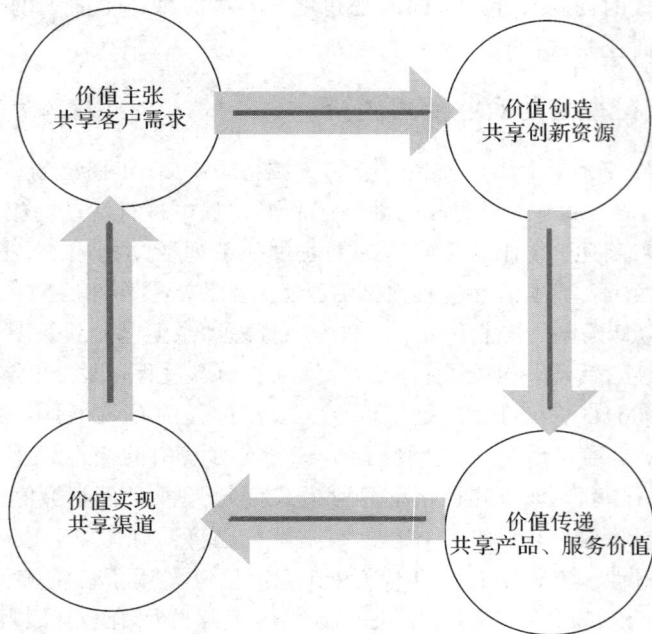

图 3.1　基于价值视角的商业模式创新框架

从价值链的理论视角对企业商业模式创新进行界定，即在明确的外部假设条件、内部资源和能力前提下，可以将企业商业模式创新视为企业价值链的一个函数，并可以将其看作是一种基于价值链创新的企业价值活动及对这些价值活动所涉及的全体利益方进行优化整合以实现企业超额利润的有效制度安排的集合。实质上，企业商业模式创新是对企业全部价值活动的有效整合。

3.3.2　基于资源基础论的商业模式创新

根据资源基础论的内容，可以将商业模式创新所需的资源归纳为以下几个方面：

1. 企业家把握机会能力

奥地利学派、企业家理论的代表学者柯兹纳对于企业家精神的深刻论述说明了商业模式创新租金的形成。在柯兹纳看来，企业家精神是一种个人品质，即"机敏"的化身，他们能够注意到其他人没有注意到的利润机会，并且通过对利润机会的把握，对整个经济中的手段与目标的框架进行重新界定。在市场竞争环境中，信息的不对称创造了机会，而企业家能力就是在机会出现的瞬间将它抓住。企业家对机会的分辨能力，也反映了企业家对于不确定的容忍程度和风险偏好，它往往是商业模式创新成功的第一步。

2. 组织学习能力

商业模式创新能力增长是一个企业能力各要素（人员、组织、设备和信息）持续性积累和整体能力间断性跃迁相结合的过程。商业模式创新能力间断性跃迁是组织中知识连续性积累的结果。一旦形成了丰富的知识积累，企业就会在创新中处于有利地位；积累的知识要转化为商业模式创新行为，需要将内部存量知识盘活，将知识物化为现实的商业模式，这取决于组织学习的水平，企业学习的目的是调动企业知识存量，组织员工进行高效创新和生产。组织商业模式创新能力的本质是知识和知识的运用，组织要提高自身的商业模式创新能力，其实质在于提高组织知识存量的同时，要加强对企业内部知识的激活，最终转化为商业模式创新的动力。企业随着市场环境、行业知识的变化或自身战略定位的改变等，通过从外部引进知识或企业内部的知识创造，不断地调整和更新原有的知识学习模式，并不断增强知识学习的能力，从而使得企业能够源源不断地为企业发展提供所需的知识。值得注意的是，学习是一个过程，而不是一个行为。以提高商业模式创新能力为目的的学习过程，则需要同时从两个方面着手：一是知识积累过程；二是知识应用过程。

3. 企业配置资源能力

资源是企业的专用性资产，包括专利、商标、品牌、声誉、顾客基数以及员工。以资源为基础的观点认为，企业不仅是一个管理单元，还是一个生产性资源的集合体。伯格·维纳菲尔特提出以资源为基础的企业发展模式，认为企业能否获得高于平均水平的投资收益很大程度上取决于企业的内部特点，强调决定企业是否成功的环境是由要素市场而不是产品市场形成的。

高闯和关鑫（2008）认为，合理地配置内部资源可以减少企业内部沟通成本，推动内部员工间相互借鉴、传播知识；寻求合适的外部环境可以减少企业和外部利益相关者间的交流费用，积极接纳外部有益信息，同时向外部传递自身经验，实现共同发展。商业模式创新与企业所处环境关系紧密，合理的环境架构能够加快商业模式创新进程和创新成功几率。

商业模式创新的着眼点在竞争对手忽视或难于模仿的资源或能力上，而不是把制定战略的重点放在外部环境的分析和行业选择上，正是基于资源论观点的体现。商业模式的创新使企业获得配置资源能力的异质性，由此决定了其获得高额经济回报率的可能。这是由企业或企业家在有缺陷或不完全的要素市场中开发战略性资产的能力决定的，戴尔的直销模式就是典范。以创新的方式整合资源也是商业模式创新中的一种类型。对于资源以创新的方式整合能获得更低的成本或更好的差异化，而且资源的新组合涉及组织内部大量知识的积累，这些知识往往都具有公司专属的特征（如隐性知识）。通过资源的新组合，把输入的同质性资源转化为异质性输出，从而使公司获得竞争优势。

从资源理论的角度，由商业模式创新创造的租金要想持久，还必须具有限制事后竞争的机制，即公司在建立领先地位之后，随之要做的就是强制限制竞争，这样才能使得上述异质性的条件得以持久。导致公司商业模式创新成功的资源和能力具有社会复杂性的特点，信息的不对称、资产内部相关性以及商业模式创新的先动优势等特征使得商业模式创新所配套的资源和能力"难以模仿"。另外商业模式创新中的资源和能力的专有性和嵌入性特征，以及难以交易等特征，也使得商业模式创新中的资源具有不完全要素流动的特征。

3.3.3 基于创新理论的商业模式创新

商业模式创新的概念可以追溯到奥地利裔美国著名经济学家约瑟夫·熊彼特。熊彼特早在1939年就指出，价格和产出的竞争并不重要，重要的是来自新商业、新技术、新供应源和新的商业模式的竞争。熊彼特认为，作为创新与发明的代理者，企业家能够执行新的组合，也即企业家具有创新精神。正是这样的企业家成为促进市场经济增长的中坚力量。随着共享经济新时代的来临，企业和市场都需要不断创新商业模式来适应市场高速发展的需求。企业的日常经营活动就是在不断破坏和完善旧市场格局的基础上进行的，并被称作"创造性破坏"。创造性破坏是新经济的核心，因为这种思想潮流的基础是，生产力的改善是经常性的，而不是暂时性的，因此企业面临的革新压力也是经常性的。

奥地利经济学家柯兹纳则从市场的角度对商业模式进行了研究。柯兹纳认为企业家实质上是一种经纪人，他们不但能够感觉到机会而且能够捕捉住机会并创造利润。由于信息的分散，导致市场交换主体互相无知，使得市场协调成为一个问题。新奥地利经济学最重要的代表人物弗里德里希·哈耶克论证到，没有人（包括政府在内）是全知的，他只拥有与自身紧密相关的人或事物的不完全知识。但由于市场中存在一批十分敏锐的企业家，使这一问题得到解决。这里的"企业家"是一个广义的概念，他不单指从事商业活动寻求利润的企业家，还包括一切在经济或社会活动中善于寻觅机会、通过冒险、预期或投机行为使自身利益最大化的所有个人。熊彼特的创造性破坏观点和柯兹纳的市场过程理论说明，作为新经济的基础，呈非连续性、突发性增长的知识决定了新经济条件下公司商业模式的下一步只能是未知数，决定了我们唯一符合时宜的行动方式是大胆地尝试。而这种非理性状态，即无论是表现为非理性的繁荣还是非理性的衰退，都是时代成功的商业领袖唯一始终恪守的原则。

3.3.4 基于系统理论的商业模式创新

从系统论的角度研究商业模式创新主要分为两个方面，一个是对单个企业商业模式创新要从系统的角度出发，因为商业模式本身可以看作是由产品流、服务流和信息流构成的一个系统流程。吴清烈和袁新龙（2003）等认为，商业模式是一个由相互关联的不同部分组成的一个互动的系统，既包括产品和服务、信息流和资金流，又包括对不同参与者的角色描述及利益分配。

商业模式作为一种描述和反映企业运营的工具，具有系统性。商业模式关注企业运营的各个方面，包括对企业自身及其产品和服务的定位、选择客户、获取和利用各种必要资源、进入市场等。而且构成企业运营的各方面、各层次存在着相互联系、相互依赖的逻辑关系。因此，商业模式的创新是一个系统工程，而不是仅就某一环节进行改良的企业改革。在创新商业模式的过程中，应该更多地基于系统的观点，对商业模式的关键环节做出成功创新后，还要对整体商业模式进行审视，并以系统功效最大的原则做出相应的调整和创新。

Moore J F. 利用生态学原理初步建立了商业生态系统的理论框架，通过对高科技案例公司成长过程的描述，向人们展示了处于同一商业系统中相互依存的"商业物种"的共同进化现象，以及整个商业生态系统的进化过程，阐明了新时代商业竞争的竞合法则，描述了商业生成系统的生命周期阶段及其领导策略。商业生态系统认为，现代公司在快速多变的复杂环境中生存，其长期发展已经不是单个公司所能够左右与控制的事情。越来越多的事实表明，现代公司的发展壮大是与其相关公司、供应商、顾客、社会组织、公众以及自然环境等共同成长的。在过去，公司主要的精力花在了与直接竞争者有关的市场竞争中，近年来，公司则强调加强与客户和供应商的关系以及对社会的关注，并且很多情况下直接与竞争者形成战略联盟，共同研制大型复杂产品、共同开发新市场、互相利用对方核心资源等。

穆尔站在企业生态系统均衡演化的层面上，把商业活动分为开拓、扩展、领导和更新四个阶段。

有研究学者建议高层经理人员应该从顾客、市场、产品、过程、组织、风险承担者、政府与社会等八个方面来考虑商业生态系统和自身所处的位置；系统内的公司通过竞争可以将毫不相关的贡献者联系起来，创造一种崭新的商业模式。

经济全球化与科技进步使得商业环境变得越来越开放与复杂。在这个环境中，一个公司不能仅从自身角度考虑问题，它必须建立具有分享功能的商业模式，并由此产生一种具有特殊成长力和机动性的健康商业系统，新的技术和新的商业模式以类似于生物物种进化的方式影响着整个传统商业，对商业的持续稳定发展产生了巨大影响，而商业系统的发展又反过来促进了新技术和新商业模式的产生与社会进步。

3.3.5 基于组成要素视角的商业模式创新

Osterwalder(2004)认为，商业模式包括九要素，分别是价值主张、目标客户、分销渠道、客户关系、价值配置、能力、合作伙伴网络、成本结构及收入模式。企业要创新商业模式，就要对这些要素进行逐个分析，通过对单个或多个要素分别进行创新，实现企业商业模式整体升级。Johnson 等(2008)则认为，商业模式包含四要素，分别是价值主张、收入来源、核心资源、关键业务，企业运作时可以通过价值主张—核心资源、关键业务—收入来源的路径开展创新。该研究视角将抽象的概念转化为实际的方法，使商业模式创新更具可行性，但如同学者们对商业模式的定义存在分歧，关于商业模式组成要素同样没有达成一致，相关研究有待完善。

3.3.6 基于信息技术驱动视角的商业模式创新

王茜(2011)认为，新型互联网企业在创新自身商业模式时，需要充分利用信息技术，以建立企业内部信息高效流通、企业外部信息整合无障碍传播。充分结合网络时代大数据优势，实现更好满足客户需求、加大企业竞争优势、获得更多收入来源的目标。该研究视角提供了实现商业模式创新的具体方式：借助信息技术全面分析用户需求，提供最能满足用户需求的产品或服务；充分挖掘用户现有需求的基础上，通过信息技术向用户提供潜在的能够吸引其注意力的产品或服务；利用信息技术将企业间资源汇集，形成更紧密合作的伙伴关系，更好地实现企业目标。

Mitchell 等(2003)认为，企业间相互竞争以取得领先地位的策略有以下几种：通过多种手段压低成本，从而在市场上以更低价位提供同样品质的产品；向用户提供相同价格下更优质的产品或服务；扩大公司现有产品体系中产品的种类；通过良好的售前、售中、售后服务，形成融洽的企业、客户间关系。

3.4 商业模式创新的绩效

商业模式不仅是技术商业化的重要工具，而且商业模式创新作为一种重要的创新可以提升企业绩效。商业模式创新通过在交易系统中引入新的资源，或提升交易系统的效率，为参与交易的各方创造更多的价值。在这个过程中，焦点企业通过对关键资源的控制，拥有更大的议价力，进而获取更多的价值。

3.4.1 不同视角下商业模式创新的绩效

商业模式创新已经成为企业绩效提升的重要来源。根据以往学者的研究成果，可以将商业模式创新的绩效分为不同视角展开并进行归纳总结。

1. 价值视角下商业模式创新的绩效

商业模式创新的主旨就是为顾客创造新的价值、提供更好的价值体验。当顾客从产品或服务中获得新的价值时，就会激发顾客购买产品或服务的欲望，这必然提高企业产品或服务在市场上的认可度，从而促进企业绩效的提高。Osterwalder(2005)从价值主张出发，在对运营模式及盈利模式进行设计的过程中发现，商业模式的创新驱动企业绩效的提升。罗倩、李东(2012)采用 AHP 方法构建了一个具有整体性和基石性概念的商业模式效能测评体系，且利用该体系有效地度量了样本企业的商业模式的效能，最终得出结论：商业模式创新效能与企业绩效之间存在显著正相关的相关关系，即商业模式创新对企业绩效是会产生影响的。张晓玲(2015)基于价值视角开发了相对全面的商业模式分类指标体系，主要包括价值链覆盖范围、核心资产、目标市场范围和资本结构等指标，将我国有色金属类上市公司的商业模式进行分类，并运用 ANOVA 法分析了不同商业模式类型对企业绩效的不同指标的影响。实证结果验证了商业模式亦是企业间绩效差异的驱动因素，且商业模式对企业绩效不同维度有差异化影响。其中，商业模式对盈利能力和市场价值有显著影响，而对成性和运营效率的影响却较为弱小。

2. 资源视角下商业模式创新的绩效

商业模式创新依赖于组织内外部资源与能力的协调配合，这一方面保障了创新活动的顺利实施，同时资源与能力的协同效应也可以产生 $1+1>2$ 的效果，从而提高资源和能力的利用效率。当组织内部产生协同效应时，企业运作管理的效率会显著提高，同时也将促进冗余资源的利用，降低资源管理的成本，促进企业绩效的显著提高。当企业赖以生存的资产同其面临的商业模式选择发生冲突时，企业应该怎么办？Kim 和 Min(2015)从时机和组织结构的视角提供了一种解决方案，他们认为对于拥有互补资产(同新的商业模式更加适应)多的企业，从时机的角度看，应当尽早进行商业模式创新；那些拥有冲突资产的企业在进行商业模式创新时，从组织结构的角度看，应当采用新业务单元进行独立运营。同时企业已有的资产会成为商业模式创新的障碍(夏清华、娄汇阳，2014)，由于商业模式面临高度不确定的市场、新业务的开展以及进入新市场所带来的竞争劣势，焦点企业应该学会利用外部知识进行商业模式创新(Teece，2010；Denicolai 等，2014)。程愚(2005)等人选用总资产利润率为因变量，产品专业性、服务广度、决策模式、报酬形式、培训强度、员工流动性、政治关系、金融关系、供货商关系等为自变量，对福建民营企业的商业模式与企业绩效间的关系进行了实证研究，结果显示商业模式不同则绩效不同。Malone 等(2006)采用先分类、再实证的方法对商业模式于企业绩效的影响展开了研究。他们首先以企业的核心资源及资源转变的程度和企业用来交易的权力为分类依据，将企业的商业模式分为十六种，包括制造商、物质租赁、知识租赁等。然后，据此对 1990 年至 2002 年美国所有上市公司所运用的商业模式实施了分类，并选取了若干绩效指标开展实证研究，得出的结论是：一些商业模式的确比其他商业模式表现得更好，但商业模式对绩效指标的影响存在差异。

3. 技术视角下商业模式创新的绩效

商业模式创新促进研发投入。商业模式创新活动需要大量新颖的技术和资源，而新颖技术则更多来源于企业的研发活动。因此，当实施商业模式创新时，企业的研发投入会相应地增加。研发活动不仅可以为企业创造新颖的产品，还可以促进其他的生产经营活动。诸多学者已经通过理论和实证说明了研发活动对企业绩效的正向促进作用。所以，商业模式创新活动可以通过对研发活动的投入来提高企业绩效。Christensen(2002)率先提出了破坏性技术创新的概念。他强调，为了与破坏性技术相匹配，企业必须进行破坏性商业模式创新，并且把"破坏性商业模式创新"理解为从为顾客创造价值出发来发现非顾客消费群体，通过争夺非顾客消费群体来参与竞争，瞄准最不可能购买现有产品的消费者，找出阻碍他们消费的原因。随着时间的推移，一旦破坏性技术能够满足非顾客消费群体的需求，企业就能开拓新的高增长市场，并能不断"蚕食"其他企业的既有顾客，从而提高企业绩效。Chesbrough(2006)明确指出了商业模式创新对于技术创新的重要性，技术创新和产品创新的成功离不开商业模式创新，技术发明并不能保证取得商业成功，新技术还必须依靠商业模式创新来实现商业化应用，从而提高绩效。

4. 竞争视角下商业模式创新的绩效

商业模式创新产生模仿壁垒。作为一种系统性活动，商业模式创新需要组织进行全面的变革和调整以应对外界环境的变化。商业运作模式的变革需要对商业运作的组织结构、管理模式和生产流程等诸多方面进行改变。由于对组织结构和管理模式等的变革需要组织较多的人力和物力，而实力较弱的竞争对手没有充足的资源和能力，无法进行简单的模仿。因此，商业模式创新为竞争构建了进入壁垒，降低了竞争强度，增加了利润回报，企业绩效也得到相应的提高。在商业模式中，竞争者同样可以为焦点企业带来有价值的信息或资源。焦点企业通过为竞争对手提供产品或服务，获得竞争对手的信息反馈，反过来对自身的产品或服务进行优化(Aversa等，2015)。然而如何整合这些外部知识，以及同内部知识的适应变得更加关键(Denicolai等，2014)。商业模式帮助焦点企业获得竞争优势的一个主要途径是提升效率。商业模式可以通过降低交易双方的信息不对称(Williamson，1983)，减少交易双方间的协调成本，同时增加交易的可靠性和简捷性，加速交易过程以及实现规模经济(Amit，Zott，2001)，帮助企业提升绩效。比如，企业通过降低交易过程的搜索成本、物流成本以及协调成本，可以吸引更多顾客、合作者或供应商加入其交易网络，提升焦点企业的议价能力(Zott、Amit，2007)。焦点企业可以对价值链上某些重要环节进行垂直整合，避免自身所投入的资产成为议价的束缚(Zott、Amit，2010)。以电子商务企业为例，阿里巴巴网站存有大量买家和卖家的信息，使得任一交易方都可以快速、以较低成本联系到潜在的买家，交易发生的可能性也大大增加。最后，阿里巴巴在产生更多交易的基础上获利。

3.4.2 商业模式创新对绩效的影响

国外有许多学者用大量的案例研究来分析商业模式的创新对于提升企业绩效和提升企业竞争力的重要作用，Lindgardt、Reeves 和 stalk(2009)研究商业模式创新时指出澳洲航空公司为与维珍蓝公司竞争，创建了低成本运营的捷星航空公司，捷星捆绑式服务提供定制的食物、娱乐和体验的低成本商业模式，使其在与维珍蓝的竞争中获得强大的优势；宜家在俄罗斯通过卖场销售和商场发展来获取卖场周边房地产价值的增值，实现企业价值和企业绩效提升。实证研究方面，Zott 和 Amit(2007)以 190 家欧美创业型企业的上市公司为研究对象，分析了专业服务企业商业模式创新对企业关键绩效指标的杠杆作用，结果发现，就算是环境发生了变化，以创新为中心的商业模式也会对创业企业的绩效产生正向影响。郭毅夫(2010)把商业模式创新界定为价值主张、价值创造、价值传递和界面规则四个维度来分析研究其与竞争优势的关系，研究结果表明，商业模式创新对企业竞争优势具有正向影响。

在对中小微企业的研究中，蒋天颖、孙伟等(2013)基于市场导向来研究中小微型企业竞争优势形成的逻辑原理，发现组织创新是知识整合和中小微企业竞争优势之间的中介变量，组织创新对中小微企业的竞争优势具有显著的正向影响。田庆锋、张芳(2014)通过研究协同创新与科技型小微企业的竞争优势之间的关系，得出协同创新通过降低创新成本与风险、产生知识溢出效应、创造良好的集体学习氛围来提升小微企业的竞争优势的结论。邹樵和席雪(2013)从内外部环境分析小微企业的竞争力，认为企业所拥有的核心技术是企业竞争力得以维持的关键，利用政府提供的技术研究平台和公共基础技术加快技术向产品转化的周期，利用校企合作开发新技术、引进科研人才等方式提高企业的技术创新能力，有利于实现小微企业技术的更新换代，保持企业的竞争力。

商业模式创新对于企业竞争优势和绩效的提升具有重要作用，当企业竞争优势提升后，企业在增强组织学习能力、培养企业家精神等方面将会具有更多的优势，同时企业还会更多地追求互联网等技术的提升和转型，这又会反过来促进企业对商业模式的创新。因此，小微企业要提升竞争优势、实现企业更好的发展，首先应该从影响和制约商业模式创新的各种因素入手，通过加强组织内外学习、拓宽企业融资渠道、加强企业技术创新等方式来创新企业商业模式；其次，企业可以通过改变商业模式的要素、改变企业运行方式、转变营销思维、加强产品的创新等途径来实现商业模式的创新，从而获得竞争优势。

3.5　商业模式创新演化

在技术高速发展的今天，行业和技术标准逐步升级，多种因素相互作用，逐渐构建起一个全球化的商业平台。全球化商业平台为企业提供了运作模式的新功能，全面降低了企业的交易成本，削弱了传统企业的业务结构，企业商业模式也由此发生了根本转变。这些都推动着商业模式的创新。开放式创新已成为企业技术创新的主导范式，在确定商业模式构成的基础之上，从价值主张、价值创造、价值传递和价值实现四个维度分析封闭式创新商业模式的局限和困境，继而明晰对原有商业模式创新的方向并建立新的商业模式框架。

3.5.1　从静态到动态

封闭式创新下的商业模式是一种纵向的链式连接模式，强调从投入、产出到顾客，再到获利的过程，这一模式是静态的。而在开放式创新环境下，企业其上下游企业建立起横向的合作关系，形成一个网状的模式，不仅强调纵向的传递，而且强调横向的合作。在这个横向和纵向交错的网络中，成员通过与上下游企业的合作不断了解和更新顾客的需求，进而根据顾客需求寻找合适的合作伙伴，以开发满足顾客需求的产品，并在此过程中不断调整自己的角色和定位，因此这是一个动态的不断更新信息和重新组合的过程。

3.5.2　从单向线性思维到综合与交互行为

封闭式创新下的商业模式只强调从上游到下游的单向传递，没有从下游到上游的反向传递，也没有与上下游建立明显的横向联系。而在开放式创新下，企业在完成正向投入产出过程的同时，也实现了逆向反馈，同时企业不仅与其上下游企业建立了横向的合作关系，而且与诸如高校、研究机构、技术中介等组织建立了横向连接。

3.5.3　从竞争到合作

封闭式创新下的商业模式过分强调竞争，忽视合作；而在开放式创新环境下，合作是主流趋势，一味地竞争只会使企业在竞争日益激烈的市场中失去优势和市场地位。与竞争者合作不仅可以集中其优势互补，形成行业内具有竞争力的产品组合，最大程度提升顾客价值，为企业带来增值效应，同时也可以减轻竞争对手带来的压力；与互补者合作，企业能够发现自己的薄弱领域，从而在此领域内寻找优势企业合作，这样的合作形式会对企业现有产品或服务进行革新，使其更有吸引力；与顾客合作，没有人比顾客自己更了解自己的需求，得到了顾客的信任和支持，也就掌握了最直接、最准确的市场需求信息。与其担心将来与顾客讨价还价，还不如在市场前期就邀请顾客参与到产品的开发中来，让顾客尽可能地说出自己的想法，这一定会带给企业更多意想不到的启示；与供应商合作，能够更好地辅助价值链各项活动，使企业能够用更低成本，更高效地完成产品的投入产出过程，与此同时打破原有企业与供应商之间的讨价还价僵局，共同创造顾客价值，从而实现自身利润。

3.5.4　从重视资源单向配置到重视资源整合

在封闭式创新的商业模式中，无形资源例如信息、技术等在很大程度上只是价值创造过程的辅助成分，而非价值的决定性因素，封闭式创新下的商业模式重视资源的单向配置，忽视价值系统中因素的多重影响。在开放式创新的环境中，信息、技术等因素的作用却变得尤为重要，他们逐渐内化为企业的核心资源，与其他有形资源一同成为企业创造价值的动力，这些资源的数量更多，形式多样的、相互之间的关系也更复杂，那么在这种情况下，这些资源的有效整合和优化配置就十分必要了。

综上所述，新的商业模式应该是纵向线性和横向关系相交错，以综合与交互的行为为主，合作的、动态的、更强调资源整合的商业模式。

第四章 科技型小微企业商业模式创新的多维影响因素

科技型小微企业以高科技产品、新型工艺或发明专利为突出特征，发展重心集中在技术革新这一"硬件"上，而忽视了商业模式创新这一"软件"，这种冷落将会对企业产生不可逆转的后果，最终导致产品生命周期短、产品无法正常流通等问题。因此，科技型小微企业商业模式创新成为一项非常值得探讨的课题。而厘清其商业模式创新受哪些因素及受到何种程度的影响，是研究科技型小微企业商业模式创新的关键。只有找到这些影响因素，才能更加深刻地理解科技型小微企业商业模式创新的内在机理，从而为科技型小微企业的长远发展带来新的指引。

4.1 影响因素选择及理论模型构建

本书利用元分析方法，通过中国期刊全文数据库、中国优秀硕士学位论文全文数据库等数据库检索，提取出科技型小微企业商业模式创新的主要影响因素，并以此构建理论模型，以清楚地展示科技型小微企业商业模式创新与其影响因素之间的逻辑关系，为科技型小微企业在激烈的市场竞争中科学地开展商业模式创新提供参考。

4.1.1 影响因素提取

1. 方法

科技型小微企业商业模式创新影响因素的确定主要采用元分析法。元分析法是在相关文献的基础上，运用测量和统计分析方法对相关研究主题的已有文献进行再统计和定性分析，是提炼影响因素的有效方法。对每篇文章中影响因素的频度和关系确定，是通过专家组法完成的。判定标准是提炼出来的，影响因素出现的频度应该为总频度的 50% 以上，否则予以剔除。

2. 步骤

将文献来源设定为中国期刊全文数据库、中国优秀硕士学位论文全文数据库、中国博士学位论文全文数据库、SpringerLink 数据库、EBSCOhost 数据库。通过检索科技型小微企业商业模式创新或者科技型小微企业商业模式（将检索时间设定为建库以来至 2018 年），对科技型小微企业商业模式创新主要影响因素进行统计分析，收集和整理了 125 篇国内外文献。

由学院相关课题组人员及外校两三位专家组成专家组，逐篇对论文进行研究与讨论。例如，Gambardella 和 Mcgahan(2009)通过分析美国小型高科技制药企业的商业模式创新过程，发现企业组织学习能力、企业营销能力、企业盈利水平等是商业模式创新主要影响因素。Sosna 等(2010)研究了欧盟各国小型计算机科技公司的商业模式创新,他们发现,这一类型的企业为了适应计算机市场技术更新快(平均每半年就会更新一次)、复杂多变的特点,越来越多地倾向于从外部引进高技术人才,而不是自己培养,这样可以更快地实现公司盈利,因此企业创新人才状况是商业模式创新的重要影响因素。秦瑶(2012)认为我国科技型小微企业具有规模小、员工少、抗风险能力弱的特点,造成大多数银行对科技型小微企业缺乏信心而不愿意为其创新商业模式提供资金贷款,因此融资环境是商业模式创新的一大影响因素。

3. 结果

通过对这 125 篇文献中的内容依次精炼提纯,最终得到了 15 个科技型小微企业商业模式创新的影响因素。为了计算每个影响因素的频度,将这 15 个因素分别设为企业家能力(F1)、组织学习能力(F2)、外部环境和制度(F3)、竞争环境(F4)、融资环境(F5)、创新资源拥有能力(F6)、技术进步(F7)、企业盈利水平(F8)、企业信息化水平(F9)、企业营销能力(F10)、创业文化(F11)、公司战略改变(F12)、合作伙伴变动(F13)、消费者需求变更(F14)、企业创新人才状况(F15),通过元分析法对 15 个影响因素进行分析,结果如图 4.1 所示。

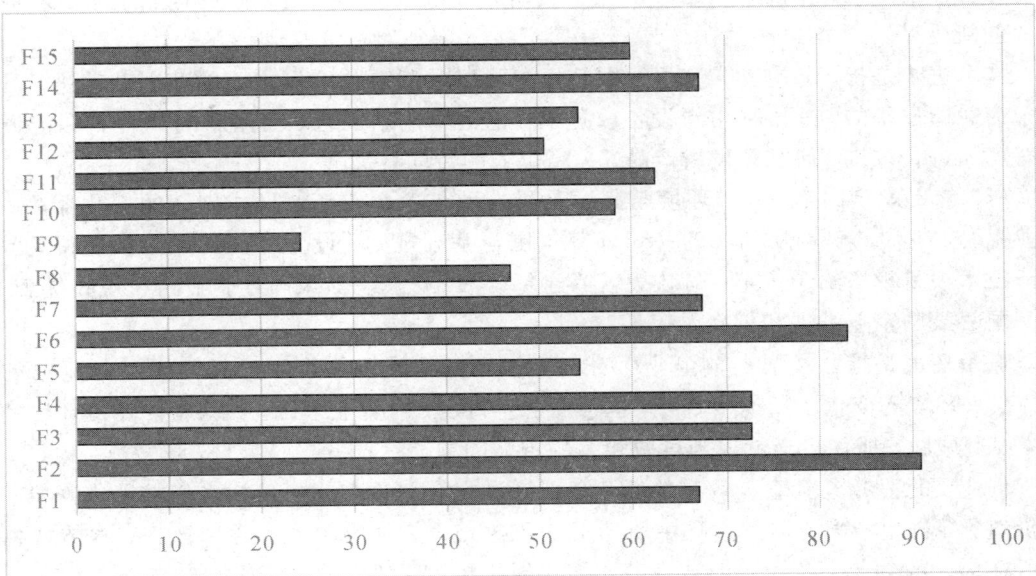

图 4.1 科技型小微企业商业模式创新影响因素的元分析结果

根据图 4.1 可以得出 F5、F8、F9、F10、F12、F13、F15 的频度均小于 63,而元分析法的标准是提炼出来的影响因素出现的频度应为总频度的 50% 以上,这几个因素均未达到要求被剔除,剩下的 F1、F2、F3、F4、F6、F7、F11、F14 就是主要影响因素。最后,将主要的八个影响因素通过专家组法再细分成四个内部影响因素(F1 企业家能力、F2 组织学习能力、F6 创新资源拥有能力、F7 技术进步)和四个外部影响因素(F3 外部环境和制度、F4 竞争环境、F11 创业文化、F14 消费者需求变更)。

4.1.2 理论模型构建

1. 商业模式创新的影响因素

（1）内部影响因素。在整个创新过程中，企业家是创新机遇的发现者和把握者，他们必须具有敏锐的市场洞察力，可以迅速捕捉客户潜在需求，对于公司定位和未来发展有着清晰的界定。企业家能力是企业家解决各种公司问题的本领，是一种内在素质的外化。借鉴Linder、Cantrell（2000）的界定，企业家能力表现为决策能力强、积极进取、勇于承担风险、注重创新、对市场的发展走向有独立正确的判断。

科技型小微企业要提升创新能力，必须经历知识积累的过程，而这需要加强组织学习能力。组织学习能力是指知识在公司内部充分共享的水平以及产生有用的创新构想并开发出来的能力。可通过工作设计与工作轮换，使知识在企业各部门间准确地传递和积累；同时为促进信息循环和反馈，加快技术转移和扩散的速度，企业还需增强组织内成员间相互学习交流的机会，为持续创新注入新的动力。

创新资源拥有能力是指科技型小微企业进行技术创新所需的各种投入要素的持有状况，以及拥有独特的、难模仿的、难转移的关键资源的能力。这些技术创新资源涵盖了人财物的方方面面，只有正确地规划技术创新战略，才有助于企业用有限的创新资源，获取更多的创新成果。

技术进步是指企业在生产工艺、中间投入品以及制造技能等方面的革新和改进，具体表现为对旧设备的改造、采用新设备改进旧工艺、采用新工艺、使用新的原材料和能源对原有产品进行改进、研究开发新产品、提高工人的劳动技能等。

（2）外部影响因素。外部环境与制度是科技型小微企业商业模式创新的孵化器，是指企业生存、发展与创新所面临的一切外部氛围与基础规则。设立专门的风险投资机构，对高新技术项目投资给予优惠、财政拨款筹建新技术开发园，对风险性企业给予税收优惠等，都是国家鼓励企业发展和创新的表现。

竞争环境是指科技型小微企业面对的竞争者的数量和类型以及竞争者参与竞争的方式。竞争环境的变化不断产生威胁，也不断产生机会。对企业来说，如何检测竞争环境的变化，规避威胁，抓住机会就成为休戚相关的重大问题。

创业文化是指与社会创业有关的意识形态和文化氛围，其中包括人们在追求财富、创造价值、促进生产力发展的过程中所形成的思想观念、价值体系和心理意识。本节特指企业所在地区的创业文化对企业自身商业模式创新和发展的影响。

消费者需求变更是指消费者对产品和服务的需求会随着社会经济的发展不断变化。随着社会生产力的发展，企业应持续创新，向市场提供数量更多、质量更优的产品，以满足消费需求。同时，随着人们物质文化生活水平的日益提高，消费需求也呈现出多样化、多层次，并由低层次向高层次逐步发展，消费领域不断扩展，消费内容日益丰富，消费质量不断提高的趋势。因此科技型小微企业要经常关注市场中消费者需求的变化，保持商业敏锐度和竞争优势。

2. 商业模式创新的维度

本节基于价值链视角，对商业模式创新的四个维度进行界定。商业模式创新由价值主张模式创新、价值维护模式创新、价值网络模式创新和价值实现模式创新构成。

价值主张模式创新可以清晰界定主要客户群、辅助客户群和潜在客户群，挖掘客户的功能价值需求、体验价值需求、信息价值需求和文化价值需求。

价值维护模式创新是对行业的传统经销制、直销制进行改造，确保企业所创造的产品和服务价值高效率地向顾客传递。

价值网络模式创新能为创造性的业务活动寻找供应链上下游合作伙伴的支撑，提高模式创新的异质性和复制壁垒，防止价值流失。

价值实现模式创新是对企业正式制度和非正式制度创新的安排和设计，以形成优质的产品流、收入流和信息流。

3. 理论模型的构建

基于商业模式创新的影响因素及四个维度，提出本书研究的理论模型如图 4.2 所示。

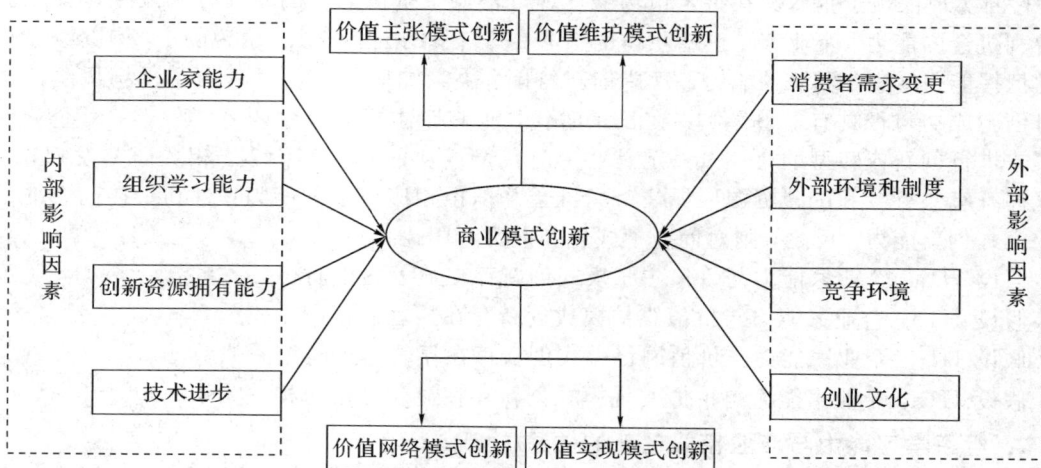

图 4.2　本文研究的理论模型

从模型中可以看出，科技型小微企业商业模式创新的影响因素共八个，其中四个内部影响因素分别是企业家能力、组织学习能力、创新资源拥有能力、技术进步；四个外部影响因素分别是消费者需求变更、外部环境和制度、竞争环境、创业文化。商业模式创新从四个维度分析，分别为价值主张模式创新、价值维护模式创新、价值网络模式创新、价值实现模式创新。因此，本书主要研究这八个因素分别与商业模式创新维度之间的关系，初步提出了 32 个研究假设。

4.2　研究假设

本书在参考已有文献对企业商业模式创新影响因素研究成果的基础上，结合科技型小微企业自身的特点，利用元分析法与专家访谈法，对科技型小微企业商业模式创新影响因素进行提取，并将其分为商业模式创新的内在影响因素和商业模式创新的外在影响因素。下面分别对这些因素与商业模式创新的关系作出假设。

4.2.1 内部影响因素分析及假设提出

由于学者们都是从不同视角为切入点对商业模式创新进行的研究，所以往往会得出不同的商业模式创新影响因素体系。但科技型小微企业在商业模式创新上必然存在共同特征。基于此，本文使用王益锋、曹禺的元分析法，对各学者提出的影响因素出现的频度进行统计，将其中频度低于 50% 的元素进行剔除，得到科技型小微企业商业模式创新内在影响因素，主要有企业家能力、组织学习能力、创新资源拥有能力和技术进步。

1. 企业家能力与商业模式创新的关系

商业模式创新最重要的一个内在影响因素就是企业家能力。这一因素也是在已有文献中出现频率最高的因素。商业模式创新的机会是经济系统内各种作用力相互作用的结果，是市场力量变化导致的非均衡状态引发的未满足需求、未解决问题或低效率等现象的产物。它的实现依赖于企业家在特定市场上发现价格低于价值的产品或充分利用生产要素获得盈利机会的能力。企业家是创新主体的核心，其自身的创新意识、敏锐的市场洞察力、机会的把握能力、整合资源的能力、营造创新氛围、决策和监督创新过程以及承担风险能力均对创新成功与否具有显著影响。在长尾时代，能够抓住尾部潜藏的巨大效益，对企业商业模式进行创新或转型的企业家一定是这个时代最成功的企业家代表。相关研究发现，企业家拥有有效整合和配置资源以抓住市场机会并承担相应风险的能力，有利于提高企业的商业模式创新能力；反之，则对商业模式创新能力起阻碍作用。

假设 H1a：企业家能力与价值主张模式创新存在显著的正向相关关系。

假设 H1b：企业家能力与价值维护模式创新存在显著的正向相关关系。

假设 H1c：企业家能力与价值网络模式创新存在显著的正向相关关系。

假设 H1d：企业家能力与价值实现模式创新存在显著的正向相关关系。

2. 组织学习能力与商业模式创新的关系

一个组织的正常运转并不是靠企业家自身可以保证的，还需要组织内部其他成员的共同努力。组织学习是商业模式创新的重要源泉。张婧（2004）认为可以通过表现方式将组织学习定义为"制度的转换"，即组织学习可以表现为组织制度对环境的不断适应。有效的组织学习和市场信息处理的组织将产生和采用更多新创意、新产品和新过程。只有通过持续不断的学习，将新鲜的血液注入企业，才能保证企业高效、稳定地发展。通过组织学习充分把握企业内外部环境的发展动态，提高组织的灵敏度，使企业快速地配置组织内外部资源以响应市场变化，挖掘潜在顾客需求，扩大市场份额。长尾时代的到来，为企业尤其是科技型小微企业带来了新的生机。通过组织学习，企业可以利用自身资源和优势对市场机会进行挖掘。借鉴郭毅夫（2012）的做法，本书主要从共同愿景、开放心智以及组织内部的知识共享三个方面来考察组织学习能力。

假设 H2a：组织学习能力与价值主张模式创新存在显著的正向相关关系。

假设 H2b：组织学习能力与价值维护模式创新存在显著的正向相关关系。

假设 H2c：组织学习能力与价值网络模式创新存在显著的正向相关关系。

假设 H2d：组织学习能力与价值实现模式创新存在显著的正向相关关系。

3. 创新资源拥有能力与商业模式创新的关系假设

创新资源对科技型小微企业商业模式创新的形成至关重要。古人有云，"巧妇难为无米之炊"，一个企业家就算再优秀，一个组织的学习能力再强，也不可能将没有任何人才与设备的企业经营起来。显而易见，企业在商业模式创新上若能够投入大规模、高质量的资源，必然会对其创新能力的形成产生立竿见影的效果。商业模式创新是一个需要市场、销售、技术和行政等多部门共同协作完成的项目，对企业的内部沟通、协调与合作有较高的要求。科技型小微企业具有高技术性和高创新性，对于设备和人才的投入有很高要求。人才的学历背景、科研素质、创新经验和技术的先进程度、技术与市场的匹配程度等都对科技型小微企业商业模式创新具有一定的影响。对于创新资源拥有能力因素，本书主要从人才引进和先进设备拥有能力两个方面考察。

假设 H3a：创新资源拥有能力与价值主张模式创新存在显著的正向相关关系。

假设 H3b：创新资源拥有能力与价值维护模式创新存在显著的正向相关关系。

假设 H3c：创新资源拥有能力与价值网络模式创新存在显著的正向相关关系。

假设 H3d：创新资源拥有能力与价值实现模式创新存在显著的正向相关关系。

4. 技术进步与商业模式创新的关系假设

科技型小微企业的行业性质使其对技术有很高的依赖性，所以技术进步对科技型小微企业商业模式创新的影响非常重大。翁君奕将技术分为两类，一类是涉及公共基础技术，如信息技术、互联网技术、能源技术等；另一类是与企业产品技术直接相关的专业技术。基础技术的发展使传统企业的商业模式发生了巨大的变化，如信息和知识技术的进步刺激了一系列新商业模式的产生，再如前面提到的"互联网＋"新商业模式，就是由互联网技术造就的。科技型小微企业对科研人员投入比例与技术引进能力有很高的要求，所以认为技术进步对科技型小微企业商业模式创新有显著影响。

假设 H4a：技术进步与价值主张模式创新存在显著的正向相关关系。

假设 H4b：技术进步与价值维护模式创新存在显著的正向相关关系。

假设 H4c：技术进步与价值网络模式创新存在显著的正向相关关系。

假设 H4d：技术进步与价值实现模式创新存在显著的正向相关关系。

4.2.2 外部影响因素分析及假设提出

通过文献梳理和专家访谈法，将科技型小微企业商业模式创新外在影响因素归结为消费者需求变更、外部环境和制度、竞争环境、创业文化因素。

1. 消费者需求变更与商业模式创新的关系假设

消费者的需求结构是动态变化的，随着时空的变换，行业需求量会在不同细分市场之间发生结构性的变化。深入探索未被挖掘或者未被满足的市场空白或者消费者需求，就能发现属于自己的商业机会，从而为企业实现商业模式创新带来可能。互联网经济时代的到来，以及搜索引擎等高效信息过滤工具的成功发展，导致消费者比以前更容易获得相关产品的信息，再加上免费的口碑相传，一个企业可以以更低的成本将产品和服务推广出去。这便是长尾时代的最显著标志，也是长尾形成的基础。碎片化的经济时代导致客户需求更加多样化与个性化，如今，一个企业成功的关键，在于它能否准确发现消费者需求变更并能及时调整战略。比如，微信的成功，并不是单纯靠QQ提供的已有用户链接获得的，而更多是张小龙能够利用人的心理，深入挖掘用户潜在需求，从而实现价值创造。再比如"互联网＋"就是在互联网时代背景下产生的新的商业模式，即互联网＋传统企业。互联网＋传统百货市场产生淘宝，互联网＋传统银行产生支付宝，互联网＋传统交通工具产生滴滴打车、快的打车、顺风车等。这一新商业模式之所以成功，关键在于企业能够把握时代进步带来的机遇，能够洞悉消费者需求变更，从而促使原有的商业模式转型。人际沟通活动是互联网时代的特性，也是为什么企业要如此注重消费者需求的原因，口碑相传，靠的就是消费者的沟通活动，这也是企业降低营销成本的关键，是长尾产生的必然条件。所以，消费者需求变更对商业模式创新具有促进作用。

假设 H5a：消费者需求变更与价值主张模式创新存在显著的正向相关关系。

假设 H5b：消费者需求变更与价值维护模式创新存在显著的正向相关关系。

假设 H5c：消费者需求变更与价值网络模式创新存在显著的正向相关关系。

假设 H5d：消费者需求变更与价值实现模式创新存在显著的正向相关关系。

2. 外部环境和制度与商业模式创新的关系假设

企业商业模式创新不仅是企业内部组织能力的综合体现，也是在外部环境和制度因素共同作用下的结果。当地政策、相关法律法规、金融支持力度以及社会服务环境等因素都会对企业商业创新系统产生不同程度的影响。政府政策能够对企业自主创新决策产生外在激励作用，改善研发资源配置效率，并保障企业为创新主体的合法利益；政府政策是科技型小微企业进行商业模式创新的保障，若政府政策制定失当，市场配置创新资源的能力就会被扭曲，并进一步降低企业创新效率。在一个缺乏市场秩序、企业信息不对称的市场环境中，很难想象本就处于弱势地位的科技型小微企业会有饱满的创新热情。实践证明，只有制度完善、秩序规范、监督有效的市场才能促使企业在市场竞争中不断创新。企业创新资金往往不全为自有资本，市场融资难易程度对企业商业模式创新行为同样至关重要，特别是科技型小微企业由于缺乏可供抵押的资产，银行对其状况的了解也往往有限，一般很难通过银行贷款取得创新活动所需经费。在长尾时代，政府或者银行等金融机构应该将目光放在尾部的小微企业上，而不是只聚焦于头部的大型企业。只有抓住了尾部的数量众多的小微企业，政府才能更好地对经济市场进行调控，银行等金融机构才能更长远地发展。通过对文献的归纳和总结，本文将外部环境和制度划分为融资环境、政策支持、宏观经济环境。

假设 H6a：外部环境和制度与价值主张模式创新存在显著的正向相关关系。

假设 H6b：外部环境和制度与价值维护模式创新存在显著的正向相关关系。

假设 H6c：外部环境和制度与价值网络模式创新存在显著的正向相关关系。

假设 H6d：外部环境和制度与价值实现模式创新存在显著的正向相关关系。

3. 竞争环境与商业模式创新的关系假设

企业被定义为以盈利为目的，运用各种生产要素，向市场提供商品和服务，实行自主经营、自负盈亏、独立核算的法人或其他社会经济组织。作为市场经济活动的主要参与者，企业不仅要协调好组织内部的人力、物力以及资金的关系，还与组织外部的各个利益相关者，如政府、竞争对手、供应商、顾客等息息相关。行业内良性的竞争环境有利于增强科技型小微企业的危机意识，促进其对创新的重视。因为优胜劣汰，适者生存，竞争对手的数量、实力都会对企业自身发展产生很大的冲击。因此本书将环境竞争因素主要归为市场竞争状况和市场风险水平两类，并认为良性的竞争环境能促进科技型小微企业商业模式的创新。

假设 H7a：竞争环境与价值主张模式创新存在显著的正向相关关系。

假设 H7b：竞争环境与价值维护模式创新存在显著的正向相关关系。

假设 H7c：竞争环境与价值网络模式创新存在显著的正向相关关系。

假设 H7d：竞争环境与价值实现模式创新存在显著的正向相关关系。

4. 创业文化与商业模式创新的关系假设

商业模式也是一种企业创造利润的思维方式，虽然有很多不同的创造利润方式，但每个企业最终只会选择一种方式，而企业的主导思维方式将是决定商业模式的主要因素。一个地区的创业文化氛围，将决定该地区企业组织如何过滤信息，如何解析信息，以及针对信息实行何种对应行动。一般而言，有着较强创业文化地区的企业，能打破既有成功商业模式的制约，跳出旧有思维模式的路径依赖。所以在发展为成熟商业模式的过程中，创业文化通过对个体的作用来影响商业模式创新。一般情况下，一个组织的创业文化氛围越强，就越能摆脱现有商业模式构成的制约因素，解除对固有思维方式的过分依赖，进而推动商业模式的转型。因此，本书认为浓厚的创业文化氛围能够促进科技型小微企业商业模式的创新。

假设 H8a：创业文化与价值主张模式创新存在显著的正向相关关系。

假设 H8b：创业文化与价值维护模式创新存在显著的正向相关关系。

假设 H8c：创业文化与价值网络模式创新存在显著的正向相关关系。

假设 H8d：创业文化与价值实现模式创新存在显著的正向相关关系。

4.3　研　究　设　计

通过上一节的研究分析，确定了问卷量表中需要测量的解释变量包括企业家能力、组织学习能力、创新资源拥有能力、技术进步这四个内部因素以及消费者需求变更、外部环境和制度、竞争环境和创业文化这四个外部因素；被解释变量包括价值主张模式创新、价值维护模式创新、价值网络模式创新和价值实现模式创新。

4.3.1　问卷设计与数据收集

本研究在问卷设计方面，主要通过以下四个步骤来实现：

（1）通过文献阅读，针对国内外在商业模式创新、影响商业模式创新的内外部因素方面的文献研究，借鉴了其中与本研究相关的量表。

（2）征求学术团队的意见。在文献研究的基础上，形成问卷初稿，之后将该问卷放入工商管理课题组中讨论，征询问卷初稿在设计、措辞和格式方面的意见，并酌情调整和修改。

（3）对多个调研企业员工进行访谈请教，就题项的可行性征求意见。

（4）将问卷在小范围内进行测试，根据小样本的反馈对题项进一步修改，形成最终问卷。

量表分为三个部分，分别为商业模式创新的内部影响因素、商业模式创新的外部影响因素和商业模式创新的内在结构。（具体题项见附录）所有量表以选择题的形式进行问卷设计，由问卷填写人根据 Likert 七点量表回答，采用分数与评价正方向记分方法。从1(非常不同意)到7(非常同意)，分数越高，表示填写人对该题项越认可。

本研究的调查对象为科技型小微企业。由于小微企业产业集群程度与区域经济发展水平呈正相关，所以为了使研究更具有代表性，本研究采用分层抽样的方法，通过网络在线填写、实地发放(主要针对西安企业)、发送 E-mail 等多种方式对上海、武汉、深圳、长沙、西安、成都、北京和哈尔滨等地区的科技型小微企业进行问卷调查；共发放 180 份问卷，回收问卷 146 份，回收率为 81.1%；剔除无效问卷后获得 128 份有效问卷，有效回收率为71.1%。样本数据的统计特征如表 4.1 所示。

表 4.1　样本数据的统计特征

项　目	样本特征	样　本　数	比　例
性别	男	126	70%
	女	54	30%
学历	专科以下	20	11.1%
	专科	43	23.9%
	本科	68	37.8%
	硕士及以上	49	27.2%
被调查者职位	高层	44	24.4%
	中层	98	54.4%
	基层	38	21.2%
企业规模	50 人以下	86	47.8%
	50~100	62	34.4%
	100~150	32	17.8%
行业分布	信息传输业	45	25%
	软件和信息技术服务业	135	75%

4.3.2　变量测度

本书对变量的测量主要采用量表形式。其中，影响科技型小微企业商业模式创新的内部因素包括企业家能力、组织学习能力、创新资源拥有能力。企业家能力的测度主要参考 Eren Ozgen(2003)、Man(2001)、朱凤涛(2006)的量表，共计 3 项测量条款；组织学习能力的测度主要借鉴张璐璐(2014)和丁岳枫(2006)的量表，从组织愿景、知识共享、持续学习三个方面入手，共计 3 项测量条款；创新资源拥有能力的测度主要参考 Teece(2010)的量表，共计 2 项测量条款，因而内部因素的测度共有 8 项测量条款。

影响科技型小微企业商业模式创新的外部因素包括消费者需求变更、技术进步、外部环境和制度、竞争环境和创业文化。消费者需求变更的测度参考郭毅夫(2009)的量表，共计 2 项测量条款；技术进步的测度参考赵毅夫(2009)的量表，共计 2 项测量条款；外部环境和制度的测度参考赵书坤(2011)的量表，共计 3 项测量条款；竞争环境的测度参照张璐璐(2012)的量表，共计 2 项测量条款；创业文化的测度参考郭毅夫(2009)的量表，共计 2

项测量条款，因而外部因素的测度共有 11 项测量条款。

　　商业模式创新可分为价值主张模式创新、价值维护模式创新、价值网络模式创新和价值实现模式创新。其中，价值主张模式创新的测度参考郭毅夫（2009）的量表，共计 2 项条款；价值维护模式创新的测度借鉴郭毅夫和 Zott C & Amit(2007)的量表，共计 2 项测量条款；价值实现模式创新的测度主要参考郭毅夫和 Zott C & Amit R.(2007)的量表，共计 2 项条款，因而商业模式创新的测度共有 6 项测量条款。

4.4　实证检验

4.4.1　探索性因子分析

1. 自变量的探索性因子分析

　　利用 SPSS 软件进行探索性因子分析，结果显示，衡量科技型小微企业商业模式创新影响因素的 19 个题项的 KMO(Kaiser-Meyer-Olkin)检验值为 0.843，大于 0.7，且 Bartlett 球形检验 P 值为 0.000，表明量表数据适合进行因子分析。探索性因子分析采用主成分分析法，将特征根大于 1 的因子进行抽取，旋转方法为最大方差法，获得最终因子数量，结果如表 4.2 所示。

表 4.2　商业模式创新影响因素的探索性因子分析(N=128)

题项	因子					
	1	2	3	4	5	6
a1	0.384	**−0.815**	0.229	0.125	.271	−.102
a2	0.393	**−0.802**	0.329	0.118	.230	−.034
a3	0.436	**−0.737**	0.280	0.045	.389	.029
a4	**0.767**	0.469	0.201	0.026	.047	−.341
a5	**0.767**	0.465	0.143	0.116	.072	−.352
a6	**0.839**	0.359	0.172	0.108	−.026	−.277
a7	−0.296	−0.094	0.596	−0.315	**−.610**	−.049
a8	−0.206	−0.099	0.647	−0.117	**−.668**	−.045
a9	0.447	0.283	0.189	−0.538	.240	**.563**
a10	0.394	0.235	0.267	−0.560	.252	**.569**
a11	0.139	0.320	0.547	0.051	**.634**	.246
a12	0.081	0.271	0.604	−0.076	**.628**	.277
a13	−0.445	−0.406	−0.009	**0.642**	.236	−.022
a14	−0.495	0.337	−0.145	**0.583**	.258	−.020
a15	0.281	−0.001	−0.518	**0.625**	.318	.179
a16	0.300	0.100	−0.423	**0.621**	.296	.265
a17	0.198	0.014	0.330	**0.587**	.295	−.045
a18	0.445	0.267	**0.547**	−0.030	.071	−.270
a19	**0.532**	0.213	0.213	0.492	.421	.312

由表 4.2 的结果可以看出,各个题项的因子都有大于 0.5 的载荷,因而符合统计要求。其中,企业家能力(a1、a2、a3)、组织学习能力(a4、a5、a6)和消费者需求变更(a9、a10)分别落在 3 个不同的因子上,符合专业要求。而创新资源拥有能力(a7、a8)和技术进步(a11、a12)落在了同一个因子上,因此可将两者归为一类。外部环境和制度(a13、a14、a15)和竞争环境(a16、a17)落在了同一个因子上,可将其归为一类。

但是,创业文化的两个题项 a18、a19,一项是单独占了一个因子,另一项各因子载荷数值较为平均,存在因子交互的现象,因而认为这两个题项不能同时用来衡量创业文化这个变量。将其从量表中删除,一方面可以提高数据结构的合理性,另一方面也与本研究的设定更为一致。在删除"创业文化"的两个题项后,重新进行探索性因子分析,结果如表 4.3 所示。

表 4.3　修正后的商业模式创新影响因素探索性因子分析(N=128)

题项	因子				
	1	2	3	4	5
a1	.012	**.776**	.050	−.026	−.080
a2	.005	**.782**	.050	.056	−.015
a3	.025	**.670**	.008	−.089	.122
a4	**.863**	.007	.082	−.043	.138
a5	**.755**	.009	.118	−.119	.072
a6	**.724**	.096	.233	−.022	.108
a7	−.124	−.063	−.208	**.728**	.021
a8	−.060	−.011	−.100	**.638**	−.068
a9	.187	−.003	.045	−.042	**.670**
a10	.144	.041	−.029	.013	**.657**
a11	.193	.013	.008	**.621**	.027
a12	.127	.012	.017	**.734**	.024
a13	−.260	−.216	**.762**	−.394	−.153
a14	−.225	−.280	**.705**	−.357	−.122
a15	.245	.011	**.667**	−.235	−.052
a16	.171	.109	**.809**	−.157	.010
a17	.116	.099	**.625**	.080	.020

由表 4.3 可以看出,修正后的量表的所有题项的最大因子载荷值都在 0.5 以上,且不再存在因子载荷分布比较平均的题项。本研究将这五个因子分别命名为企业家能力、组织学习能力、创新资源与技术支持、消费者需求变更、环境包容性。

2. 因变量的探索性因子分析

经探索性因子分析发现,衡量科技型小微企业商业模式创新内在结构的 8 个题项的 KMO 值为 0.836,大于 0.7,且 Bartlett 球形检验 P 值为 0.000,表明量表数据适合进行因子分析。同样的方法,可得商业模式创新的因子分析结果如表 4.4 所示。

表 4.4　科技型小微企业商业模式创新因子分析

题项	因　子			
	1	2	3	4
b1	−.040	.011	**.790**	−.051
b2	.015	.011	**.791**	.043
b3	.106	**.782**	.011	−.116
b4	.172	**.877**	.011	−.044
b5	.028	−.130	−.030	**.782**
b6	−.058	−.027	.022	**.788**
b7	**.780**	.157	−.038	−.055
b8	**.838**	.119	.011	.024

由表 4.4 可看出,测量科技型小微企业商业模式创新的 8 个题项分别在 4 个因子上具有显著的因子载荷系数。价值主张模式创新(b1、b2)、价值维护模式创新(b3、b4)、价值网络模式创新(b5、b6)和价值实现模式创新(b7、b8)分别落在 4 个不同的因子上,分别代表了科技型小微企业商业模式创新的 4 个维度,且独立性良好,符合专业预期。

因此,本书的研究假设调整为:在内部影响因素中,将"创新资源拥有能力"和"技术进步"合并为一类,命名为"创新资源与技术支持",与商业模式创新的关系假设分别记为 H3a、H3b、H3c、H3d;在外部影响因素中,将"外部环境和制度"和"竞争环境"合并为一类,命名为"环境包容性",与商业模式创新的关系假设分别记为 H5a、H5b、H5c、H5d,并且去掉了"创业文化"因素;其余假设保持不变。

4.4.2　信度与效度检验

为了提高实证分析的准确性,在正式利用数据进行相关与回归分析之前需要对所选择的变量进行信度和效度分析。信度是指量表多次测量后结果的无偏差程度,即其可行性程度,一般通过 Cronbach's α 系数做内部一致性检验,如果 Cronbach's α 系数大于 0.7,则认为量表具有良好的内部一致性。效度是指测量出其所欲测量事物的程度,表示测量结果与所作研究内容的吻合程度。本书主要通过内容效度与结构效度来说明各量表的效度水平。

由表 4.5 可以看出,每个变量的 Cronbach's α 系数均大于 0.7,并且删除任何一个题项均会降低 Cronbach's α 系数,因此说明该量表具有良好的信度。这在一定程度上保证了研究质量,为进一步的数据分析奠定基础。

表 4.5　信度和效度检验结果

指　　标	载荷值	Cronbach's α
企业家能力		0.793
企业家能够及时捕捉和抓住市场商机 a1	0.776	
企业家能够整合和配置资源以匹配公司战略 a2	0.782	
企业家拥有较强的创新意识,并愿意承担由此带来的风险和市场不确定性 a3	0.670	

指　　标	载　荷　值	Cronbach's α
组织学习能力		0.786
企业对于公司定位和未来发展有着很清晰的界定 a4	0.863	
企业定期组织业务培训和技能培训 a5	0.755	
企业员工定期分享业务知识和工作经验 a6	0.724	
创新资源与技术支持		0.820
企业拥有高素质和高质量的人才储备 a7	0.728	
企业配备先进的设备以匹配业务需求 a8	0.638	
企业重视科技研发，愿意投入较多的研究经费 a9	0.670	
企业有自主研发产品的能力，并拥有些许专利 a10	0.657	
消费者需求变更		0.785
企业对市场有敏锐的洞察力和消费者需求信息掌握能力 a11	0.621	
企业能够根据消费者需求，提出创新产品并满足其期待 a12	0.734	
环境包容性		0.812
国家政策鼓励行业创新发展 a13	0.762	
国家对企业创新提供法律保护 a14	0.705	
银行等金融机构对于企业创新会给予资金支持 a15	0.667	
行业竞争激烈，需不断创新方能跟上经济发展步伐 a16	0.809	
能够对行业竞争进行分析，并结合自己企业的内部条件和外部环境进行决策 a17	0.625	
价值主张模式创新		0.781
企业能够准确地进行市场细分和目标顾客的锁定 b1	0.790	
企业以独特新颖的方式深度挖掘并满足客户的需求 b2	0.791	
价值维护模式创新		0.765
企业开发了很多行业内的核心产品和服务 b3	0.782	
企业在提供各类产品附加服务中找到新的业务增长点 b4	0.877	
价值网络模式创新		0.875
企业开发和维护关系客户的方式具有创新性 b5	0.782	
企业与上下游合作状况较佳，拥有优秀的营销推广渠道 b6	0.788	
价值实现模式创新		0.823
企业获得规模增长的盈利模式是创新的 b7	0.780	
企业在价值链中定位较准确，能获得价值链中相对份额的利润 b8	0.838	

　　本研究所使用的问卷均来自现有文献中的成熟量表，并通过咨询专家和预调研之后进行了恰当修改，因此具有较好的内容效度。结构效度一般用载荷值来测量，由表 4.5 可以看出，所有题项的载荷值均高于 0.5，说明选取的指标都能很好地测量相对应的变量，结构

效度较好。

4.4.3 相关分析

各量表的信度与效度都通过了检验之后，为了验证研究假设，需要对各变量先进行相关分析，如果它们之间存在显著的相关关系，再通过回归分析来检验各变量关系之间的路径系数是否显著以及各因素对商业模式创新的影响程度大小，从而判断假设是否得以支持。相关分析的结果如表 4.6 所示。

表 4.6 相关分析结果

变量	价值主张模式创新	价值维护模式创新	价值网络模式创新	价值实现模式创新
企业家能力	0.562*	0.621*	0.611**	0.583*
组织学习能力	0.658*	0.601*	0.487*	0.502*
创新资源与技术支持	0.723*	0.744*	0.723*	0.698*
消费者需求变更	0.834**	0.878*	0.712**	0.798*
环境包容性	0.766**	0.738**	0.829*	0.814*

* 表示在 0.05 水平（双侧）上显著相关；** 表示在 0.01 水平（双侧）上显著相关

由表 4.6 可以看出，解释变量"企业家能力""组织学习能力""创新资源与技术支持""消费者需求变更"和"环境包容性"都分别与被解释变量"价值主张模式创新""价值维护模式创新""价值网络模式创新"和"价值实现模式创新"存在显著的正相关关系，初步验证了研究假设。但是相关分析只是用来衡量两类变量之间是否存在相关关系以及相关程度，并不能说明两类变量之间是否存在必然的因果联系以及解释变量对被解释变量的影响程度。因此，需要进一步做回归分析。

4.4.4 回归分析与假设检验

在进行回归分析前，还需对模型中可能存在的自变量的多重共线性和序列相关性问题进行检验。首先，检验多重共线性。通过回归模型的方差膨胀因子 VIF 计算结果进行判断，如果在所有模型中的 VIF 值都大于 0 且小于 10，则可以判定自变量之间不存在多重共线性。其次，检验序列相关。如果所有模型的 DW 值均接近 2，则可以判定自变量间不存在序列相关。

在回归分析中，对回归模型中变量之间的线性关系进行判断通常使用 t 检验，如果 t 值显著性小于 0.05，说明回归方程有效。对回归模型的拟合优度检验通常使用 R^2 检验，R^2 取值介于 0～1 之间，反映的是自变量解释因变量的程度，R^2 值越接近 1，表明自变量越能解释因变量，模型拟合的越好；为了避免自变量的个数对 R^2 的影响，一般选用调整后的 R^2 来判断模型的拟合优度。

本研究以企业家能力、组织学习能力、创新资源与技术支持、消费者需求变更和环境包容性为解释变量，再分别以价值主张模式创新、价值维护模式创新、价值网络模式创新和价值实现模式创新为被解释变量，得到模型 1、模型 2、模型 3 和模型 4 的 VIF、DW 统

计量和 R^2 的值，如表 4.7 所示。从表中的结果可知，各变量的 VIF 值均大于 0 且小于 10，说明模型不存在多重共线性问题。DW 值都在 1.8～2.05 之间，说明模型不存在序列相关问题。

表 4.7　各模型统计量的值

VIF	模型 1 价值主张模式 创新	模型 2 价值维护模式 创新	模型 3 价值网络模式 创新	模型 4 价值实现模式 创新
企业家能力	1.922	1.923	1.965	1.945
组织学习能力	1.906	1.975	1.976	1.923
创新资源与技术支持	1.923	1.934	1.954	1.967
消费者需求变更	1.934	1.923	1.932	1.954
环境包容性	1.921	1.954	1.942	1.965
DW	1.824	2.019	1.996	2.021
R^2	0.574	0.654	0.765	0.714
调整后的 R^2	0.476	0.576	0.654	0.676

为了验证研究假设，利用 SPSS 软件对各变量进行了回归分析，得到各变量关系之间的路径系数（标准化回归系数）、显著性及检验结果如表 4.8 所示。

表 4.8　修正后的理论模型的路径系数与假设验证结果

假设	变 量 关 系	路径系数	P 值	假设检验结果
H1a	企业家能力→价值主张模式创新	0.146*	0.039	支持
H1b	企业家能力→价值维护模式创新	0.231*	0.039	支持
H1c	企业家能力→价值网络模式创新	0.319***	0.001	支持
H1d	企业家能力→价值实现模式创新	0.282***	0.001	支持
H2a	组织学习能力→价值主张模式创新	0.208*	0.011	支持
H2b	组织学习能力→价值维护模式创新	0.146**	0.004	支持
H2c	组织学习能力→价值网络模式创新	0.149*	0.023	支持
H2d	组织学习能力→价值实现模式创新	0.171*	0.013	支持
H3a	创新资源与技术支持→价值主张模式创新	0.191*	0.021	支持
H3b	创新资源与技术支持→价值维护模式创新	0.211*	0.012	支持
H3c	创新资源与技术支持→价值网络模式创新	0.161*	0.026	支持
H3d	创新资源与技术支持→价值实现模式创新	0.276**	0.002	支持
H4a	消费者需求变更→价值主张模式创新	0.253**	0.009	支持

假设	变 量 关 系	路径系数	P 值	假设检验结果
H4b	消费者需求变更→价值维护模式创新	0.143**	0.005	支持
H4c	消费者需求变更→价值网络模式创新	0.178**	0.004	支持
H4d	消费者需求变更→价值实现模式创新	0.124*	0.032	支持
H5a	环境包容性→价值主张模式创新	0.134*	0.032	支持
H5b	环境包容性→价值维护模式创新	0.153**	0.008	支持
H5c	环境包容性→价值网络模式创新	0.153**	0.003	支持
H5d	环境包容性→价值实现模式创新	0.102**	0.002	支持

从表 4.8 可看出,企业家能力、组织学习能力、创新资源与技术支持、消费者需求变更和环境包容性与商业模式创新的四个维度的路径系数都是正向的,且显著性水平都小于 0.05,因此认定这几个因素都对科技型小微企业商业模式创新有显著的正向影响,修正后的假设全部得到支持,这与上一节中的相关分析结果也是一致的。

基于上述的假设检验结果,本研究得到科技型小微企业商业模式创新的理论模型,如图 4.3 所示。

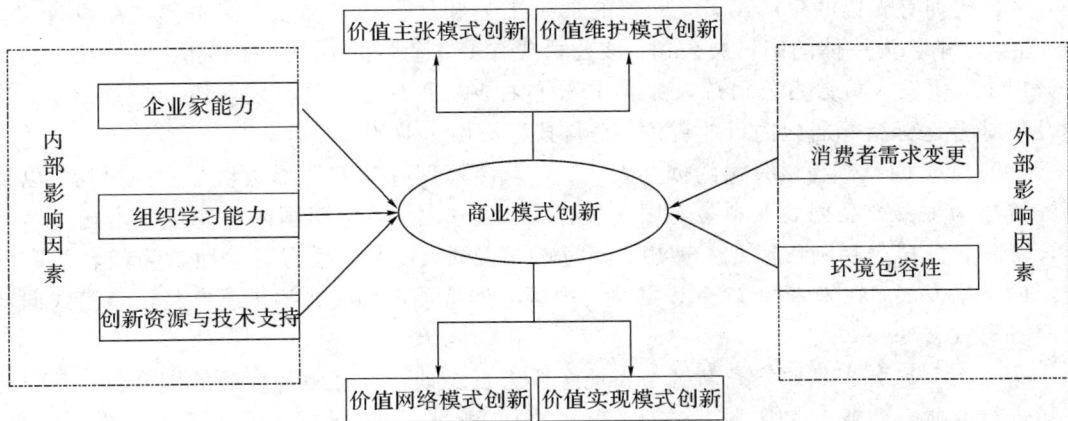

图 4.3 修正后的模型

4.4.5 结论与讨论

本研究通过实证研究,验证了企业家能力、组织学习能力、创新资源与技术支持、消费者需求变更和环境包容性对科技型小微企业商业模式创新的促进作用,其中内部影响因素包括企业家能力、组织学习能力和创新资源与技术支持,外部影响因素包括消费者需求变更和环境包容性。这个结论对商业模式理论起到强有力的补充作用,也为科技型小微企业进行商业模式创新提供了实践方向。

本研究结果很好地证明了企业家创新的意识、企业家发现机会的能力、企业家整合资源的能力、企业家承担风险的能力以及清晰的组织愿景、开放的心智、知识共享能够促进科技型小微企业商业模式的创新；人才与先进设备的引进以及技术的支持都对科技型小微企业商业模式创新具有促进作用；在互联网时代，长尾经济的产生，个性化的消费需求、正确的融资支持与政策支持、良性的竞争环境也是促进科技型小微企业商业模式创新的动力，这些结论都为科技型小微企业商业模式创新提供了许多管理启示。

商业模式是基于外部环境和谐性、自身资源丰富度、企业家机会把握能力与创新能力等方面建立的，没有任何一个商业模式是可以复制的，也没有哪个商业模式是永不过时的。在互联网带来的碎片化经济时代，只有不断创新，才能在激烈的竞争环境中得以生存。无论是张小龙的微信，还是 P2P 贷，都是这个时代的产物，而这些成功的商业模式都源于企业家利用互联网优势，对创新机会的把握，对消费者潜在需求的挖掘，对自身产品精准的定位等。

4.5　实 例 应 用

4.5.1　实例介绍

F 科技有限责任公司始建于 1998 年，注册资金为 1000 万元，总部位于西安市国家高新技术开发区。经过十多年的艰苦创业，F 科技有限责任公司从无到有，由小到大，在强手如林的电连接器高科技行业异军突起，迅速发展成为了行业骨干企业和技术带头企业。现在，该公司拥有先进的生产设备，完善的加工工艺和优良的产品质量，是集产品设计、研发、生产、销售为一体的高科技公司。该公司现有 150 余名员工，其中本科学历的员工达到 90% 以上，研发人员数占公司总人数的 40% 左右，并拥有专业的研发队伍和销售团队，连续几年综合运营指标居国内行业首位，是科技型小微企业的典型代表。

1998 年 5 月，作为该公司的创办人，L 先生带领只有 5 人的团队租了一间民房，以射频连接器为主要产品创立 F 科技有限责任公司。成立之初，由于国内电连接器市场竞争激烈，导致 F 公司产品销售额并不理想。经过市场调研，L 先生很有远见地认为随着互联网技术的迅猛发展，在未来的 10～20 年内，中国电连接器市场必将从传统产品销售模式向新型服务模式转变。

2000 年，思科来到西安高新区与当地企业进行交谈，考察相关产品的配套供应商。与思科进行的所有业务都是在网上进行。就当时而言，国际的同行已经达到了这样的水平：客户下达销售订单后，关于订单的采购、生产、仓库等信息全部用计算机系统进行管理，因此可以及时向客户反馈销售订单执行信息。L 先生意识到，在日益国际化的产业链中，优质客户对于供应商的信息化要求越来越高，与此同时，这也是企业实现质的跨越的关键。

2002 年，经过市场考察，L 先生将金蝶系统成功引入公司产业链，ERP（Enterprise Resource Planning）系统的良好运行让 F 公司获得了更大的市场，如今在 F 公司上下游的产业链中，ERP 已经成为其正常运转不可或缺的一环。除此之外，作为一个处于产业链中游的企业，F 公司面对原材料供应商和零件加工供应商，必须做到精细化管理，才能最低限度地降低库存。

2004 年，F 公司开始实施金蝶 K/3 财务系统，2005 年完成了财务物流系统的一体化运行，通过金蝶 K/3 ERP 系统提供的呆滞料分析、库存预警等工具，进行库存结构优化等管理工作，F 公司的存货减少了 800 多种，降低库存资金总额 500 多万。

2010 年，F 公司成为国内较大的同轴射频连接器、电缆组件及微波无源器件生产供应商。该公司所生产的射频连接器属于典型的小批量、多品种、离散型生产模式，其产品结构简单，生产周期短，工艺流程比较复杂。F 公司的产品品种有上万种，并完全按照客户的个性化订单进行定制生产。但其产品要送到远在广州的工业和信息化部电子第五研究所进行相关检测，每年光运输费就高达 100 万元。F 公司的难题反映出了科技型小微企业发展的共同难题，即企业虽然有丰富的科技资源，却缺乏有助于促进科技资源流动的共享机制。

针对这一现象，2013 年 4 月，西安建立了科技大市场，通过"技术交易、设备共享、政策服务、交流合作"等一站式服务，促进大批高校院所成果转化、设备共享，吸引大批科技人才创新创业，支撑服务产业发展。西安科技大市场在了解 F 公司需求后，调研得知西安 X 微电子有限责任公司刚刚获得了国家国防科技工业局电子元器件检测的相关资质，可以提供检测服务。在其协调下，双方达成了电子元器件的检测协议，不仅为 F 公司节省了运输费，更满足了企业随时检测、持续创新的需求。

2014 年，F 公司新推出了几个重点项目，但是由于资金一时周转不开，导致项目无法进行。就在一筹莫展之际，西安的科技支持新政策为 F 公司带来了曙光。不同于以往单纯的项目考察，新政策将注意力放在了企业的研发实力、成长前景上，并根据企业需要进行支持。此时，政府也一改单一的财政资金支持措施，综合采用无偿资助、后补助、奖励、科技金融等多种扶持方式，针对不同类型企业以及企业不同发展阶段的具体需求，在投融资、创业辅导、产品孵化、信用环境、成果转化、知识产权能力建设等方面提供有针对性的支持和服务。

2015 年，F 公司从国外引进了关键生产检测设备，获取了关键原材料进口渠道，突破了核心工艺技术，并且已有几种产品填补了国内市场空白。

2017 年以来，F 公司的业务模式得到了市场的广泛认可，并在长尾时代背景下逐渐完善。

2018 年，公司开展一系列"高绩效中层干部"专题培训等活动，以职业价值经营的策略为切入点，就企业的本质、中层干部的作用和价值、优秀中层的标准与修炼、绩效的经营做深入浅出的阐述，旨在强调打造高绩效中层干部团队对一个企业创新的重要性。与此同时，F 公司深受互联网思维的影响，针对长尾尾部的利基市场，对产品进行定制化生产以满足消费者个性化的需求。

在自身不断创新与政策的支持下，如今的 F 公司呈现出了良好的态势，并进入了新商业模式的高速成长阶段。那么 F 公司是如何一步步进行商业模式创新的呢？它发展到今天有什么成功的秘诀吗？这值得我们深思……

（案例来源：郭锦利，《基于长尾理论的科技型小微企业商业模式创新研究》）

4.5.2 实例分析

1. 五大影响因素的视角

从五大影响因素的视角看，可以把 F 科技责任有限公司商业模式创新的过程用图 4.4 描述，并做具体分析。

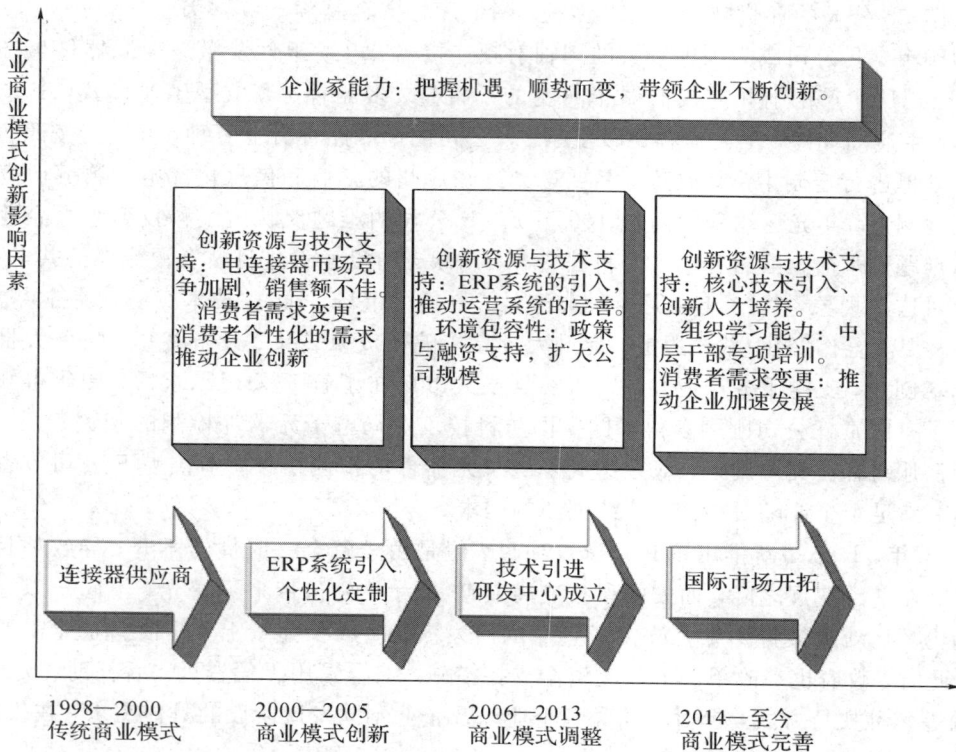

企业商业模式创新影响因素

企业家能力：把握机遇，顺势而变，带领企业不断创新。

创新资源与技术支持：电连接器市场竞争加剧，销售额不佳。消费者需求变更：消费者个性化的需求推动企业创新

创新资源与技术支持：ERP系统的引入，推动运营系统的完善。环境包容性：政策与融资支持，扩大公司规模

创新资源与技术支持：核心技术引入、创新人才培养。组织学习能力：中层干部专项培训。消费者需求变更：推动企业加速发展

连接器供应商

ERP系统引入个性化定制

技术引进研发中心成立

国际市场开拓

1998—2000
传统商业模式

2000—2005
商业模式创新

2006—2013
商业模式调整

2014—至今
商业模式完善

图 4.4　F 公司商业模式创新的过程

2000 年之前，国内电连接器市场竞争激烈，刚成立不久的 F 公司的商业模式还属于传统的产品销售模式。

2000—2005 年，行业市场竞争加剧，加之网络技术和 IT 技术的发展，日益国际化的产业链、计算机管理系统的一体化以及顾客需求的个性化呈现是网络时代发展的必然结果，这一结果刺激了 F 公司更进一步创新的意识，因此 F 公司开始从传统产品销售模式向新型服务模式的转变。在商业模式创新的影响因素中，创新资源与技术支持、消费者需求变更成为导致其商业模式转型的直接诱因。

2006—2013 年，随着企业商业模式转型的成功，F 公司逐渐加大科研经费的投入，通过技术创新推动商业模式调整。与此同时，公司逐渐意识到创新人才在企业发展中的重要性，于是通过加大业务培训力度、为员工提供更好的福利等措施，促使员工更好发挥自己的创新作用。另外，随着长尾理论的兴起，社会开始将目光聚焦于处于尾部的小微企业。在 F 公司商业模式调整的过程中，西安推行的新政策和金融机构给予小微企业的融资支持成为 F 公司实现持续创新的有力保障。西安高新区通过建设信用与金融服务平台正式、对区内企业进行信用评级打通信用与资金链条等各项金融扶持，不论企业规模如何，都能在高新区找到相应的金融服务。创新资源与技术支持、环境包容性因素成为推动 F 公司实现商业模式调整的重要因素。

2014 年—至今，随着企业的加速发展，F 公司不断加大研发力度、核心技术引入和创新人才培养，同时，在政府和金融机构的大力支持下，其商业模式不断得到完善。在企业的成长过程中，受长尾思想的指导，F 公司开始重点关注长尾曲线尾部市场，以期通过不断开

发符合客户个性化需求的产品，扩大自己的市场份额。与此同时，组织不断的学习为企业创新注入了新鲜的血液。因此，在商业模式创新影响因素中，创新资源与技术支持、消费者需求变更和组织学习能力成为其商业模式完善的关键诱因。

需要指出的是，企业家能力因素一直贯穿于 F 公司商业模式创新的始终。企业家只有具备了敏锐的市场洞察力、果断的决策力与执行力以及较强的风险承担能力，一个企业才能发展得更快，走得更远。

2. 从商业模式创新的四个维度看

价值主张模式：其核心在于将企业自身的发展和客户的利益捆绑在一起，针对不同的经济时代、不同的客户需求，推行不同的产品策略。在碎片化的经济时代，F 公司通过为尾部的利基市场提供个性化的产品，以满足消费者个性化需求，并为客户带来高效、便捷、个性化的核心价值。

价值维护模式：以顾客为关注焦点，设计、生产、服务等均以客户为中心进行流程设计、人员配置。对于主要客户，F 公司均建立了项目组进行全流程控制，保证客户的要求得到满足。F 公司会为用户提供全方位的服务，各地派驻业务人员上门服务；专职内勤负责客户联络；先进的设备、充足的产能、灵活多样的交付形式，可以满足客户的各类订货需求；定期到客户处举办技术讲座；客户投诉 24 小时回复。F 公司的产品更是有质量保证，产品质量水平与国际接轨，客户在线产品故障率控制到最低。

价值网络模式：F 公司通过增强业务整合能力，与产业链上下游的原材料供应商、零件加工供应商以及客户结为利益相关体，形成多方共赢的业务系统，同时，注重与社会和外部环境协调发展。

价值实现模式：在长尾理论指导下，企业逐渐将消费者需求变更作为企业发展的核心。按需生产，为消费者提供定制化服务，从而满足消费者个性化需求。同时，注重创新人才的培养，先进设备的引入以及技术的更新，是 F 公司获得成功的关键。

4.5.3 管理启示

在长尾时代，本研究对科技型小微企业实现商业模式创新具有以下管理启示：

1. 加强市场定位准确性

在长尾理论的指导下，科技型小微企业应将目光聚焦位于尾部的 80% 市场，在那片蕴涵着巨大商机的未知市场另辟蹊径，而不是满足于现有的市场规则和市场边界。科技型小微企业需通过发挥自身的灵活性和创新精神，主动探索长尾的潜在价值。首先，科技型小微企业应该在市场细分和定位上寻求突破，包括对现有市场及竞争状况的把握，在现有市场边界之外探索未知领域，结合自身的条件确定市场细分的切入点。选择了正确的市场，还要有合适的产品和方案，这就需要企业在产品和服务上的创新，对目标市场客户的需求有深入的理解，才能真正开发出满足客户需求、与客户需求相匹配的产品和方案，通过给客户带来方便、高效、节约等方式实现价值让渡，提高客户对产品及其品牌的认可程度。

2. 重视人才培养与技术更新

科技型小微企业应重点做好人才建设工作，通过建立人才引进机制、使用机制和激励机制，给科技型小微企业的商业模式创新注入新鲜的血液。另外，为降低人才流动率，科技型小微企业应多注重人文环境的培育，增加员工的归属感，降低离职率。随着科技型小微企业的发展，对高层管理者个人能力的要求也越来越高。所以，企业可以对高层管理者进行专门培训，帮助其提高管理能力和创新意识，了解前沿科技动态，并通过决策者对产品市场方向的把握来实现科技型小微企业的稳定发展。

3. 创建良好的融资环境

在互联网高速发展的今天，长尾理论的出现，对传统的金融模式造成了很大的冲击。与传统银行金融服务关注 20％客户的需求不同，在资金需求的大市场中，互联网金融应该争取的是 80％的"长尾"小微客户。虽然处于尾部的小微客户单个不能像头部的大客户能为银行带来较高收益，但是数量庞大的小微客户群创造的利润甚至可以与头部的大型客户相匹敌。此外，这些小微客户的金融需求既小额又个性化，所以互联网金融机构应该凭借自己的优势，高效率地解决小微资金需求者的个性化需求。同时，国内的金融体系还不是特别完善，我国政府可以借鉴国外的先进做法，把科技型小微企业的融资问题作为重点工作。一方面，国家通过建立专门机构、开通绿色通道，鼓励更多的金融机构为科技型小微企业提供资金支持，以促进科技型小微企业的创新，从而带动我国经济的快速发展；另一方面，企业通过完善财务体系、提高员工整体素质、培育企业家能力以获得金融机构的信任，从而得到资金支持。

4. 加大政策支持力度

容易被忽视的长尾尾部中小企业，特别是科技型小微企业是推动产业技术进步的重要力量，是关系到中国能否赢得未来竞争优势的关键所在。科技型小微企业要想在激烈的市场竞争中生存与发展，就离不开良好的政策支持环境，政府推出的政策制度更是决定了科技型小微企业资源获取的可行性和合法性。所以，政府应根据科技型小微企业的各种利益诉求，采取相应措施，降低科技型小微企业从外部环境中获取资源的难度。具体来说，国家应该将科技型小微企业发展置于重要的战略地位，加大政策支持力度，设立专门的服务机构，从规划布局到创新环境，从公共服务到税收等相关政策，都对尾部科技型小微企业的商业模式创新给予全方位的鼓励和支持，使我国科技型小微企业得到健康持续发展。

第五章　基于扎根理论的商业模式的结构模型

近几年，随着移动互联网的迅猛发展和共享经济理念的提出，催生出诸多新兴业态的发展。2012年以来，以移动互联网技术为支撑的出行信息服务席卷全球，成为移动互联服务中的翘楚。在中国，滴滴出行、Uber等移动出行平台成为行业最早的尝鲜者。移动出行平台的发展，不仅代表着出行方式的改变，更意味着互联网跨界融合时代新型商业模式的出现。

目前对移动出行平台商业模式的研究尚未形成成熟理论，本章节是对新型平台商业模式结构的初步探索，因而将扎根理论作为探索性研究的主要方法。本章节在搜集了大量文献资料、学习商业模式以及扎根理论相关知识的基础上，选取滴滴出行和Uber作为典型案例进行扎根分析，构建移动出行平台商业模式结构模型。本章节的基本研究思路表述如下：

（1）结合第三章相关理论基础，本章节以商业模式结构模型研究为切入点，对国内移动出行平台进行深入调研，选取滴滴出行和Uber为典型案例，进行初步的资料搜集，同时借助文献回顾明确具体研究问题和研究方法。

（2）选取扎根理论Strauss三阶段编码方法作为主要研究方法，通过开放编码、主轴编码和选择性编码三步得出概念、范畴和核心范畴，并明确范畴之间的相互关系，构建移动出行平台商业模式结构模型。运用扎根分析中的理论抽样和持续比较方法增强研究结论的可信度和科学性。

（3）在研究设计和资料采集阶段，对于研究案例进行一手资料和二手资料的搜集。一手资料为主，二手资料为辅。

（4）阐述移动出行平台商业模式结构模型的应用。以易到用车为例，对其商业模式进行描述、评价以及提出创新建议。

研究思路还可用图表形式表述，如图5.1所示。

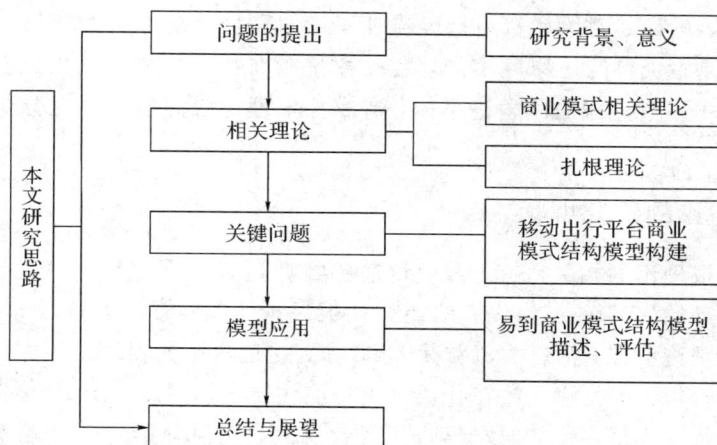

图 5.1　研究思路

5.1 扎 根 理 论

5.1.1 扎根理论的起源

扎根理论研究方法最早是由 Barney Glaser 和 Anselm Strauss 联合发展起来的一种质性研究方法。扎根理论是综合运用系统化程序和推理、比较、假设检验与理论构建等一系列方法，针对具体研究对象归纳式地进行理论构建的定性研究方法。与实证主义和宏理论不同的是，扎根理论强调从原始资料中归纳提取理论，将资料进行自下而上的概括提炼，而不是对预先设定假设的检验。研究者首先搜集大量资料，在不断的理论比较中提取出概念(concept)，进而总结出范畴(category)以及概念和范畴的关系，最终形成理论。扎根理论研究者认为，理论建构所需的原始资料必须来源于实践经验，这样的理论才是有生命力且可追溯的。扎根理论将哥伦比亚大学的实证主义和芝加哥大学的实用主义及田野研究联系在一起，也有学者将扎根理论视作实证主义与实用主义的结合发展成果，将扎根理论的兴起作为后实证主义的起始节点。扎根理论方法的认识论假设逻辑和系统方法反映了 Barney Glaser 之前受到的严格的量化研究训练，扎根分析以类似于量化研究的方式对数据资料编码，使得研究的策略得以详细说明，从而使研究过程不再神秘。Anselm Strauss 将实用主义哲学传统带入到扎根理论中，实用主义为扎根理论带来了一种新的研究视角。

随着扎根理论自身的发展，形成了三大主要流派，分别是经典扎根理论流派(Original Version)、程序化扎根理论流派(Proceduralised Version)和建构型扎根理论流派(Constructivisted Version)。经典扎根理论由 Glaser 提出并发展而来，Strauss 和 Charmaz 在经典扎根理论的基础上分别提出程序化扎根理论和建构型扎根理论。Glaser 重视扎根过程中对于原始资料的还原，要求研究过程去程式化，因而经典扎根理论编码过程为实质性编码和理论性编码两个步骤，最大限度地还原原始资料本身反映的涵义。之后发展起来的两个流派，程序化扎根理论在实质性编码和理论性编码的基础上增加了依据典范模式(Paradigm Model)核心编码的步骤，建构型扎根理论在经典扎根理论编码基础上加入了结构化分析部分。虽然都是对原始资料揉碎再加工的过程，但是不同的分析步骤得出的理论结果不一，对于原始资料的还原度不同，是三种流派在扎根分析中最大的分歧所在。扎根理论的发展过程中不同流派之间争论不休，造成扎根理论成为质性研究分析方法中受到误解最多的方法之一。

5.1.2 扎根理论的研究现状

国外对于扎根理论的相关研究较早，目前已经产生扎根理论研究三大流派，第一大流派即以扎根理论创始人 Glaser 为代表的经典扎根理论流派；第二大流派即以 Strauss 为代表的程序化扎根理论流派；第三大流派是 Charmaz 的建构型扎根理论流派。本研究不对扎根理论流派做评价，而将关注点放在扎根理论的应用层面。Glaser 于 1967 年提出扎根理论用以回应当时流行的实证主义，向"宏理论"发起挑战。扎根理论是对极端实证主义和完全相对主义的折中，Glaser 认为扎根理论是对研究对象进行仔细观察后的解释，为尽量保证

"解释性真实"的客观性，Glaser引入理论抽样和持续比较的方法，保证研究结果的信度和效度。Sutton（1987）对组织平稳破产这一课题进行了质性研究，以1982年夏到1983年春这一经济衰退时期美国密歇根州的8个组织作为分析样本，对企业从濒临破产到最终实现破产的过程进行了建模。Gersick（1988）采用扎根理论研究方法研究阶段式平衡团队周期问题，对6个组织共8个团队进行深入观察，研究者深入团队内部记录了1980—1983年团队数据资料，考察团队发展的生命周期问题，建构阶段式团队平衡周期理论。Browning、Beyer和Shetler（1995）以扎根理论横向构建方法，研究国际半导体制造业联盟和合作模式，结果发现半导体行业从竞争到合作呈现出自组织的特点，并且符合复杂性理论的核心观点。Uzzi（1997）通过实地调研访问纽约23家女装公司经理，运用扎根理论的分析方法明确了构成组织嵌入关系的三大要素，分别是信任、解决共同问题的安排和信息传递。

扎根理论作为一种重要的归纳式研究方法，已经被广泛应用于社会科学各个领域的研究中。从方法论上讲，扎根理论适用于对微观的、具备过程性和互动性的研究对象的探索。从理论本身意义讲，扎根理论特别适用于缺乏理论解释的或现有理论解释不足的领域。其中又划分出两种扎根理论的适用情境，分别为横向理论建构的扎根分析和纵向理论建构的扎根分析。纵向理论建构的扎根适用于按照时间顺序研究概念之间的因果关系，横向理论构建的扎根适用于明晰研究概念之间的内涵和外延。

韩炜（2010）结合外生型产业集群的特点，沿着扎根理论分析步骤，探讨外生型产业集群的异变机理，得出集群异变的多维途径。许爱林等（2011）通过75个案例的扎根分析得出构建商业模式结构模型的一般方法，拓宽了商业模式模型应用的普适度。赵佳英（2013）运用扎根理论研究方法对社交化电子商务商业模式进行跨案例分析，并初步得出相应商业模式模型。马凤玲、陈颉（2014）基于扎根理论对孵化器商业模式的演进机制进行研究，发现孵化器的四类创新性活动推动商业模式由单一型向复合型转化，并最终实现社会和经济效益的平衡。姚明明、吴晓波等（2014）从技术追赶视角对中国6家后发企业进行探索性案例研究，通过扎根理论的典型步骤分析得出商业模式设计与技术创新战略匹配对于后发企业技术追赶的作用机制。

综上所述，扎根理论对于管理学领域的商业模式研究问题是适用的。从目前管理学领域对该理论的运用看，主要是进行横向理论构建的扎根或者纵向理论构建的扎根。纵向理论建构的扎根适用于按照时间顺序研究概念之间的因果关系，横向理论构建的扎根适用于明晰研究概念之间的内涵和外延。本研究的移动出行平台商业模式，是基于"互联网＋交通"背景下的新型商业模式，其结构模型必将呈现出不同于传统O2O商业模式的特征，因而最为适合的研究方法就是运用扎根理论，自下而上进行理论归纳，得出反映新兴行业特征的商业模式结构模型，以期对"互联网＋"背景下的新型商业模式研究有所助益。

5.1.3　扎根理论的研究过程

扎根理论研究方法是一种自下而上构建理论的办法，与量化实证研究不同的是，扎根分析在调查研究前不提出理论假设，直接从原始资料中提炼概念进行编码形成范畴，进而形成核心范畴直到范畴间自然地产生关联形成理论。从研究流程中看，扎根分析没有复杂的量化分析过程，看似是自然而然呈现理论的过程，但是整个理论形成中需要对庞大的资料进行反复剖析、归类和比较，既要熟悉现有理论研究成果又要善于捕捉构建理论的线索，保持对理论的敏感。整个扎根分析流程是一个严谨、精确的理论分析过程贯穿研究始末，需要根据研究对象的动态变动不断调整研究计划，直至形成一个相对稳定的理论模型。

扎根理论研究过程中的精髓是持续比较和理论抽样。持续比较要求的是资料搜集和资料分析的持续互动，资料搜集和分析二者同时进行。研究者搜集到资料后随即开展分析，同时进行新资料的搜集，然后寻找新资料和现有概念的异同，相同部分即是对现有概念的补充，不同部分即是对现有概念的丰富扩展。如此贯穿整个分析编译过程，直到新资料不再带来概念的扩展和补充，就是所谓的"理论饱和"。持续比较也是扎根分析和量化实证分析之间的明显区别，前者将资料的搜集和分析融为一体，后者则将二者割裂开来。理论抽样要求研究者具备扎实的理论基础，同时对新理论线索高度敏感，在研究过程中将正在形成的概念或者范畴作为下一步抽样的标准。分析资料的来源、采集资料的标准和研究者自身的理论素质等因素都将决定理论走向。整个扎根分析的过程中持续比较和理论抽样也是相辅相成的关系，研究者不断收集资料扩充丰富概念和范畴，同时从现有概念和范畴中选取下一步抽样的依据，通过不断的循环比较产生理论。扎根分析过程相比其他质性研究方法，对于分析过程的要求更加严格，要求高度忠于原始资料，精确挖掘出资料蕴含的概念和范畴，明确范畴的性质、维度以及相互关系，进而得出研究结论。扎根分析具体的研究流程如图 5.2 所示。

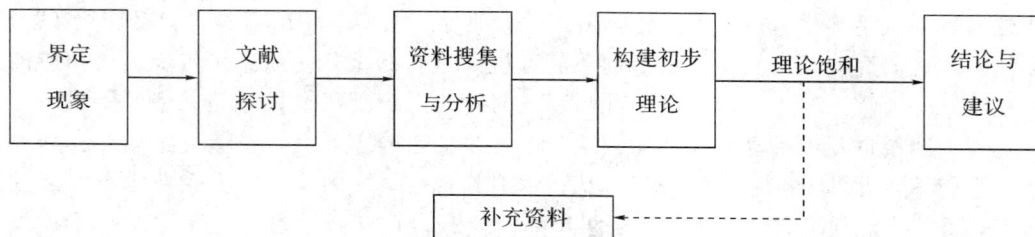

图 5.2　扎根理论的一般研究过程

5.2　研 究 设 计

5.2.1　研究方法的选择

根据近几年的研究规律，以质性研究中的典型分析方法——扎根理论为方法的研究是质性研究主流研究方式之一，不同于实证研究自上而下的惯式，扎根分析从研究对象本身特征属性出发，从而对研究对象本身生成一种全面的解释性理解，因而此种研究方式更适用于对特定行业的商业模式研究，进而满足商业模式研究的多样性。

鉴于目前对移动出行平台商业模式的研究尚未形成成熟理论，本研究是对新型平台商业模式结构的初步探索，因而设计采用扎根理论方法作为探索性研究的方法。考虑到关注点是移动出行平台企业商业模式的共性，因而最为适切的方法是选取典型范例做样本进行案例研究。通过实地调研访谈和网络搜索等渠道搜集质性资料，整合资料库，应用扎根理论的 Strauss 三阶段编码方法，形成国内移动出行平台企业的商业模式结构模型。

运用案例研究的方法尤其是多案例分析，可以帮助我们借助典型案例从一个动态的角度监测和观察该类企业以及整个行业的发展进程。从典型案例的发展轨迹中预测发展趋势，找出一般性的规律，以期指导事物的发展。因此本研究运用多案例研究的目的就是在原始资料中探寻规律，对尚未形成理论的进行系统完善，对无法进行量化分析的资料进行分析，以此逐渐形成理论概念和模型指导实践。

扎根理论是依据大量资料，运用系统化的程序，结合逻辑推理、比较、分析、总结、螺旋式上升等方法不断提取概念和范畴，归纳式建立理论的一种定性研究方法。扎根理论的主要思想体现在开放编码（Open Coding）、主轴编码（Axis Coding）和选择性编码（Selective Coding）这三重译码的过程中。通过三级编码找出不同类属和概念之间的联系，通过故事线将其串联起来，从而建构理论。本研究就是运用 Strauss 三阶段扎根理论方法进行详细编码，归纳移动出行平台商业模式相关概念和类属，最终建立移动出行平台的商业模式结构模型。本研究运用的扎根理论研究方法中，涉及的取样方法是质性研究中的理论抽样，不同于定量分析中的统计抽样和随机抽样，理论抽样是根据研究目的和研究设计中的理论要求，选取能够为研究提供最大信息量的作为研究对象。研究者是带有目的性地选取更具代表性的作为下一个研究对象，以期发现新观点或者得以完善已有观点。

5.2.2　研究程序

研究程序即 Strauss 三阶段扎根理论。随着扎根理论的发展，Glaser 和 Strauss 各自按照不同的方向对扎根理论进行研究，两个人的方法出现分歧，特别是在资料分析方法上存在着很大的差异，Glaser 依然是古典的扎根理论，他提出对资料进行大量编码，然后通过不断比较的方法，得出初步理论。而 Strauss 则将资料分析即编码阶段分为三个：开放性编码、主轴性编码和选择性编码。通过这三个编码步骤，找出不同类属间的脉络关系，最后通过讲故事的手法将所有概念类属联系在一起，从而形成理论。

1. 开放编码

开放编码是三阶段编码的第一步，即根据搜集到的资料进行标签化、概念化和范畴化三步。开放性编码首先要对现象进行贴标签，使之概念化，界定概念的含义进而发现范畴、明确范畴的性质以及性质的维度。研究者需要经过质性研究训练，避免先入之见和固有概念的影响，在开放性编码阶段尽量注意使用原生代码逐句编译，使概念更加贴近资料反映的客观实际。将有联系的标签进行归纳提炼即概念化，当有一定数量的概念后，再根据概念关系进一步范畴化。依据理论抽样和持续比较思想，在编码过程中不断修正和补充概念及范畴。

Charmaz 指出，在开放性编码阶段，编码数据的单位与数据量大小有关。有些研究采用逐字编码的方式，这种方法比较适合比较小的数据量的研究。大多数研究在进行开放编码时偏好于逐行编码，对数据的每行进行命名，寻找每行的意义。这种方法非常有用，当你逐行思考命名时，不会漏掉信息，而且会有很多新的想法。它适合于具有详细资料的研究，比如访谈、观察、文本等。手工开放编码的操作过程如图 5.3 所示。

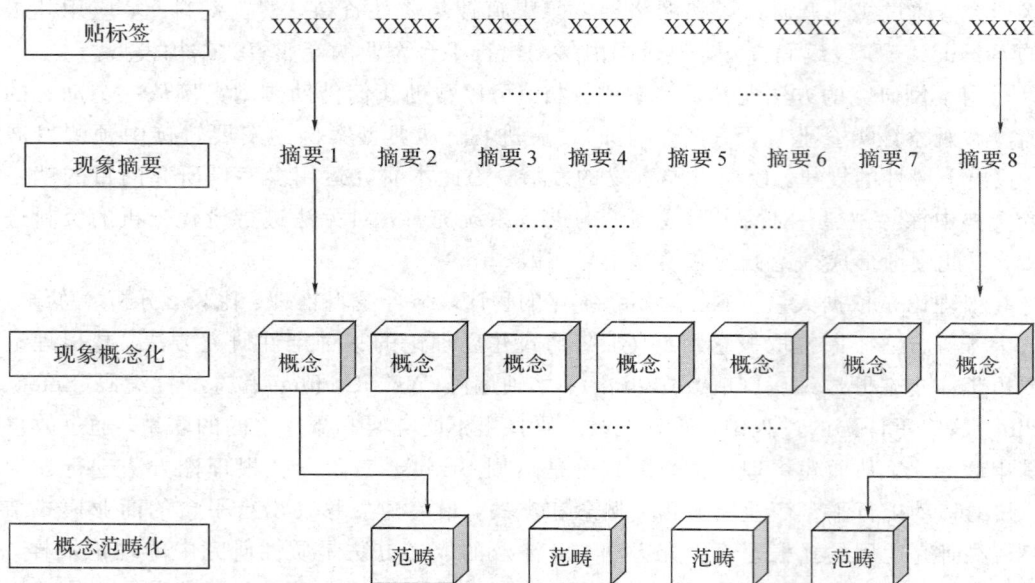

图 5.3　手工开发式编码示意图

2. 主轴编码

主轴编码在概念范畴提炼的基础上确定范畴的逻辑关系和主副次序。通过应用典范模式(paradigm model)将开放编码中提炼出的概念或范畴联系在一起。围绕主范畴不断发现主副范畴之间的关系、主副范畴与概念之间的关系,每次只对一个范畴深度分析,具体化各范畴的联系与边界,直到编码与范畴之间,范畴与范畴之间的关系符合事实逻辑且不冲突为止。主轴编码阶段并不是要形成一个全面的理论模型,而是继续深入分析发展范畴,根据典范模型确认主副范畴,可以说是对开放性编码的一次完整梳理,将所有概念和范畴依据典范模型关联地组合到一起。典型模范框架如表 5.1 所示。

表 5.1　典范模型框架

要素	描　　述
现象	将各要素链接起来,通常是研究主题
动因条件	导致现象的驱动因素,通常由一系列条件构成
情景	现象发生依赖的情境或背景,类似量化研究中的调节变量,情景与动因条件很难区分开来
中介条件	类似量化研究中的中介变量
行动策略	针对现象和中介条件采取的目标导向的行动策略
结果	行动策略产生的结果

(资料来源:丁萍整理)

3. 选择性编码

选择性编码阶段就是在主轴编码的基础上,根据自涌现、强解释性、频繁、核心性的特征确定核心范畴。选择性编码就是对处于中心地位的范畴进行编码，中心地位的范畴必须可以和其他范畴产生紧密的联系。选择性编码具体操作步骤如下：首先在所有范畴中深入对比发现具有核心特征的范畴；其次通过一定逻辑框架将核心范畴与其他范畴建立连接；最后以故事线的形式描述相关行为现象。

本研究依据 Eisenhardt（1989）的建议，综合运用理论借鉴和文献对比分析方法，充分利用原始数据资料的同时，吸收主流商业模式经典理论思想和商业模式结构模型成果。为增强理论完整性和饱和度，期间需要回访个案公司相关工作人员，根据理论抽样的要求补充信息，直至概念达到饱和。三阶段编码过程如图 5.4 所示。

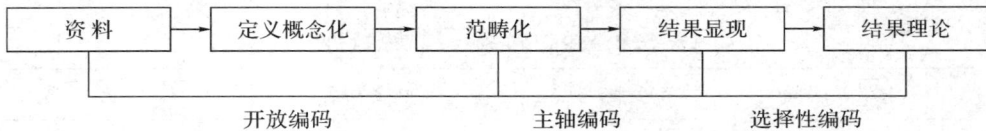

图 5.4　三阶段编码过程

5.2.3　案例选择

扎根理论分析的研究结果与案例的选择和搜集的资料质量高度相关。因此，必须充分重视案例企业的选择、案例来源的选择以及案例内容的选择。本研究主要研究国内移动出行平台商业模式结构模型，选择滴滴出行和 Uber 作为典型样本，基于以下几点考虑：

第一，二者皆为移动出行平台中较为突出且极具代表性的企业，利于一般规律的寻找。滴滴出行由原先占据移动出行市场 56.5% 的“快的打车”和占据市场 43.3% 的“滴滴打车”合并而成，现今市场占有率为 87%；Uber 于 2014 年正式进入中国市场，成为仅次于滴滴出行的移动出行品牌。

第二，二者皆为国内移动出行市场的尝鲜者，滴滴出行与 Uber 分别于 2012 年和 2014 年正式进入市场，进入市场时间早，商业模式经历几次创新，具有典型性和普遍性，业务覆盖范围广且成熟度较高。

第三，数据的易得性和准确性。研究小组通过相关渠道推荐得以接触滴滴出行和 Uber 中国西安分部内部工作人员，与公司内部人员进行多次访谈，取得大量访谈资料。经过滴滴出行和 Uber(中国)内部人员同意，研究小组也取得了较为详尽的公司内部资料。研究小组所在地——陕西西安，2012 年起已相继上线滴滴、Uber 等移动出行平台，方便小组成员在较长一段研究调查期内深入实地调研访谈两家公司内部工作人员、App 用户及相关合作伙伴。多重证据来源，将确保数据的完整性和准确性。

5.2.4　资料收集

本研究资料收集分一手资料和二手资料。为保证资料的有效性，研究小组成员事先经过调查访谈和数据搜集等培训。

1. 一手资料的收集

出于研究便利性考虑，选取西安为代表性城市进行一手资料的搜集，且西安自 2012 年陆续上线滴滴出行、Uber、嘀嗒等移动出行软件，滴滴出行与 Uber(中国)在西安均设有分公司和事业部，研究环境符合要求。研究小组实地调研访谈滴滴出行和 Uber 西安分部各层次工作人员、App 用户及相关合作伙伴，获得一手访谈资料。本次研究的访谈对象具备以下特点：

（1）平台公司内部接受访谈人员必须具备 3 年以上该行业相关工作经验，且真正参与到某一层级的工作中去，对于移动出行平台商业模式的相关内容具有较深层次的理解和感悟。

（2）相关用户主要锁定使用滴滴出行与 Uber 的乘客和司机，该类受访者愿意接受关于移动出行平台商业模式的访谈，并结合自身使用情况与访问者就此问题进行探讨。

访谈对象详细信息说明如表 5.2 所示。

表 5.2 受访对象详细信息说明

序号	受访时间	受访地点	受访者	访谈时长	文本字数
1	2016.8.5	滴滴西安城办	（西安）城市总经理	85min	18 600
2	2016.8.6	Uber 西安分部	市场部副经理	70min	15 760
3	2016.8.13	滴滴西安城办	运营部经理	120min	22 760
4	2016.8.15	滴滴西安城办	客服人员	115min	22 140
5	2016.8.30	滴滴西安城办	用户群体	120min	32 050
6	2016.8.31	Uber 西安分部	用户群体	120min	30 480

（资料来源：丁萍整理）

2. 二手资料的收集

经过滴滴出行和 Uber 内部人员同意，研究小组取得了较为详尽的公司内部资料，并收集相关文献 2035 篇（2017 年相关文献 145 篇，2016 年相关文献 864 篇，2015 年相关文献 679 篇，2014 年相关文献 223 篇，2013 年相关文献 124 篇），相关访谈实录 46 篇，管理层讲稿 12 篇，网络搜索信息若干。

为保证搜集资料的信度和效度，研究小组建立了一、二手数据原始资料库，将一、二手资料通过"三角验证"的方法相互印证并补充更新，最终形成移动出行平台资料库，便于编码。同时，案例资料的搜集和分析是同步进行的，随着资料分析的不断深入，产生的新概念越来越少，大多是对已产生概念性质和维度上的补充。秉承扎根分析理论抽样和持续比较的精髓，在资料分析中进行饱和度检验。对研究对象进行持续分析，直到发现没有新概念出现时，我们就认为出现了饱和，资料搜集至此结束。

5.2.5 编码策略

本研究引用 Glaser 和 Strauss 的三阶段编码分析技术，对搜集到的资料进行开放性编码（Open Coding）、主轴编码（Axis Coding）和选择性编码（Selective Coding）三级编码。研究过程中采取以下策略保证编码分析的信度和效度：

第一，为规避编码小组成员主观性和理论局限对编码的影响，本研究编码小组两位成员均为企业管理专业研究生且受过质性研究训练。两位成员采取双盲的方式对数据资料分别进行编码，初步编码完成后，两人一同比较编码异同，并逐条修正，保证编码客观性。

第二，建立备忘录和眉批。针对每一部分数据做备忘，建构分析笔记，用来说明和填充类属。眉批用来在编码过程中引出原生代码遗漏或模糊的重要话题，为代码系统提出修改意见。

第三，编码信度的检验。两名编码员分别对一、二手资料编码，然后依据信度检验公式进行检验：信度＝相互同意的数量／（相互同意的数量＋相互不同意的数量）。信度检验还包括编码员内部一致性检验，每个编码员先就一部分资料编码，隔段时间后再对同样的资料做编码，计算两次编码的内部一致性。内部一致性应当高于编码员之间的一致性。本研究要求编码员之间与之内的相互同意度应达到90％以上。在正式编码开始前，本次研究的两名成员进行了初始编码，并将初始编码情况进行统计如表5.3所示。

第四，编码效度的检验。扎根分析编码效度遵循以下检验标准：资料来源的可靠性和信誉度；扎根分析过程是否详细完善；扎根编码是否忠于原始资料；对理论自身的判断。本研究为使研究的效度有较好保证，编码分析的原始资料均有出处可寻，资料的筛查围绕研究主题和理论方法要求进行；扎根编码分析过程严格按照开放编码、主轴编码和选择性编码三阶段进行；在编码过程中不断返回对照，查看编码所得概念和范畴是否可以真实反映原始资料；对于理论自身的判断，需要秉承扎根理论的精髓——理论抽样和持续比较。

第五，理论抽样和持续比较分析。这两种方法贯穿本研究始终，要求数据搜集与分析同步，通过抽样形成类属属性，用新属性不断提炼修正理论，直到没有新属性出现，实现理论饱和。

表 5.3　初始编码情况统计

初始编码条目数	2 人最初 一致程度（％）	2 人协商后 一致程度（％）	协商后编码条目数
编码员 1：134 编码员 2：125	78.2	92.3	127

（资料来源：丁萍整理）

5.3　数据分析与模型讨论

5.3.1　开放编码

扎根理论的 strauss 三阶段编码第一步即开放式编码，分为标签化、概念化和范畴化三步。开放编码要求研究者持有一种开放中立的立场，先将原始资料进行拆分打散，再将这些碎片信息重新赋予含义，建立一个全新的组合。

1. 标签化

标签化即在开放式编码的分析过程中，将与研究主题相关的内容从原始资料中选择出来，贴上标签，为后续编码工作奠定基础，同时也方便追溯定位到原始资料的位置，保证研究可信度。本研究的研究主题是移动出行平台的商业模式结构模型，在开放编码前已经搜集到数量较多的原始资料，内容比较繁杂，不适合进行逐字逐词分析，因而决定采用逐句编码。在已收集到的资料中逐句推敲，选择与移动出行平台商业模式相关的句子，贴上标签。在贴标签的过程中，需要尽可能还原资料反映的案例事实，不可人为干预或主观臆断与研究相关的任何内容，坚持客观为准的原则。在本次研究的标签化过程中，将滴滴出行和 Uber 的原始资料分类整理，两个案例分别用"ai"和"bi"标识标签。

2. 概念化

概念化的操作规则类似于标签化，是将之前所得标签进行提炼整合的过程。概念的命名尽量来自于原生代码，也可以来自于现有理论术语或者研究小组讨论的结果。本次研究选取了移动出行平台的两个典型案例，首先将与滴滴出行相关的资料进行概念化，建立滴滴出行概念化模板，之后 Uber 进行概念化并与滴滴出行概念模板不断比较对照，补充新概念，扩展已有概念维度，不断迭代，提炼出的概念用"ni"进行标识。

概念化不是一蹴而就的，开放编码中需要不断对之前的概念进行修正补充。随着案例分析的深入，新资料带来的新概念越来越少，大多是在原有概念基础上的性质和维度的扩展。此时，我们需要进行饱和度检验，资料分析不再产生新概念即概念出现饱和，概念化分析至此结束。

3. 范畴化

范畴化是对概念的更深层次的抽象，分析归类产生的概念，识别相似概念的性质和维度，将相似概念抽象为一个范畴。开放编码中的范畴化结果将在主轴编码中进一步验证。范畴化中的难点是判断概念是否可以合并，合并之后的概念是否可以帮助我们进一步明确范畴之间的关系。概念化中的有些概念已经是设计较多维度的大概念，其本身已经是一个范畴，无法再抽象化，这时就不必再提炼范畴。

经过标签化、概念化和范畴化三步，本研究采用逐句编码的方法，根据资料内容逐句标签，并尽可能采用原生代码，形成 227 个概念。将有联系的标签进行归纳提炼即概念化，有一定数量的概念后，再根据概念关系进一步范畴化。依据理论抽样和持续比较思想，在编码过程中不断修正和补充概念及范畴，直至形成 49 个范畴。本研究开放编码标签化、概念化和范畴化过程举例如表 5.4、表 5.5 所示。

表 5.4　编码标签化、概念化和范畴化过程举例

标签	资　料　记　录	概念化
A001	起初用户多集中在年轻群体，愿意接受新事物，愿意享受新型出行方式	用户类型（n1）
A002	优惠条件是用户选择移动出行软件的首要考虑因素	优惠条件（n2）
A003	社交与地图是关联最紧密的两个领域，美食也是各大软件的方向	关联领域（n3）
⋮	⋮	⋮
A008	共享理念的出行，是基于需求方与供给方的信任，双方愿意以一种信任的态度去接受这种出行方式	社会信任（n8）

标签	资 料 记 录	概念化
A009	用户感受最深的就是这种具有时效的、精准的、人性化的服务	服务优势 (n9)
A010	在今天,移动出行已经影响了大部分人的生活,即使没有补贴,仍有大部分用户会继续使用	消费习惯 (n10)
A011	滴滴与快的合并后,双方CEO(滴滴打车CEO程维与快的打车CEO吕传伟)将联合担任滴滴CEO,合并后的公司——滴滴出行由柳青担任总裁,两家公司在人员架构上保持不变	组织架构 (n11)
A012	网约车管理办法尚未出台,对于无营运资格的私家车进入专车市场的合法性,业内都在观望政策动态	监管危机 (n12)
A013	滴滴的公司愿景是成为一家智能的、多样性的移动出行平台,涵盖各类出行场景并向移动生活的各方面覆盖	公司愿景 (n13)
A014	滴滴目前正全面接入网银、微信、支付宝等主要支付渠道	支付方式 (n14)
A015	滴滴顺利完或C轮融资,融资后滴滴估值将达到大约150亿美元	资金支持 (n15)
A016	滴滴在中国的专车达到50%的市场份额,在出租车领域,滴滴占中国出租车召车市场69%的份额	市场份额 (n16)
A017	2.0版本全新页面设计,更人性化,操作更加便捷;启用滴滴一键呼叫功能,打开软件即可叫车;更加先进的LBS和GPS定位技术,可以将目标用户定位在具体的某个街道、路口和楼宇之间	技术更新 (n17)
⋮	⋮	⋮
A022	交通运管部门不允许滴滴巴士占用公交车专用道,不允许现金购票,只能网上订票,这是滴滴巴士在城市普及必须要面临的壁垒之一	壁垒(n18)
A023	为了在短时间内吸引较大用户流量,滴滴采取了双向优惠补贴政策来拓展业务,既向B端补贴,也向C端补贴	优惠政策 (n19)
A024	初期有了大量订单业务和流量,但是基本不盈利,前期全靠VC维持运作	前期风险 (n20)
A025	反之可以看出,BAT巨头瞄准出行市场进行市场教育,使得滴滴和Uber被选择成为了一种必然	市场背景 (n21)
A026	滴滴面临的是"内忧外患",内部有神州、易到等品牌竞争;外部有Uber等国际品牌的竞争威胁	竞争威胁 (n22)

标签	资　料　记　录	概念化
A027	目前市场上的竞争对手除了 Uber，其余的效率只有滴滴的 1/3，因此他们要花更多的钱在补贴上，才能吸引到用户流量	竞争优势（n23）
⋮	⋮	⋮
A034	采访到的 65.9％的司机和 62.6％的用户认为以滴滴为移动出行领域代表的共享经济是未来的发展趋势	发展趋势（n24）
A035	平台上成交的订单每单按照固定 15％～20％抽成为平台管理费用，另外 15％被车行抽取，剩下的部分是司机的酬劳	利润分成（n25）
A036	随着滴滴巴士在城市覆盖范围的加大，高峰期上座率提高、客流量增大，带来的一项可观的收益是车体外围广告，车外围贴一圈广告，每辆车的成本大概 1 万多元，除去这部分成本，每辆车单凭车体广告每年净赚 5 万元	广告收益（n26）
⋮	⋮	⋮
A051	滴滴善于采用线下引爆、线上发酵的组合营销策略，发起多项有新意的跨界合作，比如联手北汽推广新能源汽车和无人驾驶，令品牌效应更强势、影响力更广泛	组合营销策略（n27）
A052	滴滴起初制定订单分配规则时，采取的是"速度"优先，基本靠司机手快、靠抢；后期进行了算法改进，以一种复杂的算法给司机派单，这种成效不大；最后改为了距离乘客最近优先。滴滴会优先分配订单给距离乘客近的司机，这一改动是明显合理的。因为距离远近是随机的，司机尽快赶到乘客身边，乘客的满意度也较高	技术优化（n28）
A053	滴滴还在探索理财产品，此前曾推出滴米充值兑换计划和滴滴商城计划。滴米可以作为虚拟货币在商城购买商品	关联领域（n3）
A054	滴滴的团队有非常强的执行力，尤其是线下团队，在滴滴成立的第一年，一个冬天就联系了几万名司机，不断跟司机讲滴滴的模式让司机接受滴滴，这才让滴滴第一年可以在北京顺利推广	团队精神（n29）
⋮	⋮	⋮
B001	2014 年 12 月，百度与 Uber 在达成战略合作协议，Uber 将接入百度推广以及百度地图，以最快的速度抢夺中国移动出行市场	合作伙伴类型（n104）
B002	昆明成为 Uber 在中国推广的第 60 个城市，杭州成为 Uber 中国业务推广度最高的城市。截止 2016 年，Uber 已覆盖全球 70 个国家和地区的 400 余座城市	覆盖范围（n105）
⋮	⋮	⋮
B013	2012 年优步在 7 个城市推出 Uber ice cream 活动。用户可使用 Uber 招呼冰淇淋车提供冰淇淋的外送服务，并从用户的账户扣款	服务创新（n106）

标签	资　料　记　录	概念化
B014	Uber 更加在乎用户体验，比如 Uber 针对不同类型用户提供准点接人、鲜花代送等服务	用户体验（n107）
B015	Uber 进入中国后初始定价为起步价 8 元，按每公里 1.4 元人民币进行收费	服务定价（n105）
B016	2014 年 6 月，Uber 宣布获得 12 亿美元的投资，公司估值突破 182 亿美元。这是 2014 年科技公司中估值增速最快的企业	资金支持（n15）
⋮	⋮	⋮
B027	Uber 西安市场总监鞠戈说："Uber 和滴滴的世纪大战，催生的是对共享经济的关注。未来必须是共享经济的时代，Uber 会时刻保持对共享经济发展的敏锐关注。"	共享经济（n106）
B028	Uber 宣布与太平财产保险有限公司和太平资产管理有限公司达成战略合作，太平财险将为 Uber 中国量身打造 Uber 乘客意外险，保额 100 万	合作伙伴类型（n104）
⋮	⋮	⋮
B039	让人们更加方便。经济、安全的出行是 Uber 的使命	公司使命（n107）
B040	Uber 倡导绿色出行，共乘可以提高城市出行效率，减少汽车尾气的排放，减轻交通拥堵，是城市目前最环保的出行方式之一	社会效益（n108）
B041	Uber 进入中国初期不花广告费，我们给每一位体验用户发放专属优惠码，该用户分享给新用户进行体验，双方都可以再享受一次优惠乘车。这是我们用的比较好的推广策略	推广策略（n109）
⋮	⋮	⋮
B046	Uber 为了更好地适应不同用户需求，将服务进行了不同的定位。Uber taxi 适用于一般经济型用户，Uber SUV 适用于高端用户，Uber black 则主要服务于爱好旅行的用户且车身都为黑色	服务定位（n110）
B047	你也许想不到 Uber 赚钱的方式不止按里程收费，Uber 也会按需定价。比如，上下班高峰时段、午夜聚会散场时段以及节日期间的定价都会比平峰时段高些，这样既保证司机的收入，也能让公司获取额外收入分成	服务定价（n105）
B048	我们(Uber)已经不局限于汽车领域的交通共享服务，已经在飞机、船舶等领域进行扩展	关联领域（n3）
B049	在中国，目前无法接受现金支付，但是在其他国家 Uber 开始尝试现金支付，比如印度	支付方式（n14）
⋮	⋮	⋮

标签	资　料　记　录	概念化
B056	Uber 一直对乘客宣传的品牌口号是"Uber——你的私人飞机"，这样让乘客感觉十分舒服	品牌口号（n111）
B057	Uber 一直在坚持服务创新，比如推出 Uber 儿童接送服务和 Uber 老年人接送服务，这些都是很专业的	服务创新（n106）
B058	现在 Uber 已经不需要在推广上花费很多资金，Uber 已经是一个知名品牌了	品牌效应（n112）
⋮	⋮	⋮
B069	Uber 每进入一个城市就会组建一个团队，设置一名城市总经理，该团队主要负责司机和客户这两大用户群	组织架构（n11）
B070	首批用户的获取渠道主要是通过线上和线下获取的，两种渠道中，线上所占比重较大	营销渠道（n113）
B071	只要用户体验过 Uber，就会被 Uber 吸引，成为早期用户，然后开始通过口碑宣传 Uber	口碑营销（n114）
⋮	⋮	⋮

（资料来源：丁萍整理）

表 5.5　开放编码之范畴化举例

	范畴化	范畴的性质	性质的维度
A1	用户(n1, n10, n120, …)	移动出行软件终端用户具体情况	用户类型、用户数量、用户体验、用户习惯培养……
A2	宏观环境（n12, n17, n18, n22, …）	移动出行平台企业发展的宏观背景	政策环境、经济环境、社会文化环境、技术环境……
A3	企业战略(n4, n7, n33, n41, n77, n117, n123, n202, …)	企业为实现长期发展制定的规划	发展愿景、竞争战略定位、多元化……
A4	企业能力(n2, n30, n34, n51, n86, n87, …)	企业在行业内的优势	营销能力、管理能力、资源整合能力、创新能力……
A5	企业资源(n15, n74, …n83)	企业控制或拥有的内部及外部要素	内部资源、外部资源
A6	发展意图(n16, n37, …)	企业发展选择途径	市场份额、市场扩张、可持续性
A7	社会效益(n8, n108, …)	移动出行平台企业发展带来的积极社会影响	社会信任、共享经济、企业形象、品牌形象、社会影响力

	范畴化	范畴的性质	性质的维度
A8	组织架构(n11, n35, n36, …)	企业内部组织结构	管理团队构成、组织结构层次、决策制定方式
A9	合作伙伴(n104, …, n118)	企业合作伙伴具体情况	合作对象、合作收益、合作方式……
A10	产品/服务 (n9, n105, n106, n110, …)	所提供产品和服务的具体情况	产品/服务方式、服务定位、服务定价、服务创新、服务优势
A11	价值主张 (n202, n203, n214)	企业价值以及对于用户的意义	价值体系、价值创造、价值流程……
A12	领导者(n45, n47, n61, …)	领导者(管理者)情况	领导者能力、领导者经验、领导者精神……
A13	营销 (n27, n109, n113, n114, …)	发掘用户需求推广产品/服务	营销理念、营销政策、营销分布区域……
A14	品牌(n74, n75, …, n111, n112, …)	无形资产，为企业带来溢价和增值	品牌门槛、品牌经营方式、品牌效应、品牌地位、品牌成长速度……
			(共计49个范畴)

(资料来源：丁萍整理)

5.3.2 主轴编码

主轴编码通过应用因果条件—现象—情景—中介条件—行动—结果的典范模式将开放编码中的概念或范畴联系在一起。

因果条件主要指导致现象发生的原因或者条件。现象主要指对处于核心地位的概念、事件或者观点，存在一组互动或者行动来实现或者印证核心地位中的概念、事件或者观点。情景主要是指围绕核心概念、事件或观点发生的一系列相关的条件。中介条件的本质是一种结构性条件，存在于某个特定情景中，是对于核心概念、事件或观点采用的有利于其发展实现或者抑制其发展实现的一系列策略。行动主要是指对于核心概念、事件或观点与其特定条件之下所能采用的处理、管理和执行的策略。结果即行动产生的结果。

本研究以商业模式创新为主范畴，该主范畴的确定是前期编码阶段概念和范畴自发"涌现"的结果。商业模式创新是开放编码阶段涌现频率最高的关键范畴，且商业模式创新是可以与其余概念和范畴都产生联系的关键范畴，符合移动出行平台商业模式结构模型的研究主题，基于此将其作为本研究的主范畴。主轴编码阶段围绕商业模式创新不断发现概念与范畴之间、范畴与范畴之间的关系，具体化各范畴的联系与边界，直到概念与范畴之间、范畴与范畴之间的关系符合事实逻辑且不冲突为止。按照商业模式创新动因、商业模式创新现象、商业模式创新情景、商业模式创新中介条件、商业模式创新行动策略和商业模式创新结果将各个概念和范畴依据性质分布到典范模式的各个层次中，基于典范模式的主轴编码举例如表 5.6 所示。

表 5.6　基于典范模型的主轴编码举例

因果条件	领导者(领导者能力、领导者经验、领导者精神)；时机；企业战略
现象	价　值　主　张
情景	宏观环境(政策环境、法律环境、经济环境、技术环境、社会文化环境)；市场结构；市场特征；合作伙伴(数量、类别、素质、需求、规模)；竞争对手；企业能力；企业资源(内部资源、外部资源)；约束；品牌门槛；企业发展(发展意图)；风险(风险类型)
中介	产品/服务(定位、品质、组合深度、组合宽度、性价比)；品牌(定位、涵义)；组织架构(人员构成、层次)；人才(选拔标准、素质)；营销(理念、政策、分布区域)；用户(类型、素质、使用习惯、消费习惯、需求、收入水平、区域分布)；合作伙伴(合作伙伴收益)；企业文化；企业制度(类型、控制对象)；企业成本(成本结构)；企业收入(收入结构)；技术(类型、研发成本、应用成本)
行动	产品/服务(定价、保障、方式)；营销(营销手段)；合作伙伴(合作方式)；技术(技术研发策略、技术应用目的)；人才(人才激励方式)；企业成本(成本优势)；企业收入(企业收入提高策略)；风险(规避风险策略)；企业制度(企业制度保证方式)；企业文化(企业文化渗透)；品牌(品牌经营方式)
结果	产品/服务(水平、市场地位、市场收益、更新速度)；技术(技术开发速度、投入市场反应)；人才(人员忠诚度)；组织架构(决策速度)；用户(规模、体验、感知价值、满意度)；合作伙伴(合作收益)；营销(区域覆盖占比)；竞争对手(竞争优势)；企业发展(企业发展速度、发展可持续性)；社会效益；品牌(品牌地位、品牌成长速度)

(资料来源：丁萍整理)

5.3.3　选择性编码

进入选择性编码阶段，就是更深入分析所得范畴之间和范畴与概念之间的相互关系，建立一个可以概括所有类属和概念的立体网络，用核心范畴串联彼此之间的关系，最后用故事线将整体现象和事件描述出来。

在这个阶段，首先要做的就是明确范畴之间的逻辑关系，确立的核心范畴可以和其他相关范畴结合起来并起到统领其他范畴的作用。再者核心范畴必须是在编码过程中自然涌现的，具有频繁性、核心性和强解释力的特征。本研究在确立核心范畴的过程中依据 Eisenhardt(1989) 的建议，综合运用理论借鉴和文献对比分析方法，充分利用原始数据资料的同时，吸收主流商业模式经典理论思想和商业模式结构模型成果。为增强理论完整性和饱和度，我们回访了滴滴出行和 Uber 相关工作人员，以理论抽样的要求补充信息，直至概念达到饱和。

本研究的研究主题是移动出行平台商业模式结构模型，前期主轴编码阶段确立了"商业模式创新"这个主范畴，按照商业模式创新动因、商业模式创新现象、商业模式创新情景、商业模式创新中介条件、商业模式创新行动策略和商业模式创新结果将各个概念和范畴依据性质分布到典范模式的各个层次中。在对典范模式各个层次的研究时我们发现，商业模式创新不是凭空出现的，而是来自于平台内部和外部动因的驱动，带来产品和平台技术的创新，进而直接驱动商业模式创新。移动出行平台商业模式创新就在于准确发掘平台用户需求，借此实现移动出行平台价值主张——共享型价值主张。为了实现"共享型价值主张"，主要从产品/服务、目标市场锁定和价值定位上进行匹配，同时行动层和情景层策略匹配平台商业模式创新，实现商业模式创新成果，为平台带来可观的经营效益和积极的社会效益，进一步检验评估产品和平台技术创新的成功与否。其中"共享型价值主张"的提出是在编码过程中自然涌现的，具有核心范畴要求的频繁性、核心性和强解释性特征，故本研究将"共享型价值主张'作为核心范畴，以解释移动出行平台商业模式结构的核心特征。同时"共享型价值主张"确实可以与编码产生的所有概念和范畴发生关联，并形成一条完整的故事线。选择性编码阶段具体思路如图 5.5 所示。

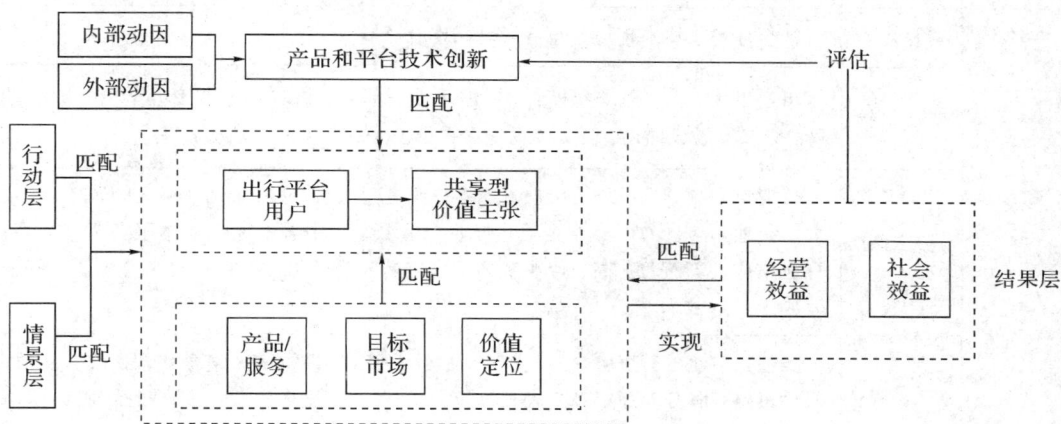

图 5.5　核心范畴提炼思路图

5.4　商业模式结构模型的建立与讨论

经过 strauss 三阶段编码的扎根分析，本研究得到 227 个概念和 49 个范畴，并以"商业模式创新"为主范畴按照典范模式进行主轴编码，最后以"共享型价值主张"为核心范畴串联起各个概念和范畴。基于典范模式的范畴层次化，将移动出行平台商业模式结构的各个要素进一步梳理，按照因果关系调整典范模式层次，将调整后的层次重新命名为动因层、目标层、情景层、基础层、行动层和结果层，建立起如表 5.7 所示的移动出行平台商业模式二维结构模型。

表 5.7　移动出行平台企业商业模式结构模型

层次	构件	属性
动因层	领导者	企业家精神：专注、关注长远、创业精神。 领导者能力：了解市场、团队管理能力、决策能力
	时机	政策机遇："互联网＋"政策刺激、移动出行市场准入政策。 市场需求：传统交通运输行业急需改革、城市出行需求未满足

层次	构件	属　　　性
动因层	企业战略	多元化战略：出租车打车、专车、拼车、公交、公务车、商用车、代驾、同城速递等业务并行发展。 竞争战略：差异化、成本领先（初期各类出行 APP 均实行高额补贴，以低价争夺市场份额）。 国际战略联盟（与 Lyft、Grabtaxi、Ola 等国外出行品牌合并合作进行国际化扩张）
目标层	价值主张	共享型价值主张（以获取报酬为目的，以平台为基础整合闲置出行资源，进行资源使用权的暂时转让，一方面为出行资源提供者创收，另一方面为出行需求者提供具有竞争力的、精准、高效、及时、就近的出行服务）
情景层	宏观环境	社会环境、技术环境、经济环境、政治环境
	市场结构	市场潜力：大；需求规模：大；需求变化：快；市场信息对称度：低；市场品牌：多；市场成熟度：低；市场地区差异：大；市场准入门槛：高
	行业结构	行业竞争要素：技术、用户资源；行业竞争程度：高；行业企业规模：1～2 家大型企业，其余为中小型企业；行业企业数量：中等；行业整体服务品质：高；行业整体创新程度：高；行业整体发展趋势：差异化；行业利润主要来源：佣金分成＋广告收入
	竞争对手	类型：移动出行服务者；规模：大；经营管理水平：高；竞争手段：服务品质、低价策略；服务水平：高；成长速度：快；产品/服务种类：多；产品/服务创新速度：快、自主创新；成本：技术创新成本、营销成本；收入：广告＋佣金分成；利润率：高；营销方法：低价补贴；口碑营销；市场定位：个人和企业用户；融资能力：强；决策速度：快
	企业资源和能力	企业内部资源 企业资金优势：主要移动出行平台企业都已完成 3 轮融资，企业资金充沛。 人才资源：技术导向型人才和营销策划类人才为主。 领导者丰富的企业管理和吸引投资的经验。 企业文化（企业形象、企业精神、企业愿景，企业发展历程） 企业外部资源 投资者：VC 和互联网巨头企业腾讯、阿里巴巴、百度等；合作伙伴：移动运营商、社交平台、互联网金融机构、娱乐等关联领域 O2O 企业、出租车行、汽车租赁公司 企业能力 互联网营销能力；融资能力；线下公关能力；业务拓展能力；创新能力；团队执行力；资源整合能力
	约束	外部约束：政策风险；用车安全风险。 内部约束：企业现有资源和能力约束；企业认知约束

层次	构件	属 性
基础层	产品/服务	业务类型：业务类型多，出租车、专车、快车、顺风车、巴士、代驾、同城速递等；服务目的：提高用户出行满意度，改变传统出行弊病；产品服务品质：高；产品服务创新速度：快；产品服务定位：个人和企业用户；产品服务定价：前期免费体验，后期分类收费
	目标用户	特征：19～40岁的接触移动互联网较多的年轻群体；消费能力强；服务更新接受程度高，偏好便捷高效的出行方式。 类别：个人用户（用车乘客、出车司机）；企业用户（各类企业事业单位、政府机关）。 用户体验：高效、便捷、新颖的出行方式
	目标市场	以中国国内出行市场为主、与 Lyft、Grabtaxi 等品牌战略合作融入国际市场
行动层	营销	体验营销；免费营销；口碑营销；广告、微信等社交平台营销
	管理控制	组织架构：平行组织结构，Co-CEO 制度；决策：团队决策；扁平化管理
	创新	方式：自主研发平台特色功能和关键技术。 创新成果：智能出行平台"苍穹"、"滴米"、"积分商城"、无人驾驶。 研发团队：自主培养和挖墙脚式招聘同行研发人才组成研发团队
	利润函数	企业主要成本：营销推广费用、平台维护费用、技术创新费用、人员薪资费用
		企业主要收入：海量用户下的广告、电商、O2O 盈利；佣金抽成
结果层	经营效益	市场份额；市场评价；行业地位；企业收入；收入增长率；利润总额，利润增长率
	社会效益	社会影响力；品牌影响力；企业形象
	用户绩效	用户满意度；用户规模；用户规模增长速度；用户忠诚度

（资料来源：丁萍整理）

5.4.1 模型层次说明

1. 动因层

动因层描述促使创新移动出行平台商业模式的动因，一是领导者因素，如领导者具备的创业精神和对市场敏锐的感知能力将出行领域的共享模式从概念转变为现实；二是后互联网时代的时机，使得传统出行方式注入互联网的基因，移动出行平台应运而生；三是为了实现企业战略而应用新的商业模式。

2. 目标层

目标层是对企业目标进行确认，对于移动出行平台企业而言，共享型价值主张反映其商业模式的核心目标，代表移动出行平台企业存在的实际意义。价值主张要求企业从价值创造视角分析企业如何满足客户需求、满足利益相关者的利益诉求。移动出行平台企业进入市场初期就提出了共享型价值主张，一方面为出行资源提供者创收，另一方面为出行需求者提供具有竞争力的、精准、高效、及时、就近的出行服务。移动出行平台企业的所有举措都是为实现共享型价值主张。

3. 情景层

情景层是对移动出行平台所处外部环境以及自身情况的描述。对于移动出行平台企业而言，企业的外部环境主要是宏观环境、市场结构、行业结构以及竞争对手等。企业自身情况的表述包括企业拥有的资源和能力，其中包含企业发展的核心竞争能力。在情景层加入"约束"这一要素是专门针对移动出行平台提出的，作为新兴平台在发展之初就受到来自市场和政策的约束，关于非营运车辆能否取得市场准入资格僵持许久，因而移动出行平台在发展过程中需要尤其注意政策动向和来自出行市场的各类风险。

4. 基础层

为消费者创造价值是商业模式基本功能。对移动出行平台企业而言，基础层涵盖的是企业的目标用户、目标市场以及满足用户需求的产品和服务。

5. 行动层

行动层是移动出行企业为了保证目标的实现采取的一系列措施。行动层策略是企业实质性的举措，也是保证商业模式创新成功的关键步骤。我们将企业的行动举措划分为营销、管理控制、创新和利润函数几个层次。对于移动出行平台企业而言，产品服务和技术上的创新是企业的生命力所在，营销策略是吸引用户资源的关键举措，管理控制和利润函数倾向于在企业内部进行管理优化，以上4层次都是保证移动出行平台企业市场地位，继而实现企业价值主张的关键举措，缺一不可。

6. 结果层

结果层实际上就是移动出行平台商业模式的运行绩效。移动出行平台企业因其"新颖"属性，前期创新投入和培养用户成本巨大，不能单纯以企业收益为标准衡量绩效，因而采用"经营效益"、"社会效益"和"用户绩效"衡量移动出行平台企业商业模式的运行绩效。

5.4.2 故事线梳理

根据表5.6，描述出移动出行平台商业模式发展的基本故事线：移动互联网手机应用越来越普及，加之传统出租运营行业顽疾凸显，交通出行行业急需注入互联网的智能因子，让互联网科技改变出行。国内外创业者敏锐地发现移动出行行业商机，即以获取报酬为目的、以平台为基础整合闲置出行资源，进行资源使用权的暂时转让。创业领导者们带领年轻且充满激情的团队，先后推出各自的移动出行APP。国外起步较早，2010年10月Uber在美国正式推出Uber1.0版本——Uber Black，并迅速覆盖北美、欧洲、非洲和亚洲市场，2014年3月正式登陆中国。国内小桔科技和快智科技在2012年分别开发出打车应用"滴滴"和"快的"，并于2015年2月成功进行了战略合并，成为国内移动出行平台行业第一品牌——滴滴出行。为了满足出行市场用户多样化的需求，滴滴出行相继推出出租车、专车、快车、顺风车、巴士、代驾等业务；Uber依据用户群体特点也陆续推出Uber x、Uber Black、Uber Rush、Uber Travel等业务，不断细分市场并扩大市场份额。虽然国内移动出行市场潜力大、需求量大，但是市场成熟度低，移动出行平台凭借大数据算法等技术，推出"苍穹"智能出行平台、滴米和积分商城等，进行服务创新，提升市场成熟度和竞争壁垒。同时利用社交平台推广、"线上发红包"、"15元以内免费体验"、高额补贴等手段提升用户覆盖率和品牌影响力。在国际化扩张方面，滴滴出行选择战略联盟作为主要方式，先后投资东南亚打车软件 Grab taxi 和美国打车应用 Lyft 之后，于9月底又投资了印度打车服务公司 Ola。相比滴滴出行在国外市场的激进扩张，Uber 显得更加从容稳健，自成立之初起采取"逐个击破"、"自主扩张"而不是合并当地品牌的方式进入欧美、亚洲以及非洲市场。二者在国际市场积极扩张的举动顺应了初创企业争取市场份额为第一要务的宗旨，但是也给企业带来一系列风险和困难，诸如资金压力过大和企业本土化问题。为保证企业在争夺市场份额的初期拥有足够资金支持，滴滴出行携手腾讯、阿里巴巴两大互联网企业，顺利完成30亿美元融资，并兼容支付宝和微信支付两种支付渠道，增强应用便利性，培养用户支付习惯。Uber 则牵手 BAT 三巨头中的百度为其融资6亿美元并接入百度地图，利用百度大数据优势为其推广业务。如今逐渐稳定的出行市场上，滴滴和 Uber 各自占据1/3以上的市场份额，作为行业领头要做的不仅是一个应用，还是一个入口，重在培养用户使用习惯。当在线活跃用户数目达到一定规模后，企业将向社交、搜索、娱乐等相关领域进行业务扩展，关联领域的收益回报将成为移动出行平台关注的一大利益点。比如积分商城是挖掘网购领域的第一步，滴滴手机游戏是进军移动手游市场的信号，Uber travel 和 Uber rush 是对旅游和物流领域的有益探索。出行平台企业已将目标锁定在构建城市出行生态系统，覆盖城市所有出行场景，以实现资源共享的价值主张。

　　根据以上分析，移动出行平台的发展与其价值定位相匹配，目标层与基础层相适应，企业行动策略符合基础层与目标层的要求，结果层也实现了目标层的预期目标，其商业模式具备较好的内部一致性。由此可见，移动出行平台的商业模式无疑是成功的。

5.4.3 模型讨论

1. 共享型价值主张是移动出行平台商业模式的核心

　　价值主张反映企业商业模式的核心目标，代表企业存在的实际意义。价值主张要求企业从价值创造视角分析企业如何满足客户需求、满足利益相关者的利益诉求。移动出行平台始终奉行的共享型价值主张，借助平台对闲置出行资源进行整合，通过转让资源使用权的方式进行供需匹配，既为资源所有者创收，又为出行需求者提供服务。随着滴滴出行、Uber 这类出行平台商业模式的逐渐完善，其共享型价值主张的特征也凸显出来，不同于以往线上信息共享平台，此类出行平台涉及资源的暂时交割，既保留了线上平台信息共享的特点，最重要的是以获取报酬为目的。企业不断推陈出新细分服务项目，开拓了出租车、快车、专车、顺风车、代驾、公交巴士等多种特色业务。通过开发滴米、积分商城系统等手段为客户提供个性化的产品和服务，提高客户转换成本，都是为了更好地实现平台盈利，最终实现此类商业模式的价值主张。

2. 企业行动层策略保障价值主张的实现

　　企业行动层种种举措保证价值主张的实现。如 Uber 进入中国市场至今，4次升级软件版本，完美兼容安卓系统与苹果新系统，新增即时信息推送、提前两天预约、呼叫等待、高峰时段自动延长等待时间等提高叫车成功率、乘客和司机的留存率，实现效率价值；滴滴出行不断挖掘细分移动出行市场，目前已经形成出租车、快车、专车、顺风车、巴士和代驾业务板块，近期引入"企业版用车"和"一号校车"较好地填补市场空缺，以此实现补充价值；"滴滴"与"快的"强强联合组成新公司滴滴出行，开发滴米、积分商城体系，增强用户信任，开发用户成长体系，采用组合营销策略扩大品牌影响力，借此实现锁定价值；开通吃货类专车，积分商城换购，搭载手机游戏功能等特色服务实现平台新异价值。

3. 产品和平台技术创新是其商业模式创新的驱动力

移动出行平台企业进入市场初期为快速占据市场份额，采取红包补贴等营销手段培养用户消费习惯，短期内为企业吸引了海量用户资源，但用户的使用习惯培养不能仅依赖现金补贴的方式进行。未来企业将把更多的资源投入在产品和技术创新上。基于互联网 LBS 技术、大数据算法，成功实现多人拼车、专车接送、巴士线路智能匹配等创新服务。例如，滴滴出行保留合并前已开发的滴米和积分商城系统，用滴米奖励愿做劣单的司机，并与众多商家合作拓展积分兑换 O2O 市场。未来使用移动出行 App 的用户将会获得更多、更快的数据支持和更富个性化的体验。与此同时，企业开始在流量变现上进行创新，除了现有的"广告＋红包"组合，移动出行平台中的领头企业试图利用流量优势扶持关联小企业，探索"商城＋网络购物"的新模式。目前，出行平台内多家企业已发起多项具有新意的跨界合作项目，例如联合北汽在无人驾驶、新能源汽车、车联网、企业用车领域深度合作，与中国联通达成流量服务、积分互通互换合作。以上种种举措不论是产品服务上的创新还是技术上的创新，都是为了将移动出行应用更好地融合进用户的消费场景，得以驱动移动出行平台不断进行商业模式上的创新，使其不仅是用户出行中的选择，更是享受共享经济的绝佳途径。

4. 外部风险约束成其商业模式重要特色

类似于移动出行的出行平台企业面对的外部风险主要是政策风险和用户安全风险。此前，对于专车服务平台，尚无明确政策出台规范，出现"专车即黑车"的抵制性说法。2015年10月，上交委向移动出行平台颁发网络约租车平台经营资格许可，但也提出了严格的监管规则，包括严格限制车型、使用年限、司机准入资格等。平台还必须购买交强险和第三方承运责任险，设置消费者投诉渠道，保障用户权益。在巴士平台，交管部门禁止专线巴士占用城市公交专用道，专线巴士既不能逢站停靠也不能现金售票，专线巴士受限难题亟待解决。由此可见，外部政策风险约束成为移动出行平台发展中不可忽视的情境因素，是此类新兴平台商业模式的重要特色。

5.5 实例应用

5.5.1 实例介绍

易到于 2010 年 5 月由北京东方车云信息技术有限公司创立，总部位于北京，是国内第一家提供专车约租的出行服务平台。易到成立之初，打出"Simple life, Easy go!"的服务口号，提出利用移动互联网技术和共享经济的新理念，提高闲置汽车资源的利用率，在降低汽车保有量的同时丰富用户的出行方式，享受节能环保愉悦的出行服务。易到目前已经开通了国内北京、上海等 74 座城市服务，伦敦、纽约等 23 座海外城市以及台湾地区城市服务。易到的主要业务是专车约租服务，车源主要来自于汽车租赁公司和个人车主，易到选择符合要求的车辆进行加盟注册，并对司机进行专职培训。根据注册车型划分为 Young 车型、舒适车型、商务车型、豪华车型和奢华车型 5 个档次进行定价，Young 车型 0.5 元/分钟，舒适车型 1 元/分钟，商务、豪华等车型 2 元/分钟。用户需要负担的费用按照起步价、用车时长和行驶公里数共同核算。服务期间产生的高速费、过路过桥费、停车费、夜间服务费及长途服务费等需要用户额外支付。易到则从用户支付的每笔订单中抽取 15%～20%作为平台提成计入易到收入，其余部分划归车主作为佣金。当然这仅是易到赚取收入的一部分，更多的则来自于依靠用户流量的平台广告收入和关联领域投资回报。

随着移动出行行业竞争的加剧，尤其是滴滴出行和 Uber 在出行领域的后来居上，易到也开始加紧市场细分，保证市场占有率。易到首先对原来单一的专车约租服务进行细分拓展，打造出马上用车、接机、送机、预约用车、接站、送站、集团服务和 e 代驾 8 项服务板块。同时，易到开始联合名企拓展业务，2015 年 1 月易到与海尔联合成立"海易出行"，共同在汽车租赁业务上发掘商机。2015 年 2 月易到与奇瑞汽车和博泰集团宣布成立合资公司，将在三年内推出合作产品"互联网智能共享电动汽车"——易奇汽车 by iVokaOS。2016 年 6 月易到创始人周航在易到发布会上宣布，易到目前完成订单量突破百万，其 APP 命名也由"易到用车"正式变更为"易到"，品牌理念也由"随时随地私人专车"变为"汽车共享生态"。同年由易到打造出移动出行行业首个全民参与的"专车节"。2016 年 9 月易到 iOS 版本问世，易到创新性地将约车功能与苹果 Siri 语音结合起来，成为国内首个可以通过 Siri约车的软件。2016 年 12 月京沪地区网约车细则正式对外发布，易到回应称将会积极响应网约车《网络预约出租汽车经营服务管理暂行办法》，在合法化的基础上继续移动出行服务，为更好的用户体验不断努力。

5.5.2 实例分析

1. 易到现有商业模式描述

本文在案例商业模式描述阶段，搜集了大量关于易到的报道和访谈等二手资料。根据上章得出的移动出行平台商业模式结构模型，描述出易到的商业模式架构，如表 5.8 所示。

表 5.8 易到商业模式结构模型

层次	构件	属　　性
动因层	领导者	企业家精神：突破精神，关注长远，热衷创新，激进，坚韧。 领导者能力：战略决策能力，内部管理能力，了解用户需求
	时机	政策机遇："互联网＋"政策刺激、移动出行市场准入政策、网约车管理办法实行。 市场需求：传统出行行业急需改革、城市出行需求未满足。 技术变革：移动互联网相关技术成熟，移动端取代 PC 端成为首选支付和社交环境

层次	构件	属　性
动因层	企业战略	竞争战略（差异化、成本领先）。 差异化（瞄准注重实效和服务体验的专车市场深耕，关注新能源共享汽车、无人驾驶等新领域）。 成本领先（争夺出行市场份额，狂发优惠券，100％充值返现，"专车节"免费搭乘）。 战略联盟（与海尔、奇瑞、携程等结盟共谋出行市场）
目标层	价值主张	共享型价值主张（以获取报酬为目的，以平台为基础整合闲置出行资源，进行资源使用权的暂时转让，一方面为出行资源提供者创收，另一方面为出行需求者提供具有竞争力的、精准、高效、及时、就近的出行服务）
情景层	宏观环境	社会环境、技术环境、经济环境、政治环境
	市场结构	市场潜力：大；需求规模：大；需求变化：快；市场信息对称度：低；市场品牌：多；市场成熟度：低；市场地区差异：大；市场准入门槛：高
	行业结构	行业竞争要素：技术、用户资源；行业竞争程度：高；行业企业规模：1～2家大型企业，其余为中小型企业；行业企业数量：中等；行业整体服务品质：高；行业整体创新程度：高；行业整体发展趋势：差异化；行业利润主要来源：佣金分成＋关联领域收入
	竞争对手	类型：移动出行服务者；规模：大；经营管理水平：高；竞争手段：服务品质、低价策略；服务水平：高；成长速度：快；产品/服务种类：多；产品/服务创新速度：快，自主创新；成本：技术创新成本、营销成本；收入：关联领域收入＋佣金分成；利润率：高；营销方法：低价补贴、口碑营销；市场定位：个人和企业用户；融资能力：强；决策速度：快
	企业资源和能力	• 企业内部资源 企业资金：已完成C轮融资，资金规模亿元美金级别。 人才资源：技术导向型人才和营销策划类人才为主。 相关经验：领导者丰富的创业经验和资本运作的经验。 企业文化：企业形象、企业精神、企业愿景、企业发展历程。 企业口号变更：从"随时随地私人专车"变为"汽车共享生态"；不买车，不养车，享受专车服务；无司机、无管理，享受专业品质企业形象。 • 企业外部资源 投资者：晨兴创投、美国高通、宽带资本、DCM和携程等。 合作伙伴：移动运营商、社交平台，互联网金融机构、娱乐等关联领域O2O企业，出租车行，汽车租赁公司。 • 企业能力 互联网营销能力：强；融资能力：一般；线下公关能力：一般；业务拓展能力：强；创新能力：强；团队执行力：一般；资源整合能力：强
	约束	外部约束：政策风险（网约车是创新，但是禁止没有营运资格的私家车参与）；用车安全风险（黑车营运、乘客安全风险）。 内部约束：企业现有资源和能力约束；先行者困局

层次	构件	属 性
基础层	产品/服务	业务类型：根据专车服务延伸出马上用车、接机、送机、预约用车、接站、送站、集团服务和e代驾业务；最新开拓出新能源汽车共享业务产品。 服务目的：提高用户出行满意度，改变传统出行弊病；产品品质：高；产品服务创新速度：快；产品服务定位：中高端个人和企业用户；产品服务定价：前期免费体验，后期分类收费，根据车型和服务标准收费
	目标用户	特征：消费能力强，服务更新接受程度高，偏好便捷高效的出行方式。 类别：个人用户（用车乘客、出车司机）；企业用户（各类企业事业单位、政府机关）；消费能力强且愿意为出行体验付费的城市白领、有用车需求的企业客户。 用户体验：高效、便捷、舒适、新颖的出行方式
	目标市场	国内专用车市场，共享新能源汽车市场；同时兼顾海外市场
行动层	营销	体验营销：易到"专车节"、免费搭乘。 口碑营销：高素质司机、高素质乘客、高品质车辆。 媒体营销：传统媒体广告、自媒体等社交平台营销
	管理控制	组织架构：平行组织结构；决策：团队决策；扁平化管理
	创新	方式：自主研发平台特色功能和关键技术。 创新成果：易盾、双向选择的派单机制、易奇汽车、新能源电动车（Ecar）、极车公社、汽车共享生态。 研发团队：自主培养和挖墙脚式招聘同行研发人才组成研发团队
	利润函数	企业主要成本：营销推广费用、平台维护费用、技术创新费用、人员薪资费用
		企业主要收入：依托用户资源的关联领域收入；佣金抽成
结果层	经营效益	市场份额：截至2016年第四季度，易到用车活跃用户覆盖率达14.3%，市场份额占3.6%；市场评价：高素质司机、高素质乘客、高品质车辆；行业地位：出行市场排名第三，专车市场第二品牌；企业收入，收入增长率；利润总额，利润增长率
	社会效益	社会影响力：逐步提高；品牌影响力：逐步提高；企业形象：有待强化
	用户绩效	用户满意度：较高；用户规模：行业第三，与滴滴出行差距大；用户规模增长速度：小幅增长；用户忠诚度：不高

（资料来源：丁萍整理）

根据上表可以描绘出易到商业模式的发展故事线。由于出行需求的多样化发展，传统出行方式结构单一已无法满足市场需求。2010年易到迎合移动互联技术发展的趋势，在共享经济理念的引导下，开创出国内移动出行首个品牌——易到用车。易到成立之初是主要提供专车约租的服务平台，一改汽车租赁公司的小作坊式运营模式，在移动互联网不及现在普及时，易到用的是电话和网页调度车辆匹配司机，将原来需要一周甚至更久的约车时效提升到实时约车实时到达。起初，传统租赁公司的计价规则是按天计费，易到率先将其精确到按小时计费。正是对时效和计价规则的创新，为易到积累到优质稳定的企业级客户，支撑易到早期的发展。直至现在易到的用户结构中企业级客户依然占比 40%～50%，这是不同于滴滴和 Uber 的特色，但是也将易到陷入"先行者困局"，无法在个人客户市场上突围。

随着移动互联网的普及，出行市场的竞争日益激烈。2012 年成立的滴滴和快的战略合并为出行行业第一品牌滴滴出行占据出行市场 67% 的市场份额，与 2014 年进入中国市场的 Uber 和先行者易到组成出行市场"三足鼎立"的行业态势。与滴滴和 Uber 不同的是，易到深耕专车市场作为攫取价值的切入点，将专车服务细分为马上用车、接机、送机、预约用车、接站、送站、集团服务和 e 代驾 8 项服务板块。专车的本质是提供差异化的服务，易到在这个细分市场更强调时效、便捷和服务体验，以此作为差异化战略的实现方式。这在起初是与出租车业务互补的，而非竞争关系。易到对于专车的定位高于出租车，专车是专门针对中高端客户的个性化需求，但是随着竞争对手的不断加入，易到也开始大举补贴专车，接连推出"专车免费坐""100% 充值返现"以保持行业地位和市场份额。但从易到的资金实力和外部竞争环境看，短期补贴带来的效益并不是可持续的，用户忠诚度和用户黏性都不高，与主要竞争对手滴滴和 Uber 的融资相比微不足道。随即易到开始转投新能源汽车和无人驾驶领域，在企业长期战略规划中，易到将与一汽丰田、沃尔沃、北汽和特斯拉达成战略合作，以保持商业模式的持续创新。

在对商业模式核心的理解上，易到与其他出行平台保持一致，都将共享型价值主张作为其商业模式核心。易到创始人周航在企业成立之初就倡导共享经济的新体验，这种体验是温暖的、个性的、平等的、值得期待的。需求者和供给者在共享平台上基于彼此的信任平等地交易，共同以一种包容的态度对待共享资源中的问题。易到创新出乘客和司机的双向选择机制，让双方感受到"共享"带来的互相尊重，再加上双方可以互相评价、互相收藏的机制避免了"共享"带来的非标准化问题。同时，易到着手平台征信系统的开发——易盾征信系统，降低平台不安全因素。但是也需要看到易盾是基于大数据和订单采样技术开发的系统，在风险识别和失信判罚上存在不精确的情况，容易造成误判和用户资源的流失。

易到提出的"汽车共享生态"是一种与几乎所有汽车相关领域进行共享融合的生态跨界模式，包括 LeSEE 超级汽车、新能源汽车分时租赁平台"零派专享"、来自车上的娱乐硬件＋内容等。一系列举措下的易到截至 2016 年第四季度，用车活跃用户覆盖率达 14.3%，市场份额为 3.6%，人们将高素质司机、高素质乘客、高品质车辆与易到联系在一起，这是商业模式不断创新下取得的经营效益和社会效益。但是关于网约车的相关管理政策未稳，易到与行业领先的竞争对手差距依旧很大，易到模式创新带来的预期收益不甚明朗，都将成为影响易到商业模式创新的关键。

2. 易到现有商业模式评估

通过对比易到商业模式结构模型和移动出行平台的商业模式结构模型的异同，对易到现有的商业模式评估结果如下：

（1）战略定位清晰。易到自成立之初深耕专车业务，目标用户锁定中高端需求的个人和企业客户群体。易到以马上用车、接送站、集团服务和 e 代驾等服务内容，为客户提供差异化的服务。同时，易到在每个细分市场更强调时效、便捷和服务体验，并以此作为差异化战略的实现方式。

（2）企业自身资源实力不强。与出行平台滴滴出行和 Uber 相比，易到自身资源优势并不显著，尤其是资金实力。Uber 在 2014 年进入中国市场之前已经完成 14.85 亿美元融资，百度随后追加 6 亿美元。滴滴在与快的合并前，背靠阿里和腾讯两家互联网巨头，双方皆已完成 D 轮融资，账户资金约 15 亿美元。易到 2011 年 A 轮获得晨兴创投、美国高通的千万级美元的融资；2013 年 4 月 B 轮晨兴创投、美国高通、宽带资本 2000 万美元投资；2013 年底 B＋轮获得 DCM 和携程领投的 6000 万美元；C 轮新加坡政府投资公司(GIC)领投，规模超过 1 亿美元。企业资金实力悬殊决定了在移动出行平台市场的竞争并不势均力敌。

（3）外部约束成为发展瓶颈。易到面临的外部约束是移动出行平台共同的特点。易到由于主营专车业务，政策对于易到的发展相比其他平台影响程度更深。外部约束的问题不是易到的问题，也不是出行市场的问题，是社会创新环境的问题。网约车属于共享经济的产物，作为一种全新的模式，其发展受到市场经济规律的制约。专车营运起初是散乱的 C2C 模式，经过一段时间的市场整合，转变为小作坊式的 B2C 模式为主、散客为辅的状态。易到将线下与线上的资源和需求整合起来，其中不乏缺乏监管、存在安全隐患的散客资源。网约车管理办法出台，严格禁止私家车非法营运，一方面确实影响易到车辆资源的整合，甚至出现易到专车非法营运的言论；另一方面对司机、平台和车辆提出更高要求，促进平台的加速整合。易到面对外部政策约束能做的不是转头倒退，而是坚持前行。

（4）缺少盈利点，成本费用高。自移动出行平台进入补贴大战以来，易到连续两年未实现盈利，2016 年更出现严重亏损。易到目前的盈利来源于专车业务抽成、关联领域投资回报以及广告收入。为稳定平台司机规模、增强平台吸引力，易到不断降低平台抽成比例，造成专车业务利润持续下滑。而目前易到在汽车领域的投资以新能源汽车、无人驾驶等长期项目为主，投资回报期为 3 年以上，短期收益不明显。依托平台用户规模的广告收入难以支撑易到的运营成本。在成本费用方面，竞争对手在专车市场的发力促使易到不得不"烧钱"补贴市场以维持市场占有率，创新领域的投入巨大，又使得易到内外交困。

5.5.3　管理启示

根据对易到商业模式结构模型的描述、评估，可以看出易到的商业模式与行业领先的典范平台还是有差异的，易到商业模式结构模型中的结果层呈现得并不令人满意。就目前看，易到的盈利前景不甚明朗。因而本文对易到商业模式创新提出以下建议，以期对易到发展有所启迪。

1. 产品、服务层面的对策和建议

产品、服务层面是商业模式创新的重要层面，决定商业模式是否可以取得成功。产品、服务层面对于易到商业模式创新的策略是继续深耕优势专车业务，避免双线作战。易到起步于国内专车约租服务，2016 年日订单量已经突破百万，并打造出国内首个全民参与的"易到专车节"，可见易到在专车业务领域优势明显。目前易到在资金有限的情况下需要做的不是在出租车和专车领域双线补贴，而是集中资源深入挖掘专车市场的需求，尤其是中高端个人客户和商务用车的企业客户，发挥易到的特色优势——1 小时响应、高端车型、高素质配驾、按时计费，以形成易到在专车领域的核心竞争力，巩固在专车领域的地位。易到专车业务特色的形成需要更加精准的易到用车智能交通引擎，以达到车辆资源的有效调度和用户的精准定位。还需要注意对于租赁加盟公司的有效把控，目前易到的车辆资源主要来自于自主加盟的汽车租赁公司，服务体验标准化控制和服务难度将大大增加，因而不适宜双线作战，势必会分散企业资源，削弱企业核心竞争力。易到之前推出市场的"打车小秘"运营失败的结果也进一步印证易到不宜双线作战，会顾此失彼。目前易到需要做的是将专车业务打造为企业品牌业务的盈利支柱，使专车服务能够为用户带来显著效益，能够使特定用户成为强烈需求用户，从而实现平台下强烈需求用户资源的快速整合，从而吸进更多的其他用户，便于产品和服务的快速推广。

2. 情景层面的对策和建议

情景层面是易到商业模式创新不容忽视的情景要素。易到在此层面的举措建议包括增强自身实力、关注长远和差异化、规避外部约束。移动互联技术和共享经济支撑下的移动出行平台，其商业模式的特点就是创新。平台在关注现阶段发展的同时，需要关注长远，瞄准下一个行业风口，以期在风口突破创新。易到相比滴滴、Uber，由于业务宽度受限，受到政策约束的可能性最大。易到必须加紧针对新能源共享汽车、生态专车的长远规划，以区别于竞争对手的战略，迎接移动出行市场下一个风口，借此规避网约车相关政策的约束。

3. 结果层面的对策和建议

结果层面主要分经营效益层面、社会效益层面和用户绩效层面。结果层面的表现直接说明平台商业模式运行的健康状况。移动出行平台目前还在发展期，对于结果绩效中的经营效益不太看重，各大平台均采取狂发补贴和优惠券作为吸引用户的主要营销手段。易到的资金实力不足以支撑其通过低价与行业领先的竞争对手抗衡，自 2014 年起易到连续两年未实现盈利，2016 年更出现负利润。易到为了维持发展，需要扩大盈利点，保证平台的营收和利润。诸如可以尝试专车业务依据车型和服务标准分类定价，增加业务抽成收入；更广泛地接入相关领域媒体广告，扩大广告收入；进入汽车生态圈，寻找到更多的盈利点。结果层面需要强调的是社会效益层面和用户绩效层面。易到目前的社会影响力和品牌影响力均有待提高，平台可以借助多方位的营销手段打造平台社会效益。用户绩效的提升与提高用户满意度高度相关，易到在此层面需要做的是升级服务体验，主要在效率、温度感知和生态体验三个方面进行了创新和优化，保持并强化易到特有的差异化服务，比如支持用户和司机双向互选、双向评价，支持用户定制个人用车喜好、为他人订车、机场 CIP 通道、双向评价体系、收藏司机等个性化需求，让用户感受到更有温度的高品质专车服务。

第六章 科技型小微企业商业模式设计对创新绩效的影响

在融资渠道匮乏、资源环境限制和市场竞争激烈等多重因素背景下，科技型小微企业的生存和发展面临极大考验。因此，科技型小微企业需要寻找一种新的武器来应对当前激烈的市场竞争。近年来，商业模式设计越来越受到学者们的推崇，现有研究证明了商业模式设计对企业绩效的影响，但主要集中在电子商务和信息技术领域，以概念模型和案例研究为主。从商业模式设计角度出发，探索不同特征的商业模式设计对创新绩效影响机制的研究仍显不足。基于此，以下在对商业模式设计、网络嵌入性和创新绩效等相关理论整理分析的基础上，采用实证分析方法，引入网络嵌入性作为调节变量，构建了商业模式设计（包括新颖型商业模式设计和效率型商业模式设计）、网络嵌入性（包括关系嵌入性和结构嵌入性）和创新绩效三者之间的概念模型。以期为网络嵌入性对商业模式设计与创新绩效关系的作用机制研究提供理论支持，为科技型小微企业商业模式设计提供直观实用的评估模型。

6.1 相关研究综述

6.1.1 商业模式设计

1. 商业模式设计的概念

当今时代，商业模式的竞争已成为企业竞争的发展趋势，如何辨别和设计商业模式对企业来说至关重要。本节主要对商业模式设计的内涵及其维度划分进行分析和界定。Osterwalder认为商业模式设计是通过可视化的工具帮助设计者把握和设计商业模式的基本要素、属性以及之间的相互关系。Zott 和 Amit 聚焦于跨边界的商业活动，将商业模式的设计机制分为效率型和创新型两种。Gordijn 提出了基于价值模型重构的商业模式转变方法，并提出使用 e3 - value 方法对商业模式进行设计和评估。Thomas 认为商业模式的设计内容主要包括业务流程、客户、供应商、渠道和资源能力等方面。

国内学者王翔和李东等指出商业模式设计能为客户、股东和企业合作伙伴创造价值，商业模式设计能构造跨组织的商业系统，通过多方协作来实现系统的经营发展。张双文指出商业模式体现了企业的价值主张、价值支撑和价值保持，商业模式设计理念在商业模式设计和价值获取之间起协调作用，通过对高科技初创企业的商业模式设计进行研究，指出商业模式的设计是一个循环递进的过程，在生命周期的每个阶段都需要进行设计和优化。曾涛认为商业模式设计的考虑因素包括企业价值主张、企业可利用的资源和能力、收入来源、产品和服务定价、营销对象、能否为客户创造价值、如何实现该商业模式的持续发展等问题。综上所述，商业模式设计是用科学合理的指导原则，通过对企业内部资源能力与外部市场环境的综合分析，最大程度地发挥商业模式的功能效用，实现企业的战略目标。

2. 商业模式设计的维度界定

在关于商业模式设计的学术研究中，以 Zott 和 Amit 的研究最具有代表性。如图 6.1 所示，Zott 和 Amit 将商业模式分为效率型和新颖型两类，并指出商业模式设计要关注创新、效率、锁定和互补四个方面，创新指企业要采用新的交易活动、交易方式和治理方式；效率指企业的商业模式设计要注重减少交易成本，提高效率；锁定指企业的商业模式要有吸引并留住合作伙伴的能力；互补指众多产品被绑定在一个系统中所产生的价值高于单个产品的价值总和。

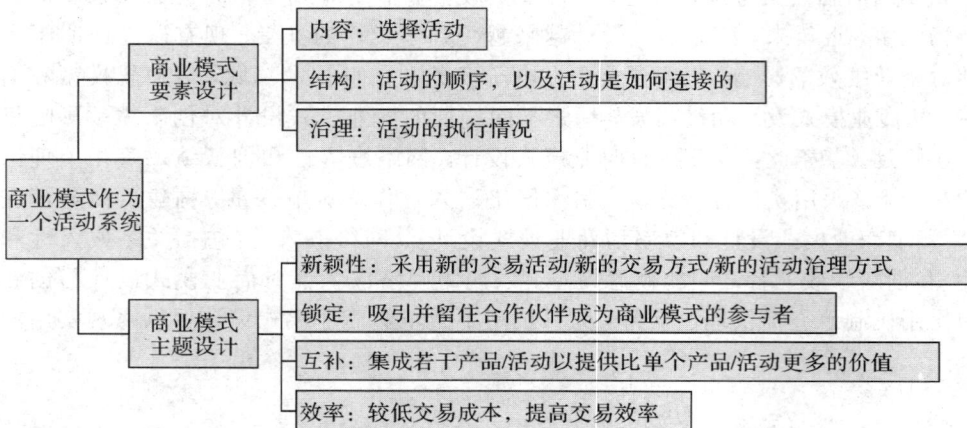

图 6.1　Zott 和 Amit 的商业模式设计模型

此外，Rapp 等学者通过对电子商务企业结构变量、实施效果和产出效果之间关系的实证研究，提出电子商务商业模式设计的四个维度：效率、互补、锁定和新颖。黄瑛在 Schweizer 商业模式维度结构的基础上，给出了商业模式设计的三维立体框架，并指出通过总盈利模式、资源技术占有和价值链跨度三个维度对商业模式进行设计。

基于以上分析，结合科技型小微企业的发展现状，本研究借鉴 Zott 和 Amit 对商业模式设计的划分，将科技型小微企业商业模式设计分为新颖型商业模式设计和效率型商业模式设计。新颖型商业模式设计强调采用新的方式进行商业交易，通过创造新技术，新产品、服务和信息的组合，进而改善客户体验，为用户提供新的价值增值。效率型商业模式设计重点关注企业交易效率，核心思想在于减少交易成本（包括直接成本和间接成本），降低信息不对称性，提高交易速度和交易可靠性。

6.1.2　创新绩效

1. 创新绩效的概念

自从 1912 年熊彼特在其著名的《经济发展理论》中首先提出"创新"的概念之后，创新逐渐受到理论界和实践界的关注。创新绩效反映企业创新行为取得的成果，对企业的生存和发展至关重要，近年来国内外理论界对影响创新绩效的因素进行了大量研究。

尼尔森和温特认为，企业创新能力的提升主要得益于外部新技术的影响；科恩和列文托提出，创新成功的核心要素是外部知识的获取能力；而罗斯维尔认为，创新的产生是多种因素相互影响下的结果；杨建军等人研究了沟通要素对创新的影响；王燕飞等人认为个人变量也应纳入影响组织创新绩效的因素中。

在一般的文献中，"performance"在英文资料中都理解为"output"，译作"绩效"，创新绩效不仅给企业带来经济效益，更重要的是会导致企业技术积累的增加，提高企业竞争能力，为企业带来无形的效益。

美国是最早开展创新绩效指标体系研究的国家；经济合作与发展组织提出了关于收集和解释创新数据的指导原则；欧盟从科技投入和科技绩效两方面对成员国的创新能力进行评价，该指标体系中突出了人力资源在创新能力中的重要作用（杨志江，2007）。在国内的研究中，大多采用因子分析法及DEA法创建指标体系进行定量评价，但其中某些概念的界定与国际标准不完全一致，如R&D经费来源、大企业的界定等。

Chistensen根据技术创新过程中作用及功能不同对创新绩效进行划分，提出了4种创新结果：产品创新应用成果、科学研究成果、美学设计成果和工艺创新成果，前两种创新成果是产品创新绩效，后两种是过程创新绩效。Moorman认为新产品问世的速度和创新性、专利数量、新产品在组织所有的产品中所占比例以及新产品获利率等都可以作为衡量创新绩效的指标。

2. 商业模式与创新绩效

商业模式对解释企业绩效、实现企业商业目标发挥关键性作用，国内外学者通过不同的方法对商业模式与企业绩效之间的关系进行了研究。

Zott和Amit通过对美国190家初创电子商务企业的实证研究，分析了商业模式设计对企业创新绩效的影响，指出商业模式设计与产品差异化、低成本以及率先进入市场等企业战略相结合，能够提升创新绩效。

在Amit和Zott的研究基础上，Rappa等学者对企业电子商务商业模式实施时的结构变量、实施效果和产出绩效之间的关系进行了实证研究，指出企业内部技术资源和外部环境因素能够通过电子商务商业模式的实施提升企业绩效。

Afuah和Tucci指出商业模式有助于企业获取和配置各项资源，为客户提供更好的价值并获得利润，是解释企业创新绩效和竞争优势的一个整体构念。国内学者姚明明以后发企业为研究对象，通过案例分析和实证研究探讨了商业模式设计对技术追赶绩效的影响。

陈琦基于Zott和Amit开发的量表，以电子商务企业为研究对象，对商业模式设计和创新绩效之间的关系进行了实证研究，发现商业模式设计对企业创新绩效有显著的正向作用。

6.1.3 网络嵌入性

1. 网络嵌入性的概念

"嵌入性"是新经济社会学研究中的一个核心概念，是企业网络的一大特征，随着全球信息技术和网络经济的发展，网络嵌入性已经成为研究企业网络的重要工具。

嵌入性的概念最早由Polanyi在其发表的《大变革》中提出，"人类经济嵌入或缠结于经济与非经济的制度中，将非经济制度引入在内是非常重要的。"但在当时，嵌入性的概念并没有得到学者们足够的重视。在 Polnayi 的研究基础上，Granovetter 在其发表的文章《经济行动和社会结构：嵌入性问题》中进一步扩展了"嵌入性"的概念，他认为，企业的经济行为嵌入于人们生活的社会网络中，嵌入机制是信任，即嵌入性受网络主体之间的相互关系和整体网络结构的影响，Grnaovetter 把对嵌入性的研究推向了一个新阶段，奠定了新经济社会学的理论基础。

Halinen 和 Tornroos 认为网络是在企业之间不断互动过程中产生和发展的关系结构，网络嵌入性则是企业各种类型的网络关系。

Zukin 等学者从企业所处的社会情境的视角，拓展了嵌入性的概念，指出嵌入性是企业经济活动中关于认知、政治、文化和社会结构的权变因素，分别构成了认知性嵌入、文化性嵌入、政治嵌入和社会结构嵌入四种嵌入机制。Uzzi 通过对 23 家服装企业的考察研究，认为企业社会网络通过独特的方式影响企业的经济行为，并指出企业网络嵌入性可以分为信任、优质信息共享和共同解决问题三个维度。

在前人研究的基础上，国内学者王炯通过对与国际旗舰企业有合作关系的本地制造业企业的研究，归纳总结了网络嵌入性的概念，指出网络嵌入性是一种战略性资源，在一定程度上影响了企业绩效，网络嵌入性的不同决定了企业能力和绩效的差异。

通过对以往研究成果的回顾和分析可以发现，学者们对网络嵌入性概念的界定有一个共性，即学者们都认为企业的各项经济活动存在于和企业经济活动相关的社会结构中，企业的网络结构类型能够影响其经济行为。基于以上分析，结合科技型小微企业经济创新活动的特点，本文认为网络嵌入性是指企业处于开放式的环境中，与其他经济组织和个体之间存在一定的结构关系，并且自身行为受到其他经济组织、企业在网络中位置和所在社会环境的影响。

2. 网络嵌入性的分类

由于研究视角和研究对象的不同，学者们从不同角度对网络嵌入性进行了分类，其中比较有代表性的有以下四种：Granovetter 将网络嵌入性划分为关系嵌入性和结构嵌入性，其中，关系嵌入性是指交易双方对对方的需求和目标的重视程度以及交易双方之间相互信任、承诺和信息共享的程度；结构嵌入性强调网络主体间相互联系的总体结构分布，主要关注企业在整个网络中的位置、网络密度、网络规模等指标。Zukin 从企业所处的社会情境出发，将网络嵌入性划分为四种：结构嵌入性、认知嵌入性、文化嵌入性和制度嵌入性，其中，结构嵌入性指企业的经济活动受到其所在网络结构的影响和制约；认知嵌入性主要用于解释个体或企业行动者的认知来源及其结果等问题；制度嵌入性指企业的经济交易受到法律、税收、政治等制度的制约；文化嵌入性指理性的经济行动受到来自外部共享的组织价值观、信念等社会文化的制约。

Hagedoorn 将网络嵌入性分为环境嵌入性、组织间嵌入性和双向嵌入性三种。其中，环境嵌入性包括宏观环境与中观环境，宏观环境指不同国家的文化、经济方面的差异对企业间合作关系的影响；中观环境指产业特点对企业间合作的倾向性；组织间嵌入性反映了企业与其他组织建立合作关系的经验；双边嵌入性是指企业倾向于与已有的合作伙伴进行合作，即企业间合作的熟悉和信任程度会影响企业间现有合作关系的稳定和持续。

Andersson 等学者基于经济行为视角，把网络嵌入性划分为业务嵌入性和技术嵌入性两类，业务嵌入性指企业在产品开发过程中对业务伙伴的依赖程度，反映了企业对外部业务合作伙伴适应的程度；技术嵌入性是指企业能否从合作伙伴及外部网络中获取新技术。

基于以上分析，笔者认为 Granovetter 对网络嵌入性的分类更符合科技型小微企业的企业特性，因此，本研究借鉴 Granovetter 的分类标准，将网络嵌入性分为关系嵌入性和结构嵌入性两种。

6.2　概念模型与研究假设

6.2.1　概念模型

通过前面分析可知，科技型小微企业商业模式设计对企业绩效的提升有正向的影响，而这一过程又受到网络嵌入性的调节作用，因此，考虑到网络嵌入性对科技型小微企业商业模式设计对创新绩效关系的影响作用，本研究将网络嵌入性作为调节变量，研究不同网络嵌入性条件下，科技型小微企业商业模式设计对创新绩效产生的影响。同时，本文借鉴 Granovetter 对网络嵌入性的划分，把网络嵌入性分为结构嵌入性和关系嵌入性两个维度，借鉴 Zott 和 Amit 对商业模式设计的划分，把商业模式设计分为新颖型商业模式设计和效率型商业模式设计两个维度。由此，本文提出了包含商业模式设计各维度、网络嵌入性各维度、企业创新绩效以及它们之间关系的概念模型，如图 6.2 所示。模型中的理论基础和研究假设将在下文中详细阐述。

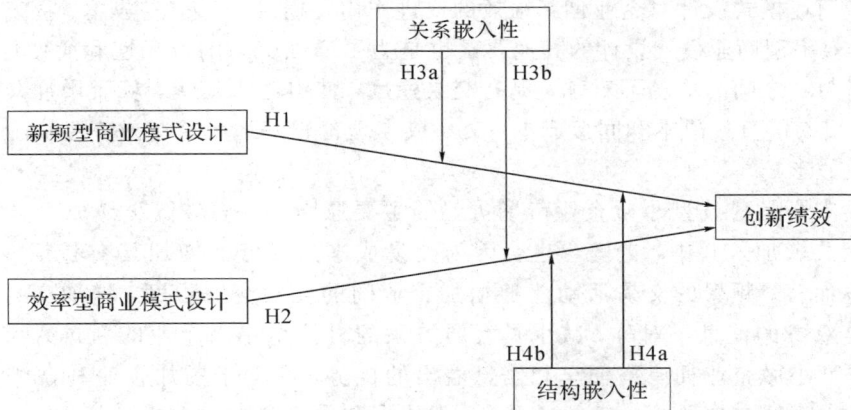

图 6.2　科技型小微企业商业模式设计对创新绩效影响的概念模型

6.2.2　研究假设

1. 商业模式设计与创新绩效的研究假设

（1）新颖型商业模式设计与创新绩效。新颖型商业模式设计的本质是采用新的方式进行经济交易或合作，包括与之前没有合作过的组织建立联系，与现有交易主体建立新的连接方式；或者建立新的交易机制等方式。一种新型的商业模式能够创造一个新市场，如 eBay 和阿里巴巴；或者对现有市场进行改革创新，如 Canon 公司和 Xerox 公司。商业模式创新主要表现在产品和服务创新、生产方式创新、市场分布或营销创新、市场组合创新等方面。商业模式创新不仅增加了企业创造财富价值的机会，而且商业模式设计的过程也有利于企业借助新的信息和通信技术创建新的要素和产品市场。

评估一个新颖型商业模式能否给企业带来创新绩效的时候，我们必须考虑企业在获取因商业模式创新而创造的价值时的能力，而企业的这种能力又取决于四个方面，分别是其他商业模式利益相关者的交换成本、企业控制信息的能力、其他利益相关者对抗企业变动的能力和其他利益相关者的替代成本。通常情况下，商业模式新颖性的增加不会降低企业与其他商业模式利益相关者的事后议价能力，企业商业模式新颖性程度越高，带给客户、供应商及其合作伙伴的转换成本就越高，由于没有合适的替代品，他们脱离整个商业生态系统的可能性也越小。

科技型小微企业拥有较高的信息和通信技术水平，通过新颖型商业模式设计以一种新的方式将其产品或服务推向市场，不仅能够获取更多的价值，而且也大大提高了企业的议价能力。因此，考虑到新颖型商业模式设计对企业价值创造和企业获取价值能力的积极影响，本研究提出如下假设：

假设1：科技型小微企业新颖型商业模式设计对创新绩效有显著的正向影响。

（2）效率型商业模式设计与创新绩效。对科技型小微企业而言，企业创造价值的方式不仅来自于创新，还来自于模仿，即以更高的效率做和现有企业类似的事情。效率型商业模式的本质在于降低交易成本，可采取的措施有降低信息的不确定性、复杂性和不对称性，提高交易可靠性等。例如，亚马逊的订单跟踪功能的商业模式设计，增强了交易的透明度，减少了向物流公司提供信息的成本，构建了一种效率型商业模式。

效率型商业模式设计对企业创新绩效的促进作用是通过降低交易成本、提高交易效率等实现的。效率型商业模式设计的其他要素也是为了增强交易的可靠性和简便性，并通过减少交易参与者之间的信息不对称，提高交易速度，使得需求聚集，从而增加交易的可扩展性，减少交易的直接成本和间接成本。交易成本理论很好地解释了效率型商业模式设计对创新绩效的影响。

交易成本高是科技型小微企业市场劣势的主要原因之一，降低交易成本能够吸引更多的利益相关者加入其中，老客户也会因为交易成本的降低而增加其交易频率。对科技型小微企业而言，频繁的交易活动能够增加企业间的互动交流程度，增加交易记录，从而减少交易双方的信息不对称，减少具有弱关系的科技型小微企业的新进入劣势。另一方面，科技型小微企业拥有搭便车和信息溢出的优势，有助于增加企业利益相关者之间的转换成本，降低交易风险，减少客户、合作伙伴和供应商的机会主义行为，提高企业的议价能力。

基于上述分析，本研究提出如下假设：

假设2：科技型小微企业效率型商业模式设计对创新绩效有显著的正向影响。

2. 关系嵌入性的调节作用

上一节讨论了科技型小微企业商业模式设计对企业创新绩效的影响，以及企业应该如何设计其商业模式才能更好地发挥其优势，但是企业创新绩效并不仅取决于商业模式设计，还取决于另一个重要因素：企业的网络结构。一个企业的竞争地位不是在社会真空环境中形成的，在企业制定决策或规划商业模式设计之前，必须考虑企业与其他利益相关者之间的联系。通过与社会网络中的其他企业建立连接关系，有利于企业获得有用的信息和资源。由此看来，社会网络是决定企业绩效的一个关键因素。

社会经济学高度强调了社会网络在经济活动中的重要性，一个企业的绩效可以全面地从它所嵌入的网络关系中得到反馈。社会网络为企业提供了一个分享有价值的信息和资源的渠道，企业可以通过这个网络渠道搜索建议并获取关键资源以应对竞争和挑战。许多学者认为，网络关系是企业社会资本的一个重要方面，决定了企业创造价值和实现经济目标的能力。基于社会网络理论，本研究借助网络嵌入性的概念来研究科技型小微企业商业模式设计对企业创新绩效的影响。

网络嵌入性描述了一个企业与其他企业的结构关系，即企业在多大程度与其他企业产生关联，企业如何与这些公司产生联系。网络嵌入性意味着一个公司在多大程度上被网络中的其他公司所环绕。一种极端情况是，高度网络嵌入性意味着一个企业处于一个密集的网络中，网络中的企业是紧密相连的，在这种密集性网络中，企业倾向于通过反复的交易和联系使企业关系变得熟悉和信任；另一种极端情况是，网络嵌入性低意味着企业处于一个稀疏的网络中，企业之间很少接触和联系，在这种情况下，企业间接地与其他没有充分意识到企业间合作关系的各类企业产生联系。

为了检验网络嵌入性如何调节科技型小微企业商业模式设计与创新绩效的关系，本研究将网络嵌入性的概念进行一个权变整合，最终，我们需要分析的是网络嵌入性和商业模式设计如何交互影响企业创新绩效。本研究中，我们将网络嵌入性划分为关系嵌入性和结构嵌入性两个维度，接下来，我们将分别对关系嵌入性和结构嵌入性在科技型小微企业商业模式设计对创新绩效关系中的调节效应进行假设分析。

（1）关系嵌入性对新颖型商业模式设计与创新绩效关系的调节作用。关系嵌入性指企业嵌入在其所处的社会网络中，与其利益相关者之间相互信任、信赖和信息共享的程度。关系嵌入性的强弱对企业的各项经营活动有着重要的影响，主要表现在知识、信息和资源的获取上。在信息技术扩散过程中，关系嵌入性为企业提供了一个很好的信息甄别和筛选机制，为企业节省了大量的信息搜索和技术获取成本。另外，关系嵌入性的强弱还影响到企业与其利益相关者之间的承诺、信任及共同解决问题的意愿，进一步又对企业利益相关者对企业商业模式设计的认可程度产生影响，最终影响到商业模式设计的效果与创新绩效之间的关系。

社会网络中嵌入了大量的信息、知识和技术等资源，当关系性嵌入程度较弱时，企业无法准确把握市场的变动信息，也无法及时获取创新活动中所需要的知识技能，不能快速地满足市场的需要；而强关系的网络嵌入提高了各种资源的获取效率，降低了交易成本，为企业创新绩效的提升提供了保障。因此，关系嵌入性的强弱对科技型小微企业商业模式设计与创新绩效之间的关系产生重要作用。

对科技型小微企业新颖型商业模式设计而言，新颖型商业模式设计的主要特点是采用新的方式进行商业交易，通过创造新技术、新产品，实现对原有知识资源的价值升级，为企业提供新的价值增值。在弱关系嵌入性条件下，当企业采取新颖型商业模式设计时，合作伙伴可能因为不信任而对这种新的交易模式或活动机制产生疑惑，从而导致这种新颖型商业模式的实施达不到预期的效果。而强关系嵌入性能够强化企业与其合作伙伴之间的信任和承诺水平，推动企业与合作伙伴来共同解决所面临的问题，合作伙伴的信任、承诺和共同解决问题的意愿能够激励企业采取新颖型商业模式进行经济交易活动。除此之外，较强的关系嵌入性能够引导企业的创新活动，减少创新过程中信息搜索和技术创新过程中的不确定性，提高创新的速度和质量，从而提高企业绩效。因此，科技型小微企业关系嵌入性越强，新颖型商业模式设计对创新绩效的促进作用越明显。

由此，本研究提出如下假设：

假设 3a：关系嵌入性越强，科技型小微企业新颖型商业模式设计对创新绩效的正向效应越显著。

（2）关系嵌入性对效率型商业模式设计与创新绩效关系的调节作用。对科技型小微企业效率型商业模式设计而言，效率型商业模式设计的主要特点是能够实现企业与其利益相关者之间信息资源的共享。企业所嵌入的社会网络是信息传播、知识转移的重要渠道，强关系嵌入性能够为企业搭建获取新资源、新技术和新信息的通道，保障企业各项创新活动的顺利进行，并获得较高的创新绩效。另外，强关系嵌入性还能够增强企业与其利益相关者之间的信任机制和共同解决问题的意愿，强化合作伙伴对企业实施的效率型商业模式设计的认可，提高企业间的交易频率，促进相关企业间的经济交流与合作，从而提升企业绩效。因此，科技型小微企业关系嵌入性越强，效率型商业模式设计对创新绩效的促进作用越明显。

由此，本研究提出如下假设：

假设 3b：关系嵌入性越强，科技型小微企业效率型商业模式设计对创新绩效的正向效应越显著。

3. 结构嵌入性的调节作用

结构嵌入性的概念所关注的是企业在整个网络中的位置、网络密度和网络规模。社会网络为企业提供了从外部组织中获取信息、知识等资源的机会，通过合作网络，企业可获得各种外部资源。企业嵌入关系网络的位置和地位不同，它获得的信息就不同，结构嵌入性越强，企业越容易从合作网络中获得所需的相关资源和机会信息，知识传递和共享的效率就越高，企业就能与更多拥有多种创新技术和知识资源的合作伙伴建立联系，就越有机会从多种渠道获得先进技术，从而有助于企业创新绩效的提升。

社会网络中的核心企业掌握了先进的技术手段和市场渠道，结构嵌入性较强时，科技型小微企业与核心企业之间的交流互动就越频繁，科技型小微企业可以利用核心企业的技术知识和信息资源，增强企业的创新优势。研究表明，结构嵌入性在获取合作伙伴的相关信息方面具有重要作用，即企业拥有越多的潜在技术合作伙伴，越有利于企业技术创新活动的进行，从而获取更高的创新绩效。另外，结构嵌入性越强，企业掌握和获取的信息就越多，对企业的行为约束也就越规范，这能够促使企业之间保持良好、健康的竞争与合作关系，对企业绩效的提升具有促进作用。因此，结构嵌入性的强弱对科技型小微企业商业模式设计与创新绩效之间的关系产生重要作用。

（1）结构嵌入性对新颖型商业模式设计与创新绩效关系的调节作用。对科技型小微企业新颖型商业模式设计而言，新颖型商业模式设计能够为企业开创新市场和获取新的合作伙伴，但同时也为企业带来了经营活动上的不确定性，加上科技型小微企业较难把握新开创的市场机会，从而导致企业与现有合作伙伴之间的关系产生波动。而新颖型商业模式设计通过创造新技术、新产品、服务和信息的组合，对现有市场内潜在资源的价值进行升级，为企业吸引潜在客户，帮助企业把握新的市场机遇。Zaheer 和 Soda 通过对意大利电视行业合作 12 年的考察研究得出结论，占据网络中的优势地位能使企业更好地利用网络资源，更容易获得行业内领先的专业技术，通过对企业新颖型商业模式的设计，提升企业创新绩效。因此，在结构嵌入性较强的情况下，科技型小微企业新颖型商业模式设计对创新绩效的促进作用更明显。

由此，本研究提出如下假设：

假设 4a：结构嵌入性越强，科技型小微企业新颖型商业模式设计对创新绩效的正向效应越显著。

（2）结构嵌入性对效率型商业模式设计与创新绩效关系的调节作用。对科技型小微企业效率型商业模式设计而言，效率型商业模式设计强调降低信息不对称性，加强企业间的信息共享，防止由于企业在关系网络中位置的变动造成的信息阻塞，增加企业与合作伙伴之间的信任。廖列法和王刊良通过计算机仿真方法，指出强结构嵌入性有助于企业在合作网络中搜索、获取和整合各项有用资源，从而弥补企业自身的缺陷，使企业的商业模式设计能够更好地促进企业绩效的提升。此外，结构嵌入性较强时，有助于提高企业在动态环境下对市场需求及竞争情况的掌控，减少因市场变动造成的各类风险成本的增加，从而提高企业绩效。因此，在结构嵌入性较强的情况下，科技型小微企业效率型商业模式设计对创新绩效的促进作用更明显。

由此，本研究提出如下假设：

假设 4b：结构嵌入性越强，科技型小微企业效率型商业模式设计对创新绩效的正向效应越显著。

6.3 研 究 设 计

6.3.1 变量测量与问卷设计

本研究中变量的测量题项主要来自于已有的成熟量表，以确保量表的内容效度（content validity）。所有的题项都进行了适应化（adaptation）处理以符合本研究的情境，根据在企业访谈中获得的反馈信息对个别题项表述进行修正，形成初步的测量量表。之后我们邀请了四位相关领域内精通中英文并且熟悉中西文化的专家对问卷进行检查，指出量表中语言表达不合适的地方，评估量表的内容效度，由此形成最终的调查问卷。由于问卷原始量表均为英文，我们在对量表进行翻译时采用了 Craig 和 Douglas 提出的并行、双盲的"翻译—回译"步骤以确保概念的同一性。表 6.1 列出了各个构念的测量题项和题项来源。每个构念均由 4 至 6 道题目进行测量，所有题项均采用李克特（Liekt）七级量表测量，1 表示"非常不同意"，4 表示"中立"，7 表示"非常同意"。同时打乱问卷题项顺序并设定若干反向题项，为后期有效筛选问卷、提高数据质量提供辅助。问卷内容共分为两个部分：第一部分主要用来收集被调查企业的基本信息，包括企业成立的时间、公司规模（企业员工数）、所属行业、年平均销售总额等；第二部分为科技型小微企业商业模式设计对创新绩效影响机制的调查，包括对企业创新绩效、商业模式设计、网络嵌入性三个构念的测量。后文中，各个题项按照顺序分别命名为 IP1、IP2、IP3、IP4；NBM1、NBM2、NBM3、NBM4、NBM5、NBM6；EBM1、EBM2、EBM3、EBM4、EBM5、EBM6；RE1、RE2、RE3、RE4；SE1、SE2、SE3、SE4、SE5。

表 6.1　测量题项和题项来源

构念	题　项	参考来源
创新绩效 （IP）	[1]新产品数量	Hagedoom&Cloodt 张方华
	[2]新产品销售额占销售总额的比重	
	[3]新产品的开发速度	
	[4]产品创新的成功率	
新颖型商业 模式设计 （NBM）	[1]以新的方式实现了产品、信息和服务的组合	Zott&Aimt
	[2]能够为我们带来新的合作伙伴	
	[3]在交易中能够用新颖的方式来激励合作伙伴	
	[4]以新的方式来实现双方的交易	
	[5]本企业在商业模式上不断地进行创新	
	[6]存在其他有竞争潜力的商业模式能够超越本企业目前的商业	
效率型商业 模式设计 （EBM）	[1]能够降低合作伙伴的库存成本	
	[2]可以降低合作伙伴的其他成本(如市场营销和销售成本、交易流程处理成本、沟通和通讯成本等)	
	[3]交易是透明的：信息的流动和使用、服务和产品能够被查实	
	[4]作为交易的一部分，信息能够提供给合作伙伴，以减少产品信息的不对称程度	
	[5]可以了解大量的关于产品、服务以及其他合作伙伴的信息	
	[6]可以快速进行交易	
关系嵌入型 （RE）	[1]我们与合作伙伴经常在一起共同探讨、解决问题	Bart Nooteboom
	[2]我们很了解对方	
	[3]我们与合作伙伴的合作关系持续时间一般都很长	
	[4]合作交流中用到的技术知识是与对方共同拥有的技术知识	

构念	题项	参考来源
结构嵌入型（SE）	[1]与我们有联系的合作伙伴数量很多（包括经常联系和不常联系的）	Gissing&Dusters 王志玮
	[2]与我们经常联系的合作伙伴所占比例很大（经常联系的企业/所有有联系的企业）	
	[3]我们与对方所建立的合作组织在很长时间内都很稳定	
	[4]我们与对方通过各种交流方式所获得的技术能够很好地被理解和应用	
	[5]我们与对方建立的合作组织可以很好地促进其他任务的完成	

6.3.2 数据收集

本研究以科技型小微企业为研究对象，主要通过问卷调查方式来收集数据。为了保证分析结果的准确性，本研究对问卷发放对象和发放渠道进行了严格的控制。首先，在问卷发放对象的选择上，由于本研究涉及企业商业模式设计、创新绩效等多方面情况，而企业内只有中高层管理人员才能全面了解这些情况，因此本研究问卷的主要发放对象是企业内的中高层管理人员。其次，在问卷发放渠道的选择上，为了提高数据的代表性和可靠性，主要通过以下三种渠道发放、收集数据（见表6.2）：① 对西安市高新技术开发区和西安大普光电信息科技产业园的样本企业进行问卷调查，通过电子邮件、实地发放等方式收集问卷，选择高新区和产业园区作为调研地点是因为这两个区域是科技型中小微企业的集中区域，有助于问卷集中发放和收集；② 对西安市高校 MBA 和 EMBA 学员进行调查，通过课堂发放纸质问卷，现场填写和回收；③ 通过导师和个人关系网络，委托亲戚朋友有针对性地发放电子问卷。

表6.2 问卷发放和回收情况

发放途径	发放数量	回收数量	回收率	有效数量	有效率
企业园区调研	310	207	66.80%	161	77.80%
MBA/EMBA 学员	75	68	90.70%	40	58.90%
个人关系	15	15	100%	14	93.30%
总计	400	290	72.50%	215	74.10%

在对样本信息处理上，本研究参照 Hair 等提出的问卷数据处理方法对回收数据进行检验与处理。首先检查问卷完整性，剔除漏答率高于 15% 的问卷，并对其他有漏答题目的问卷使用平均数取代法进行缺失值填充，然后剔除在反向题项检验中不合格以及大量题目勾选同一选项的问卷，最后剔除样本企业不是科技型小微企业的问卷，由此得到有效问卷数量。

6.3.3 数据统计与分析方法

本研究主要采用结构方程模型的方法(structural equation modeling)分析数据,因为结构方程模型相比传统分析方法(如多元方差分析、多元回归分析等)有以下优势:① 结构方程模型方法对因变量的方差和协方差的同质性(homogeneity)假设没有限制要求;② 结构方程模型可以纠正构念测量中的测量误差(measurement error);③ 结构方程模型允许对理论关系进行完整的建模;④ 结构方程模型能够同时检验测量模型与结构模型。本研究选用基于成分分析的 PLS(partial least squares techinque)技术,因为跟协方差分析技术相比,PLS 对样本规模、残差分布和测量类型没有苛刻的要求,并且可以同时处理反映型与构成型的构念。

本研究使用 Smart PLS(2.0M3 版)软件对问卷回收的数据进行统计分析,主要包括描述性统计、信度与效度检验、相关分析、层次回归分析等。

(1)描述性统计分析。本研究主要对样本企业的相关信息,包括企业成立时间、员工人数、行业类型等情况进行统计分析。

(2)信度与效度检验。信度表示测量结果的一致性和稳定性。本研究采用 Cronbach's α 系数来检验各变量测量结果的内部一致性。一般认为,当 $\alpha > 0.7$ 时,量表的信度是可以接受的。效度表示测量结果接近所要测量的变量的真实内涵的程度,主要包括内容效度和构念效度,构念效度又分为聚合效度和区分效度。本研究所使用的问卷均来自现有文献中的成熟量表,并通过咨询相关领域的专家和预调研之后对问卷进行了恰当修改,因此具有较好的内容效度。本研究采用因子分析的方法检验各个变量的构念效度。

(3)相关分析。本研究以 Pearson 相关系数分析控制变量(企业年龄、行业类型、企业规模等)、自变量(新颖型商业模式设计和效率型商业模式设计)、调节变量(关系嵌入性和结构嵌入性)和因变量(创新绩效)之间的相关系数矩阵,观察各个变量之间是否显著性相关。

(4)层次回归分析。层次回归分析可以直接观察随着自变量的增加各个模型解释力的变化,进而分析进入的自变量对因变量的解释程度。因此,本研究采用层次回归分析方法来验证科技型小微企业商业模式设计与创新绩效之间的关系,并验证关系嵌入性和结构嵌入性在其中的调节作用。

6.4 实证检验

6.4.1 描述性统计

本研究共发放问卷 400 份,回收 290 份,回收率 72.5%;其中有效问卷 215 份,有效率 74.14%。样本企业特征的分布情况如表 6.3 所示,各变量题项的均值和标准差的描述性分析结果如表 6.4 所示。从样本企业成立时间上看,除成立 20 年以上企业之外,其他各年龄段企业的数量基本相当;从样本企业类型上看,涵盖了 IT、生物医药、光机电、通讯、新材料和新能源等多个行业类型;从被调查者职位上看,以企业中高层管理人员为主,包括董事长和总经理、副总经理和部门经理,并且副总经理以上职位者占比在 80% 以上;另外,从企业员工数量上看,本次获取的样本分布情况也较为均匀。从总体上看,样本企业基本特征分布情况基本均匀,样本数据较为稳定,有助于提高本研究的外在效度。

表 6.3 样本企业特征的分布情况

企业属性	企业分类	样本数	百分比(%)
成立时间	0~5 年	84	38.9
	5~10 年	70	32.4
	10~20 年	44	20.6
	20 年以上	17	8.1
员工数量	1~20 人	74	34.6
	20~50 人	57	26.3
	50~200 人	62	29
	200 人以上	22	10.1
企业类型	IT 产业	68	31.6
	生物医药产业	52	24.2
	光机电产业	34	15.8
	通讯产业	25	11.6
	新材料产业	20	9.5
	新能源产业	16	7.3
被调查者职位	董事长/总经理	32	14.8
	副总经理	147	68.5
	部门经理	36	16.7

表 6.4 变量题项的描述性统计

题项	均值	标准差	题项	均值	标准差
IP1	4.50	1.600	EBM4	1.70	1.426
IP2	4.70	1.584	EBM5	4.47	1.475
IP3	4.27	1.633	EBM6	4.67	1.445
IP4	4.43	1.566	RE1	4.82	1.349
NBM1	4.70	1.363	RE2	4.48	1.543
NBM2	4.68	1.394	RE3	4.40	1.478
NBM3	4.51	1.427	RE4	4.56	1.371
NBM4	4.38	1.489	SE1	4.24	1.400

题项	均值	标准差	题项	均值	标准差
NBM5	4.89	1.489	SE2	4.17	1.623
NBM6	5.03	1.327	SE3	4.97	1.322
EBM1	4.97	1.327	SE4	4.84	1.262
EBM2	4.85	1.386	SE5	4.85	1.318
EBM3	5.30	1.271			

6.4.2 信度与效度检验

本研究采用基于 PLS 技术的结构方程模型方法检验研究模型，所用软件为 SmartPLS version 2.0.M3。对测量模型的检验包括对构念的信度、内容效度和结构效度的检验。对信度的检验，本研究采用组合信度和 Cronbach's α 值来检验构念的信度。如表 6.5 所示，所有构念的组合信度和 Cronbach's α 值均大于 0.8，满足 0.7 的阈值要求，这表明本文使用的量表具有较好的信度。对内容效度的检验，由于本研究所使用的问卷均来自现有文献中的成熟量表，并通过咨询相关领域的专家和预调研之后对问卷进行了恰当修改，因此具有较好的内容效度。聚合效度的检验通常使用构念的 AVE 值和题项的载荷值来衡量，要求构念的 AVE 值大于 0.5，题项的载荷值大于 0.7。如表 6.5 所示，所有构念的 AVE 值均大于 0.5。如表 6.6 可见，测量题项在所测构念上的载荷值（加粗数值）均大于 0.7，除了创新绩效的题项 IP4 载荷值为 0.689，接近 0.7。因此，构念具有良好的聚合效度。

区分效度的检验标准有两个：① 构念的 AVE 值的算数平方根大于该构念与其他任一构念之间的相关系数值，如表 6.5 所示，所有构念的 AVE 值（加粗值）的平方根均大于构念与其他构念之间的相关系数值（加粗值所在行和列的其他数值）；② 题项在所测构念上的载荷值大于与其他任一构念的交叉载荷值。如表 6.6 所示，所有加粗值均大于该值所在行和列的所有非加粗值。因此，该测量模型具有较好的区分效度。

表 6.5 测量信度和效度检验

构念	CR	CA	AVE	NBM	EBM	IP	RE	SE
NBM	0.904	0.898	0.759	0.871				
EBM	0.845	0.893	0.646	0.646	0.804			
IP	0.812	0.91	0.59	0.769	0.754	0.768		
RE	0.961	0.875	0.891	0.531	0.627	0.677	0.944	
SE	0.918	0.918	0.786	0.671	0.618	0.666	0.537	0.887

注：CR：组合信度，CA：Cronbach's α，矩阵对角线上加粗数值为 AVE 值得算数平方根

表 6.6　测量题项的载荷和交叉载荷值

构　念	题项	NBM	EBM	IP	RE	SE
新颖型商业模式设计（NBM）	NBM1	0.75	0.603	0.559	0.44	0.574
	NBM2	0.727	0.428	0.448	0.382	0.518
	NBM3	0.765	0.534	0.586	0.479	0.532
	NBM4	0.796	0.535	0.472	0.56	0.493
	NBM5	0.725	0.519	0.55	0.641	0.566
	NBM6	0.738	0.484	0.517	0.641	0.559
效率型商业模式设计（EBM）	EBM1	0.569	0.864	0.584	0.594	0.601
	EBM2	0.566	0.862	0.445	0.584	0.632
	EBM3	0.489	0.824	0.553	0.612	0.483
	EBM4	0.597	0.816	0.554	0.597	0.589
	EBM5	0.563	0.809	0.606	0.548	0.626
	EBM6	0.596	0.772	0.471	0.546	0.581
创新绩效（IP）	IP1	0.589	0.553	0.862	0.428	0.507
	IP2	0.626	0.595	0.893	0.511	0.605
	IP3	0.641	0.601	0.901	0.526	0.516
	IP4	0.461	0.469	0.689	0.55	0.488
关系嵌入型（RE）	RE1	0.607	0.523	0.463	0.777	0.535
	RE2	0.605	0.571	0.466	0.825	0.626
	RE3	0.516	0.573	0.505	0.78	0.418
	RE4	0.524	0.533	0.443	0.732	0.511
结构嵌入型（SE）	SE1	0.545	0.617	0.552	0.436	0.753
	SE2	0.548	0.583	0.62	0.596	0.804
	SE3	0.564	0.641	0.664	0.601	0.871
	SE4	0.597	0.664	0.517	0.469	0.725
	SE5	0.497	0.545	0.598	0.553	0.852

6.4.3　相关分析

相关分析是对各变量之间的相关性进行研究。在本研究中，采用 Pearson 系数检验控制变量、自变量、调节变量和因变量之间的相关性，结果如表 6.7 所示：

表 6.7　各变量之间的相关关系(N=215)

变量	1	2	3	4	5	6	7	8
1 企业年龄	1							
2 企业规模	0.418**	1						
3 行为类型	0.174	0.066	1					
4 结构嵌入性	0.003	0.313**	0.037	1				
5 关系嵌入性	0.024	−0.226**	−0.233**	−0.079	1			
6 新颖型商业模式设计	0.008	−0.062	−0.363**	0.447**	0.423**	1		
7 效率型商业模式设计	0.076	−0.308**	−0.048**	−0.171*	0.334**	0.385**	1	
8 创新绩效	0.026	−0.085	−0.19**	−0.266*	0.385**	0.466**	0.479**	1

注：** 表示显著性水平 p<0.01，* 表示显著性水平 p<0.05(均是双尾检验)

从表 6.7 可以看出，新颖型商业模式设计和效率型商业模式设计均与创新绩效之间存在显著的相关关系。调节变量(关系嵌入性和结构嵌入性)与自变量(新颖型商业模式设计和效率型商业模式设计)和因变量(创新绩效)之间也存在显著的相关关系。这对本研究的假设验证提供了初步的证据，下一节将采用层次回归分析的方法对变量之间的关系进行精确地检验。

6.4.4　层次回归分析

本文将通过层次回归的方法来检验本章提出的研究假设。本研究的控制变量为企业成立时间、行业类型和企业规模；自变量为新颖型商业模式设计和效率型商业模式设计；因变量为企业创新绩效；调节变量为结构嵌入性和关系嵌入性。在分析调节效应之前，首先要对数据进行标准化和中心化处理，并求出两个自变量和两个调节变量的交互项，带入层次回归模型中。

回归分析分为五个步骤：① 放入控制变量(企业年龄、行业类型和企业规模)得到模型 1；② 在模型 1 的基础上，加入自变量(新颖型商业模式设计和效率型商业模式设计)和调节变量(关系嵌入性和结构嵌入性)得到模型 2；③ 在模型 2 的基础上，加入表征关系嵌入性调节作用的两个交互项(新颖型商业模式设计＊关系嵌入性、效率型商业模式设计＊关系嵌入性)得到模型 3；④ 在模型 2 的基础上，加入表征结构嵌入性调节作用的两个交互项(新颖型商业模式设计＊结构嵌入性、效率型商业模式设计＊结构嵌入性)得到模型 4；⑤ 在模型 2 的基础上，加入全部交互项得到模型 5。回归分析结果如表 6.8 所示。

模型 1 主要用于观察控制变量对创新绩效的解释作用。

对比模型 2 和模型 1 可以发现，引入自变量和调节变量之后，对创新绩效的解释程度显著提高，R2 从 0.115 提高到 0.483，说明模型 2 比模型 1 能更好地对创新绩效进行解释。具体来看，新颖型商业模式设计的回归系数为 0.355(p<0.01)，说明科技型小微企业新颖型商业模式设计对创新绩效有显著的正向影响，假设 H1 成立；效率型商业模式设计

的回归系数为 0.113（p＜0.01），说明科技型小微企业效率型商业模式设计对创新绩效有显著的正向影响，假设 H2 成立。

对比模型 3 和模型 2 发现，引入关系嵌入性和商业模式设计的交互项后，R2 从 0.483 提高到 0.569，说明模型 3 比模型 2 能更好地对创新绩效进行解释。具体来看，新颖型商业模式设计与关系嵌入性交互项的回归系数为 0.137（p＜0.001），说明关系嵌入性对科技型小微企业新颖型商业模式设计与创新绩效的关系有显著的调节作用，假设 H3a 成立；效率型商业模式设计与关系嵌入性交互项的回归系数为负（－0.016）且不显著，说明关系嵌入性对科技型小微企业效率型商业模式设计与创新绩效的关系没有显著调节作用，假设 H3b 不成立。

对比模型 4 和模型 2 发现，引入结构嵌入性和商业模式设计的交互项后，R2 从 0.483 提高到 0.535，说明模型 3 比模型 2 能更好地对创新绩效进行解释。具体来看，新颖型商业模式设计与结构嵌入性交互项的回归系数为 0.121（p＜0.01），说明结构嵌入性对科技型小微企业新颖型商业模式设计与创新绩效的关系有显著的调节作用，假设 H4a 成立；效率型商业模式设计与结构嵌入性交互项的回归系数为 0.164（p＜0.05），说明结构嵌入性对科技型小微企业效率型商业模式设计与创新绩效的关系有显著的调节作用，假设 H4b 成立。

表 6.8　回归分析结果（N＝215）

变　量	创新绩效				
	模型 1	模型 2	模型 3	模型 4	模型 5
控制变量					
企业年龄	0.004	0.001	0.001	－0.002	－0.002
企业规模	0.051	0.045	0.031	0.044	0.035
行业类型	－0.258**	－0.312**	－0.089**	－0.157***	－0.221**
自变量					
新颖型商业模式设计		0.355**	0.465**	0.365***	0.324***
效率型商业模式设计		0.113**	0.253**	0.120***	0.317***
调节变量					
关系嵌入性		－0.016	－0.91*	－0.008	－0.69*
结构嵌入性		－0.020	0.020	0.035	0.058＋
交互项					
新颖型商业模式设计＊关系嵌入性			0.137***		0.139***
效率型商业模式设计＊关系嵌入性			－0.016		－0.019
新颖型商业模式设计＊结构嵌入性				0.121**	0.117**
效率型商业模式设计＊结构嵌入性				0.164*	0.128*
R^2	0.115	0.483	0.569	0.535	0.625

变　　量	创 新 绩 效				
	模型 1	模型 2	模型 3	模型 4	模型 5
调整后 R^2	0.098	0.448	0.540	0.507	0.597
ΔR^2	0.151	0.368	0.086	0.052	0.597 （对比模型 3）
					0.09 （对比模型 4）
F	5.254**	32.457***	35.322***	29.544***	29.162***
注：*** 表示 $P<0.001$，** 表示 $P<0.01$，* 表示 $P<0.05$，+ 表示 $P<0.10$					

6.4.5　结论与讨论

1. 商业模式设计与创新绩效

（1）新颖型商业模式设计对创新绩效的影响。分析结果表明，科技型小微企业新颖型商业模式设计对创新绩效有显著的正向影响，这与 Zott 和 Amit 的研究结果具有相似性。首先，从企业价值创造的角度看，科技型小微企业拥有较高的信息和通信技术水平，通过新颖型商业模式设计以一种新的方式将其产品或服务推向市场，能够获取更多的价值和价值增值，进而实现创新绩效的提升；其次，从交易方式和交易机制的角度看，信息技术的飞速发展，使科技型小微企业不需要很高的成本就可以参与到社会网络活动中并与其中的利益相关者建立密切的合作关系，通过构建新的交易路径，降低了科技型小微企业的"新进入者劣势"现象，有助于竞争优势的获取和创新绩效的提升；最后，从资源获取的角度看，科技型小微企业商业模式新颖性程度越高，在与客户、供应商及其合作伙伴的交易联系过程中，就越有利于企业创造和吸收外部的信息、知识和技术，从而提高创新绩效。

（2）效率型商业模式设计对创新绩效的影响。分析结果表明，科技型小微企业效率型商业模式设计对创新绩效有显著的正向影响，这与 Zott 和 Amit 的研究结果具有相似性。首先，从交易成本的角度看，科技型小微企业效率型商业模式设计能够降低企业与其利益相关者之间的直接成本和间接成本，提高交易效率，从而提升企业绩效。其次，从信息共享的角度看，科技型小微企业效率型商业模式设计能够减少参与者之间的信息不对称，增强企业与合作伙伴之间的信息共享性，使科技型小微企业获取有价值的外部信息和知识，从而实现创新绩效的提升。最后，从交易和管理效率的角度看，科技型小微企业效率型商业模式设计提高了企业间的交易效率，增加了企业与其利益相关者之间的黏性，这种黏性通过减少客户、合作伙伴和供应商的机会主义行为促进创新绩效的提升。

2. 关系嵌入性的调节作用

（1）关系嵌入性对新颖型商业模式设计与创新绩效关系的调节作用。层次回归分析结果表明，关系嵌入性越强，科技型小微企业新颖型商业模式设计对创新绩效的正向作用越显著，这与陈琦的研究结果具有相似性，如图 6.3 所示。

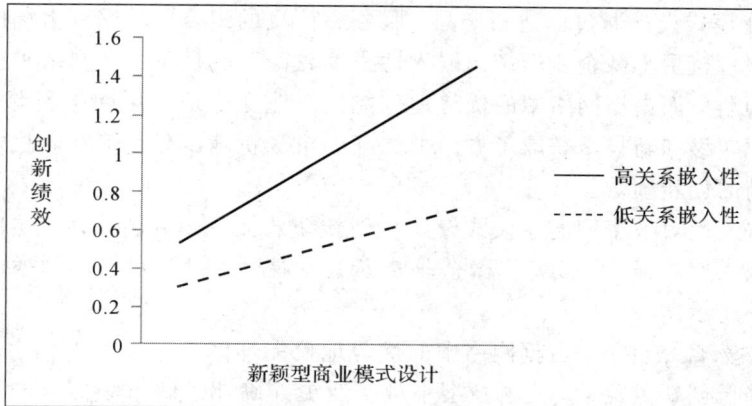

图 6.3　关系嵌入性对新颖型商业模式设计与创新绩效的调节效应

　　强关系嵌入性下，科技型小微企业新颖型商业模式设计对企业创新绩效的促进作用更加明显。这是因为新颖型商业模式设计能为企业提供新的交易机制和激励模式，在关系嵌入性较弱的条件下，合作伙伴可能会对这种新的交易机制产生疑惑，而强关系嵌入性能够强化企业与其合作伙伴之间的信任和承诺水平，推动企业与合作伙伴来共同解决所面临的问题，从而实现新颖型商业模式设计的预期效果，为企业提供新的价值增值，从而提升创新绩效。

　　（2）关系嵌入性对效率型商业模式设计与创新绩效关系的调节作用。由层次回归分析结果表明，关系嵌入性不会对科技型小微企业效率型商业模式设计与创新绩效的关系起显著调节作用。第一，科技型小微企业效率型商业模式设计对企业绩效有显著的正向影响，因此，无论企业关系嵌入性的强弱如何，企业本身和合作伙伴都会对此种商业模式设计产生认同感并且愿意在交易活动中采用这种商业模式，从而提升企业绩效；第二，对科技型小微企业来说，它们在交易活动中存在"新进入者劣势"，在这种情况下，企业不愿意和交易伙伴分享更多的市场信息，因此，企业与合作伙伴之间交易信息的不流通性和信息不对称性得不到缓解。

　　3. 结构嵌入性的调节作用

　　（1）结构嵌入性对新颖型商业模式设计与创新绩效关系的调节作用。层次回归分析结果表明，假设 H4a 得到证实，意味着结构嵌入性越强，科技型小微企业新颖型商业模式设计对创新绩效的正向作用越显著，如图 6.4 所示。

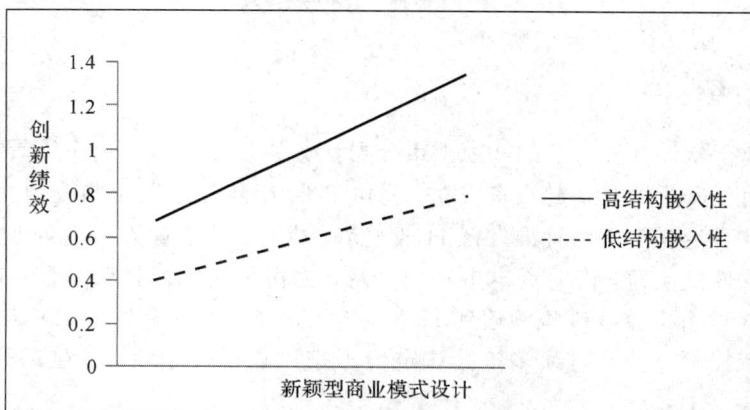

图 6.4 结构嵌入性对新颖型商业模式设计与创新绩效的调节效应

新颖型商业模式设计通过创造新产品、服务和信息的组合，对现有市场内潜在资源的价值进行升级。科技型小微企业的结构嵌入性程度越高，企业在社会网络中就具有更高的先发优势和可见性，而占据网络中的优势地位能使企业更好地利用网络资源，帮助企业在信息交换、知识转移和新技术获取等方面把握新的市场机遇，有利于企业战略策略的顺利实施，获取更高的创新绩效。

（2）结构嵌入性对效率型商业模式设计与创新绩效关系的调节作用。层次回归分析结果表明，结构嵌入性越强，科技型小微企业效率型商业模式设计对创新绩效的正向作用越显著，如图 6.5 所示。

在高结构嵌入性条件下，占据网络中的优势地位能够降低企业间的信息不对称性，减少研发成本，降低创新风险，并使科技型小微企业更准确地了解市场需求的变动和技术环境的变化，进而调整企业经营战略，有利于企业更好地发挥后发优势。此外，结构嵌入性较强时，有助于提高企业在动态环境下对市场需求及竞争情况的掌控，进而通过效率型商业模式设计促进企业绩效的提升。

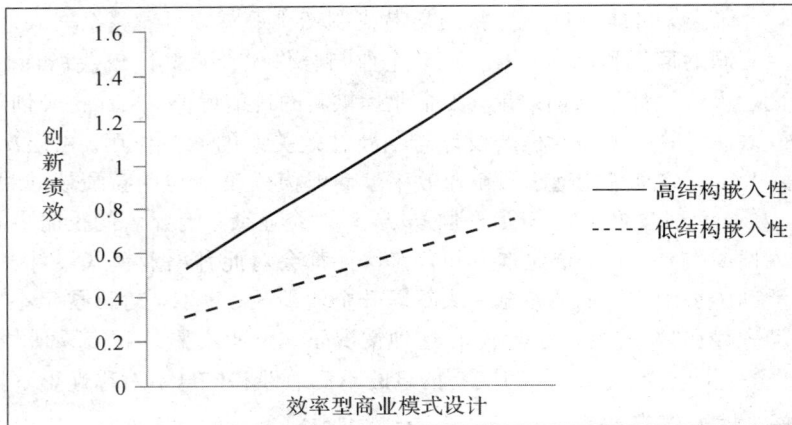

图 6.5　结构嵌入性对效率型商业模式设计与创新绩效的调节效应

6.5　实例应用

6.5.1　实例介绍

X 企业是属于软件开发行业的一家上市公司，成立于 1996 年，由一支具有市场探索精神的大学计算机系师生团队一起出资成立。公司于 2001 年完成股份制改制并于 2002 年获得中国证监会及香港联交所的批准发行 H 股上市，成为国内首家在香港创业板上市的国内大型通信行业软件供应商，借助资本市场的力量，公司规模不断扩张，业务遍及全国主要省市。发展至 2017 年，企业销售额达到 17 307.6 万元，企业共有员工 223 人，是国家级火炬计划重点高新技术企业，连续多年被认定为国家重点软件企业，并已通过 CMMI 三级评估。

公司的主营业务是提供电讯解决方案、买卖硬件及计算机软件、提供电讯增值服务以及投资控股等，日常运营主要通过三个业务分部：提供通讯解决方案分部、硬件及计算机软件贸易分部和提供通信增值服务分部。公司还通过其子公司从事投资控股业务。该公司名下拥有多家控股子公司，在公司统一、高效的运营体系下，各子公司整合行业资源、与各运营商紧密合作，已经在全国众多省市推出了多项服务，如通信网络增值服务、大众增值服务、行业增值服务、GPS/GIS 服务等已在市场上打开局面。其运营商信息化支撑系统更是在全国的通信行业市场中排名前列。

X 企业得力于高新技术的支持、卓越的管理体系和开拓创新的精神，在业界树立了良好的品牌形象。其立足于个人和企业客户，为客户提供切实所需的服务，努力创造公司与客户双赢的美好局面。X 企业信奉员工—服务—利润的理念，保障员工安居乐业，保障客户在每次服务完成后都感到满意。企业本着对个人客户和企业客户负责、对一起共事的所有员工负责、对各通信运营商和业务合作伙伴负责、对全体股东负责的信条，在"认真、宽松、严格"的六字方针指导下，围绕 3G 为方向，致力于把公司铸就成为业绩卓越的电信增值服务运营商。

企业运用云服务、大数据、移动互联等新兴技术推动公司的服务升级，凭借已有行业经验、专业技术和品牌影响，深入了解传统企业的转型需求，帮助其进行系统支持下的整体业务流程变革，在金融证券领域、能源电力行业、物流行业和电子商务领域均取得了积极的进展，与中国农业银行、上海清算所、华能、中国邮政、顺丰等企业不断深化合作。

6.5.2 实例分析

1. 通过对 X 企业所收集到的材料做初步分析，得到 X 企业的商业模式设计状况

（1）效率型商业模式。X 企业的运营体系统一、高效，具有行业资源整合优势，与各大电信基础运营企业合作紧密，已在全国众多地区推出了多种服务，如服务、通信网络增值服务、行业增值服务、大众增值服务等，特别是在运营商信息化支撑系统下，在全国的通信行业市场中名列前茅。

大规模项目实施管理能力为业务拓展保驾护航。经过多年的大型项目积累，通过借鉴行业最佳实践并结合自身丰富经验，公司形成了成本控制与风险管理兼顾的过程架构、方法库与工具。尤其在实施国际大型项目时，公司通过全球资源的优化配置、项目管控与实时评估，确保了项目计划的切实执行和有效落实；通过有效的成本控制，为客户投资创造更大价值。

（2）新颖型商业模式。公司引进思科先进技术，研发和建设具有自主知识产权的智能互联城市公共服务云平台，并且成功地应用在某市电子政务云、智慧城管云等多个试点项目中。通过聚焦云服务与大数据，根据自身核心能力和深入行业的垂直行业解决方案积累，通过自身转型求变，帮助传统行业进行整体业务的流程变革，在国际业务、国内业务两大方向实现均衡发展，特别在云服务、大数据、金融创新、O2O 领域有了重点突破。

面对在岸市场软件研发服务需求的迅速释放，公司运用云服务、大数据、移动互联等新兴技术推动公司的服务升级，凭借已有的行业经验、专业技术和品牌影响，深入了解传统企业的转型需求，帮助其进行系统支持下的整体业务流程变革。

2. 网络嵌入性：

对维度划分沿用结构嵌入性与关系嵌入性的分析框架，分别控计关系嵌入性和结构嵌入性如何影响企业创新绩效。

（1）关系嵌入性。基于"协同、共享、融合"发展理念，X公司与其合作伙伴建立起了较为密切的关系。作为中国智慧城市便民协同服务理念的开拓者，X公司为广大城市提供便民协同云服务全面解决方案，企业拥有一支系统集成技术团队，能够给客户提供全方位的系统集成解决方案。同时，在提供电信解决方案、电信增值服务方面，公司与国内主要电信运营商保持紧密业务合作，在国内多个城市开展相关服务。与合作伙伴之间的信任、信息共享的程度均较高，在为客户提供服务方面，X企业与合作伙伴能够一起协同交流，达到资源信息共享，更高效率更高质量地解决客户面临的问题。在日常运营方面，X企业与戴尔、浪潮、H3C等品牌公司建立起密切的合作关系，关系质量较高。

（2）结构嵌入性。以"用科技创造更美好的生活"为企业的发展使命，X公司的客户群体遍布全国，在60余个城市提供了规划、设计、咨询、系统开发、应用集成、工程实施、运维外包、合资运营等服务。在60余个城市群体中，建立起了比较完备的服务体系，与客户群所在城市的企业建立起友好的合作共赢关系。X企业的关系网络铺展面积较高，并且，X公司与其关系网络内的成员之间，并不是单次交易的关系，而是建立起长期稳定的合作联系，与其网络成员内的交流互动和联系都较为密切。X公司依托其庞大的关系网络，及与网络成员间的稳定的合作关系、默契的技术沟通、高效的合作方式，更好地促进任务的实现，解决客户的问题。

X公司在新颖性商业模式和效率型商业模式设计下，在关系性嵌入及结构性嵌入的双重作用下，取得了较高的创新绩效，在技术上获得了创新进步，推出属于公司的创新产品，构建起越来越完善的服务平台；同时，公司在服务领域也取到了良好的创新业绩，为客户提供了创新服务，解决客户面临的问题，创新了为其客户群所在城市市民的服务模式，达到了良好的业绩水平，进而取得了良好的业务收益。

在未来发展中，公司会继续依托商业模式及网络嵌入的促进作用，强化公司产品与业务的不断创新，以市场为导向，以智慧城市建设为核心，借助移动互联网高速发展的东风，构建更加安全、高效、便捷、智能的数字化城市信息服务平台，为广大市民百姓提供增值服务与信息通道，立志成为国内领先的移动互联网数字服务综合供应商。

企业的创新绩效是衡量企业技术创新活动的结果，通常用新产品数、申请专利数、新产品开发速度和创新产品的成功率等来表征。

D企业连续多年被认定为国家重点软件企业，为国家级火炬计划重点高新技术企业，已通过三级评估，获得《中华人民共和国对外承包工程资格证书》。长期以来，D企业重视科技研发的持续投入与技术累积，与国内重点大学合作成立联合技术研究中心，先后开展了计算金融技术、兼容内核、智能互联的数据交换系统、嵌入式软件等一系列核心技术，并在云应用平台、大数据、移动互联、电子支付等领域积极进行技术储备。深入垂直行业的云应用解决方案能力日益凸显，形成了以劳动保障一体化、数字城管、市民一卡通、智能电网、智慧金融、电子政务等产品为核心的"智慧城市"解决方案群，并且已经在国内数十个城市成功实施。D企业的效率性商业模式设计为一般，其创新模式为差。

D企业的商业模式设计及组织学习都对企业的创新绩效产生着影响。其中，新颖型商业模式设计对应探索性学习，效率型商业模式设计对应利用性学习，商业模式对企业的创新绩效产生着重要的影响。

6.5.3　管理启示

尽管目前对科技型小微企业商业模式设计的研究还处于起步阶段，但在科技型小微企业的创新活动中商业模式设计对创新绩效的影响发挥着重要作用。本文以科技型小微企业商业模式设计为研究切入点，探讨了商业模式设计对创新绩效的影响机制，具有一定的实践意义。

1. 要重视商业模式设计对科技型小微企业创新绩效提升的作用

研究结果表明，新颖型和效率型商业模式设计均对创新绩效有促进作用。在当前经济全球化和信息技术高速发展的时代，商业模式设计不仅有助于科技型小微企业发挥其先天优势，而且能够帮助其克服"新进入者劣势"。对科技型小微企业来说，利用商业模式设计克服"新进入者劣势"，已成为科技型小微企业获取竞争优势、提升企业绩效的重要手段。因此，在科技型小微企业技术创新过程中，要充分考虑商业模式设计的重要作用，并根据企业特点选择合适的商业模式设计类型。

2. 要根据企业的网络嵌入性特点设计并优化商业模式，提升创新绩效

虽然新颖型和效率型商业模式设计都对创新绩效有正向影响，但在不同的网络嵌入性条件下它们对创新绩效的促进作用是不同的：结构嵌入性越强，科技型小微企业新颖型和效率型商业模式设计对创新绩效的正向作用越显著；关系嵌入性越强，科技型小微企业新颖型商业模式设计对创新绩效的正向作用越显著。因此，当企业在社会网络中处于优势地位时，效率型商业模式设计能够更好地帮助企业获取关键信息和技术，提升创新绩效；当企业与其利益相关者保持较好的合作关系时，新颖型商业模式设计能够更好地促进创新绩效的提升。因此，在了解商业模式设计对创新绩效影响机制的基础上，企业需要根据自身的网络嵌入性对商业模式进行设计，从而优化配置关键资源，提升创新绩效。

3. 要优化企业网络嵌入模式，提升企业商业模式设计和匹配能力

Uzzi 指出，过度嵌入和嵌入不足都不能给企业带来最优绩效。因此，科技型小微企业必须以恰当的方式嵌入到关系网络中，并通过商业模式设计促进企业创新绩效的提升。研究表明，结构嵌入性对新颖型和效率型商业模式设计都有促进作用，关系嵌入性对新颖型商业模式设计有促进作用。因此，科技型小微企业要不断提高在关系网络中的地位及其与合作伙伴的关系以获取更多关键信息、知识和技术资源，从而提升企业商业模式设计能力。

第七章　初创科技型小微企业商业模式设计

本章以无人机行业的初创科技型小微企业为例,整理分析出初创科技型小微企业目前存在的技术门槛高、市场空间广泛、高收益性、监管严格、法规不健全等特点,剖析出商业模式创新的核心是产业价值链的不断革新调整。对无人机行业初创科技型小微企业而言,低成本飞行体验和产品创新是其商业模式生命力,外部政策风险是其商业模式重要影响因素,通过多项行动策略实现在价值链上的价值创造,进而推动企业生存和持续发展。在对商业模式设计、生命周期理论和企业成长理论整理研究分析的基础上,采用扎根理论质性分析方法,以细化无人机初创小微企业商业模式结构要素、厘清商业模式要素之间的关系,对无人机行业初创科技型小微企业的商业模式进行了资料整理、扎根归纳,构建出初创科技型小微企业商业模式,同时选取特洛(Tello)无人机公司进行实例应用,验证所构建模式的普适性。

研究所构建模式是针对无人机产业的初创科技型小微企业的通用整合模式,对适用于初创科技型小微企业商业模式的描述、评价和商业模式创新的系统归纳,也将进一步扩充并完善现有商业模式理论,力求为初创科技型小微企业商业模式改进提供理论基础,同时对商业模式演化提出建议。

7.1　概念界定与基础理论

7.1.1　概念界定

1. 商业模式设计概念界定

在商业模式竞争成为发展趋势的时代,如何辨识和设计商业模式至关重要。Magretta (2002)认为商业模式设计就是要解决以下问题:谁是客户? 客户价值是什么? 将这种价值以合适的成本交付给客户的根本经济逻辑是什么? 而与之相对应的是,Osterwalder(2004)认为商业模式设计是一种关系,它能通过可视化工具帮助设计者把握和设计商业模式的基本要素、属性以及之间的相互关系。张双文(2007)认为商业模式的设计理念在商业模式设计和价值获取之间起到协调作用,设计逻辑描述了初创企业生存和获取利润的业务流程过程。王翔和李东(2013)认为商业模式设计是构造跨边界商业系统,它能为客户、企业和上下游或跨产业的伙伴创造价值,通过整体多方协作、互利共赢来实现整体系统经营优势。程愚、孙建国(2013)认为商业模式设计的关键是一般性、基础性理论模型的有效构筑,其意义在于能够明确企业经营活动创造价值的内容,与顾客达成产生收益的安排,以及上游和下游伙伴的价值定位。

综合以上研究，商业模式设计一方面是运用科学和系统的方法指导原则、技术来定义某个系统的结构，使其能够最大程度地发挥出预先设定的功能效用；另一方面，它从客户需求出发，通过对企业外部环境与内部资源的综合分析，明确企业的资源优势，确定企业与市场的契合点，以实现核心能力构筑的战略目标。可以说，商业模式设计是企业内部资源能力与外部市场机会耦合的过程。

2. 科技型小微企业概念界定

2017 年 5 月 3 日科技部等三部门联合颁布《科技型中小企业评价办法》，将科技型企业界定为是由科技人员牵头或主创并以科技人员为主体，从事高新技术产品的研发和生产销售，以高科技成果转化商品出售为目的，以市场需求为导向的知识密集型经济个体。科技型中小企业被认定的条件包括以下几个方面：

（1）在我国境内（不包含港澳台地区）注册的居民企业。

（2）职工总数少于 500 人、年销售收入少于 2 亿元、资产总额少于 2 亿元。

（3）企业提供的产品或服务未被国家明文禁止、限制和淘汰。

（4）企业在填报上个年度及当年内没有发生重大安全质量事故、严重科研失信行为和严重违法失信，且企业没有被列入经营异常名录。

（5）企业按照评价指标进行综合评价所得分值超过 60 分，且科技人员评分得分应该大于 0 分。

按照《中小企业促进法》和《国务院关于进一步促进中小企业发展的若干意见》（国发〔2009〕36 号文）规定，从事工业生产加工的企业在岗人员少于 100 人或营业收入小于 4000 万元的为中小微型企业。同时，满足资产总额小于 3000 万元、从业人数小于 100 人且年度应纳税所得额小于 50 万元这三个标准的企业才是税收所指的小微企业。

我国对于初创科技型小微企业还没有准确的定义，应研究需要，结合目前出台的国家相关法律法规，本章拟对初创科技型小微企业定义为进入新兴科技行业不超过 5 年、公司收入高度依赖产品单一、年度应纳税所得额小于 50 万元的科技型中小型企业。

7.1.2 生命周期理论

企业的生命周期，是指企业诞生、成长、壮大、衰退甚至死亡的过程。虽然不同企业的寿命有长有短，但各个企业在生命周期的不同阶段所表现出来的特征却具有某些共性。迄今为止，关于生命周期的模型达到 30 多种，其中，爱迪思的模型最为出名。他把企业的成长过程划分为六个时期：孕育期、婴儿期、学步期、青春期、盛年期、稳定期。企业处在某一个生命阶段期都会遇到不同的问题。企业的规模和历史都不是企业成长和老化的主导因素，最主要的问题在于如何对企业进行科学有效的管理。对企业的管理并不是说为企业营造一个不会碰到任何问题的环境，而是结合企业现阶段的发展阶段，重点解决现阶段企业面临的问题，积极把企业引导进入盛年期。

如表 7.1 所示，虽然不同学者对企业生命周期的划分标准与划分阶段不尽相同，但是大家达成的共识是所有企业都必然经历一个明显的周期，即初创期、成长期、成熟期、衰退期，且呈现为"倒 U"型发展。

表 7.1　不同学者对生命周期的划分指标和划分标准

学者	出版年限	划分阶段数	划分指标	划分阶段
Haire	1959	5	管理水平	诞生、成长、成熟、衰退、死亡
Chandler	1962	4	战略与结构	初始扩张、资源积累、资源理化、多元化
Scott	1971	3	组织机构复杂度	始创期、高度成长期、成熟期
Greiner	1972	5	管理风格	创造性获得增长、指导与控制获得增长、获得性增长、协调获得增长、合作获得增长
Churchill	1983	4	管理风格、组织结构、运营系统、战略	创立、生存、发展、起飞、成熟
Adizes	1989	10	灵活性、可控性	孕育、婴儿、学步、青春、稳定、盛年、贵族、官僚初期、官僚期、死亡期
陈佳贵	1995	6	企业规模	孕育、生存、高速发展、成熟、衰退、蜕变
李业	2000	4	销售额	初创、成长、成熟、衰退
高洁	2003	4	销售额、收入增长率、市场占有增长率、科技成果转化增长率、成本降低率、规模扩张率、现金收益比增长率	创业、成长、成熟、衰退
Dickinson	2006	5	现金流量	导入、成长、成熟、动荡、衰退

7.1.3　企业成长理论

钱德勒认为企业的成长阶段大致可以划分为初始创业阶段、成长发展阶段、各个部门独立分权的阶段。

拉姆博奇根据企业的经济发展提出了企业成长模型:初创期的小企业阶段、成长期的快速发展的阶段、专业化管理的阶段、大规模生产的阶段。

马歇尔主要从以下几个方面对企业内生成长理论作了分析,包括内部经济和外部经济、企业家作用、企业竞争力等。内部经济指超行业水平的经济效益,这种超额效益是由企业良好的管理带来的。外部经济指企业有很大的市场成长空间。内部经济和外部经济的相互作用推动企业的成长。

克林·盖尔西克认为企业的成长周期分为几个阶段:初始的创业期、成长期、中期的成熟期、晚期的衰落期等。家族成员在不同的企业发展阶段采用的控制方式不同,所有权和利益的分配也不同。

斯蒂格勒则把研究的重点放在了企业的功能上面，他认为在成长的初期，一个企业主要是依靠内部的分工来获得发展的动力。随着企业的生产能力逐渐扩大、对市场占有率的提高，企业逐渐实现专业化的生产。

周三多将企业的成长过程划分为专业发展阶段、多元发展阶段、归核化发展阶段。

7.2 初创科技型小微企业的发展现状

7.2.1 初创科技型小微企业面临的问题

我国初创科技型小微企业经营灵活、发展迅速，因企业本身经济根底薄弱与开展高新技术所需高资金投入存在矛盾，使得大多数初创科技型小微企业面临着资金等诸多困难，其中既有来自企业本身的缺少资金和公司治理等缺陷，也有来自政府市场监管等外部政策及运营环境的制约。

1. 融资难

初创科技型小微企业以智力和其他无形技术资产的组合投入为主，尚未形成一定规模的固定资产，往往可供银行抵押担保进行贷款的可变现储存凭证不足，与金融机构要求的贷款融资硬性条件还存在差距。此外，由于我国金融市场还没有建立完备的信用体制，此类企业很难找到合适的担保人来进行融资。

2. 企业内部管理机制不健全

科技型小微企业发起人大多数来源于某些高等院校、科研机构或技术专家，企业主要管理成员大多是科技方面的专家而非管理专家，缺少财务等类别的专业人员，没有形成行之有效的风险控制措施，也没有健全的公司治理制度。

3. 收入不稳定

由无形技术类资产和有创新性思维的人才组成科技型小微企业中的智力资产是维持企业运营的最主要驱动力，这些处于初创期的企业通病是重技术研发而轻销售，基本没有迎合市场有经验的营销人员和健全的市场营销网络，导致企业经营初期就出现了销售难且资金回收慢的问题。因为知识具有不可贮存性，使得企业经营有效周期短且具有较高的风险，收入存在极大的不稳定性。

4. 政府政策支持不充分

对我国科技型小微企业的具有行政管理权的机构有科学技术局、科技协会、发改委等，这些机构服务功能分散又重叠，缺少统一协调性和权威性，经常会出现政出多门、相互矛盾，往往存在权责不清的现象。

7.2.2 初创科技型小微企业商业模式的特点

1. 单一性

对于初创科技型小微企业来说，往往只能集中所有技术研发力量开发单一产品，对单一产品依赖度很高，但产品单一却存在很多缺点：

（1）最大弊病是收入来源单一，当产品受到目标市场波动威胁时，公司的收入稳定性会受到严重威胁。

（2）当单一产品竞争力减弱时，因利润较少而易导致公司倒闭。

（3）单一产品不能满足全部细分市场，因为追逐利润需要最大化满足市场需求，为了占据市场份额而开发中低档产品，不同档次消费者同时使用同一档次产品会降低产品的品牌价值。

（4）多元产品的企业为了减少或消灭竞争对手，对单一产品的企业采取长期挤压策略展开市场围剿。

（5）单一产品天然存在消费者的使用疲劳等弊病，使客户关系变得不稳定。

2. 高成长性

科技型企业是指由科技人员牵头或主创并以科技人员为主体，从事高新技术产品的研发和生产销售，以高科技成果转化商品出售为目的，以市场需求为导向的知识密集型经济个体。科技型企业的产品或者服务一旦在市场上获得成功，由于技术诀窍、技术领先、知识产权的保护等，企业能有较大的市场份额，产品和服务的附加值较高，从而使企业迎来明显的增长期。

3. 可扩展性

初创科技型小微企业通常将在一个领域深耕作为突破点，但是当一个产品或是服务做到极致时，往往会将产品线横向发展，即遇到瓶颈以后通过可扩展的形式接入更多的产品和服务共同打造生态系统，从而推动企业的发展。

7.3 研 究 设 计

7.3.1 研究方法的选择

总结近几年的研究规律可以发现，扎根理论作为质性研究中的典型分析方法，以扎根理论为方法的研究也成为质性研究主流研究方式之一。区别于实证研究自上而下的范式，扎根分析从研究对象本身特性出发，对研究对象本身形成一种全面解释与分析，因而这种研究方式更适用于对特定行业的商业模式研究，也从而使商业模式研究多样性能够得到满足。（扎根理论相关内容详见本书第五章）。

鉴于目前对初创科技型小微企业商业模式的研究处于空白阶段，本章的研究是对初创科技型小微企业商业模式的初步探索，因此采纳扎根理论方法作为本章研究的方法。考虑到本章研究的目的之一是需要探索出初创科技型小微企业商业模式的共性，因而最为恰当的研究方法是选取具有代表性的案例作为样本进行案例研究。通过多种渠道建立案例研究文件资料库，采取实地调研走访、访谈记录以及网络搜索等渠道方式搜集原始文件资料，使用 Strauss 典型的三阶段扎根理论剖析理论编码方法，构造出初创科技型小微企业的商业模式。

运用多案例研究的方法可以帮助我们从具有代表性的案例企业发展轨迹中评估预测其发展趋势，找出具有代表性的一般规律。本章使用多案例研究方法的最重要的目的之一就是为了在原始文件资料中探寻具有代表性的一般规律，对尚未形成理论的科技型小微企业商业模式进行系统归纳总结，对无法使用量化剖析方法分析的文件资料展开质性剖析，逐渐构建出理论概念和模式来指导商业实践。

7.3.2 案例选择

1. 选择多案例研究的原因

本研究为了更好地在对案例的归纳总结中得出共同价值，使用了多个案例研究方法，使从不同案例中迅速发现、反复验证并最终确认其共同特征。同时，在对所有特征进行筛选后放弃其中的特有特征，进而对不同概念之间的关系进行比较精准的描述，以此使建立定义和概念主轴变得更加有效。

（1）现有理论研究的匮乏。对初创科技型小微企业的商业模式研究不足，需要从文件资料中归纳总结、提炼概念、梳理范畴推导出商业模式以及理论框架。

（2）研究问题的复杂性较高。研究商业模式是一个比较繁杂的问题，其中涉及多种因素，为了尽可能比较全面精准地呈现研究问题的全貌，需要基于一种全局观、辩证思维、系统化的分析视角来全面剖析商业模式。

（3）具有构建新颖理论的潜质。研究者经过深刻剖析案例资料，在编码过程中尽可能地还原真实现象，将案例资料、数据资料等所表现的情景真实地转化为理论要素，进而构建出具有丰富内涵的探索性理论框架。案例研究在组建理论框架体系过程中，时刻以数据要素的比较为核心，努力调动不同案例、数据、资料与已有文献进行对话。

（4）获得的理论具备实证效度。初创科技型小微企业商业模式的研究完全扎根于科学技术和市场创新驱动现象的提炼，基于数据研究中得到的理论具有普适性。

2. 案例选择的依据

扎根理论剖析的研究结果受限于选择案例的符合度，因此必须充分重视所选案例企业符合度、资料完整性和即时性。2015年民用消费级无人机市场需求开始爆发式增长，已经被称为我国民用消费级无人机"元年"。2017年12月，工信部颁布《关于促进和规范民用无人机制造业发展的指导意见》指出，2020年无人机市场计划规模将达到600亿元，年均计划增长率达到40%以上；到2025年无人机市场计划规模将达到1800亿元以上，年均计划增长率达到25%以上，无人机企业将迎来产业爆发式增长期。本章选取无人机行业初创科技型小微企业进行商业模式构建，而在案例选取上则选择广州亿航智能技术有限公司（以下简称"广州亿航智能"）和深圳零度智能飞行器有限公司（以下简称"深圳零度智能"）作为典型样本，主要是基于以下几点考虑：

（1）二者皆为无人机产业中具有代表性的初创期小微企业，利于探寻出具有代表性的一般规律。

（2）二者皆为国内消费级无人机的尝鲜者，具有典型性和普遍性。广州亿航智能和深圳零度智能分别于2014年和2015年正式进入消费级无人机市场。

（3）原始文件数据资料具有可获得性和准确性。研究小组主动通过相关渠道接触到广州亿航智能和深圳零度智能的大量资料。

本章在收集、检索以及摄取一手和二手资料时，为保证原始文件资料的有效性，研究小组成员在搜集资料前均经过严谨细致的培训。

3. 资料收集

因为商业模式具备反映企业的全局性情景的特点，一般情况下只有企业中层及以上领导对企业信息有比较完整的了解，所以我们可以通过直接和间接两种渠道接触，并对企业中高层领导进行访谈。在资料收集时，本次访谈的主要对象由营销总监、技术负责人等人员组成。同时，由于行业发展特点，处于初创期的广州亿航智能和深圳零度智能均需要不断提高市场曝光率，因此公开可查的资料也较为全面。为了最大限度保证搜集到的原始文件资料具有研究商业模式所需的信度和效度，研究小组通过各种方法建立了原始资料库，在研究过程中根据需要不断补充更新，最终形成无人机产业小微企业资料库，便于编码。同时案例资料的搜集和剖析工作是同步展开的，随着资料剖析的不断深入，涌现出来的新概念逐渐减少，大多是对已产生概念的补充描述。对研究商业模式的持续分析截至为不再有成熟的新概念提出，此时即可判定理论饱和，文献资料搜集工作即可停止。（编码策略同第五章 5.5 内容）。

7.3.3 设计方法

1. 编码步骤

扎根理论的 strauss 研究问题的方法第一步为开放编码，其研究过程细分为标签化、概念化和范畴化三个步骤。开放编码研究工作要求研究者站在一种客观公正的立场徐徐展开研究，将原始文件资料拆分碎片化，再将这些已经人为碎片化的信息另外给予概念化，组织成一个新的集合。

（1）标签化。标签化是将与研究主题密切相关的内容从原始文件资料中筛选出来，即在开放编码的剖析过程中将原始文件资料贴上标签，为下一步全面展开编码工作奠定基础，同时为了保证研究可信度，标签化工作保证标签可追溯定位原始文件资料的位置。本章是研究无人机产业初创期企业的商业模式结构模型，在开放编码前已经获取到大量复杂性基础数据，根据其自身特点，决定使用逐句编码策略。在对已收集到的原始文件资料逐句研磨，筛选出与无人机产业初创期企业商业模式相关联的文本并且做出标记。在标记过程中，需要最大程度上保留能够映射出的案例事实资料，不可主观臆断任何内容，坚持以研究问题客观性为准的原则。

（2）概念化。概念化的编码操作过程基本上与标签化编码过程相同，是将标签化过程中得到的标签展开并进行提炼归纳总结的过程。概念的命名最大程度上取自原生代码或者经过研究小组的集体讨论。本章研究的商业模式选取了无人机产业初创期企业的两个典型案例，首先将广州亿航智能相关的资料进行概念化，建立广州亿航智能概念化模型，之后对深圳零度智能进行概念化时与广州亿航智能概念模型不断对比，补充挖掘出新概念，充实或扩充已涌现出的概念维度，不断循环迭代，提炼出新的概念。

概念化不是一次性整理成型的，在开放编码过程中需要不断对已涌现出来的定义进行校验补充。随着案例文件资料剖析的深入，新资料涌现出来的新概念越来越少，基本上都是对已经形成的概念性质和维度的补充或者扩展说明。出现文件资料不再形成新的概念时，需要从事饱和度检验工作。

（3）范畴化。范畴化是在概念化的基础上进一步提炼，剖析聚类梳理产生的概念，将在主轴编码阶段展开验证工作。范畴化中的工作难点也是重点，判断已涌现出的概念是否可以合并组合，合并组合后形成新的概念能够协助我们界定范畴之间的内在逻辑关系。

本章研究商业模式文件资料采用逐句编码的方法，依据最初的原始文件资料内容排序标签，最大程度上使用了原生代码，通过上述标签化、概念化和范畴化不断深入的剖析，形成 347 个概念。将有内在逻辑关联关系的标签归纳总结提炼成概念，当涌现出一定数量的概念后，再依据概念内在逻辑联系关系归纳总结范畴化工作。严格恪守理论抽样以及持续比较研究指导思想，在编码过程中坚持客观性不断修正和补充概念及范畴，最后形成 63 个范畴，具体如表 7.2、表 7.3 所示。

表 7.2　编码标签化和概念化过程举例

标签	资　料　记　录	概念化
A001	起初用户多集中在航模爱好者	用户类型(n1)
A002	飞行体验是航模爱好者的首要考虑因素	用户体验(n2)
A003	无人机可以安全起飞或者落地平稳	飞行安全(n3)
⋮	⋮	⋮
A008	无人机起飞后，是否飞行平稳，抗风性能如何	飞行稳定性(n8)
A009	人机交互界面人性化、及时性等	技术优势(n9)
A010	产品成品控制性，客户对无人机售价反馈	销售(n10)
A011	内部管理体系，两家公司在人员架构上基本一致	组织架构(n11)
A012	民航局、中国航空运输协会对无人机飞行高度、速度监管设置	监管体系(n12)
A013	消费级无人机市场空间广阔，两家公司均希望成为行业领导者	公司愿景(n13)
A014	完成了 3 轮融资	资金支持(n14)
⋮	⋮	⋮
A022	航空材料，发动机，飞控系统，即时通信技术等	技术门槛(n22)
A023	为了鼓励无人机企业发展，广州和深圳均按要求认定无人机企业为科技型企业	政策支持(n23)
A024	研发产品后进行量产销售	市场策略(n24)
A027	可视化体验，App 操作	竞争优势(n25)
⋮	⋮	⋮
⋮	⋮	⋮
B001	腾讯与零度智能达成战略合作协议，深圳零度智能将得到两家股东大力支持	合作伙伴类型(n103)
B002	参加 CES 航展，争取传统电视节目亮相机会	推广策略(n104)
⋮	⋮	⋮
B013	提供禁飞区，售后在线服务	服务创新(n118)
B014	提供灵活的无人机配件服务，价格根据市场调节	售后定价(n119)
⋮	⋮	⋮
⋮	⋮	总计 347 个概念

资料来源：作者整理

表 7.3　开放编码范畴化举例

	范畴化	范畴的性质	性质的维度
A1	用户(n1, n10, n120, ……)	购买客户集中度	用户类型、用户数量、用户体验,用户习惯培养……
A2	宏观环境(n12, n17, n18, n22, ……)	无人机产业初创企业发展的环境	政策环境、宏观经济环境、社会文明环境、技术环境……
A3	企业战略(n4, n7, n23, n41, n74, n112, n123, n202, ……)	企业为实现长期发展制定的战略规划	发展愿景、竞争战略定位、是否多元化……
A4	企业能力(n2, n30, n34, n51, n86, n87, ……)	企业在行业内的优势	营销推广能力、管控能力、资源整合能力、创新能力……
A5	企业资源(n15, n74, ……, n83)	企业所控制或自有的生产要素	内部资源、外部资源
A6	发展意图(n16, n37, ……)	企业发展选择途径	市场份额、市场扩张,可持续性……
A7	社会效益(n8, n108, ……)	无人机企业发展带来的积极社会影响。	社会信任、品牌形象、社会影响力
A8	组织架构(n11, n35, n36, ……)	企业内部组织结构	管理团队构成、组织结构层次、决策制定方式
A9	合作伙伴(n104, ……, n118)	企业合作伙伴关系情况	股东构成,供应链企业,合作收益,合作方式……
A10	产品/服务(n9, n105, n106, n110, ……)	所提供产品和服务的具体情况	产品和服务方式、服务创新、服务优势……
A11	价值主张(n202, n203, n214)	企业价值以及对于用户的意义	价值体系、价值创造、价值流程……
A12	领导者(n45, n47, n61, ……)	领导者(管理者)情况	领导者能力、领导者经验、领导者精神……
A14	营销(n27, n109, n113, n114, ……)	发掘用户	营销理念、营销政策、营销分布区域……
A15	品牌(n74, n75, ……, n111, n112, ……)	无形技术资产,为企业带来溢价和增值	品牌效应、品牌经营方式、品牌成长速度……
	⋮	⋮	总计 63 个范畴

（资料来源：作者整理）

2. 分析步骤

主轴编码是通过典范模式的因果条件、现象、中介、行动和结果五个分析步骤将在开放编码过程中提炼出来的概念和范畴有机联系在一起。因果条件就是找出具体现象发生的最根本的原因；现象所呈现出来的仅是处于主要地位的概念。

本研究得出价值创造作为商业模式主范畴，该主范畴的确定是基于最初编码时期的概念和范畴自然形成的产物；而价值创造是指开放编码时期涌现出来次数最多的核心范畴，是与其余概念和范畴均能建立联系关系的关键范畴，符合价值链研究视角下无人机产业初创期企业商业模式结构模型的研究主题。在主轴编码阶段围绕基于价值链理论指导阐明商业模式不断发现概念与范畴之间、范畴与范畴之间所具有的内在逻辑关系，具体化各范畴的联系，进而更深入，直到达到概念与范畴之间以及范畴与范畴之间的内在逻辑关系大部分符合事实逻辑且不冲突为止。基于价值链视角下剖析商业模式的主轴编码如表7.4所示。

表7.4　基于价值链分析商业模式的主轴编码举例

因果条件	领导者；客户需求；企业战略
现象	价值主张
情景	宏观环境；合作伙伴；竞争对手；客户构成；企业能力；企业资源；技术门槛；企业发展
中介	产品；品牌；组织架构；人才；营销；用户；供应链上下游企业；企业收入；技术策略
行动	产品和服务；营销；合作伙伴（合作方式）；技术应用（研发技术策略、技术应用方式方法）；人才（人才激励方式）；企业成本（企成本优势）；企业营业收入（企业收入策略）；风险（规避风险策略）；品牌（品牌经营方式）
结果	产品更新速度和服务满意度；技术研发速度；市场反应；人员忠诚度；竞争优势；品牌成长速度

3. 确立核心范畴

本研究在确立核心范畴的进程中继续使用 Eisenhardt(1989)的建议，综合使用文献对比剖析和理论借鉴的方法，充分发掘原始数据文件资料的同时，汲取主流商业模式经典理论思想和商业模式相关成果。

本章的研究主题是对基于价值链科技型小微企业商业模结构模型，前期主轴编码阶段确立了"价值创造"这个主范畴，按照商业模式动因、商业模式现象、商业模式情景、商业模式中介条件、商业模式行动策略和商业模式结果将各个概念和范畴依据性质分布到典范模式的各个层次中。在对典范模式各个层次的研究中我们发现，商业模式动因分别来源于内部和外部，商业模式的"价值创造"的提出是在编码过程中自然涌现的具有核心范畴要求的频繁性、核心性和强解释性特征，故本研究将"价值导向"作为核心范畴，以说明其商业模式结构模型的核心特点。同时"价值导向"确实可以与编码产生的所有概念和范畴发生关联，并形成一条完整的故事线。选择性编码阶段具体思路如图7.1所示。

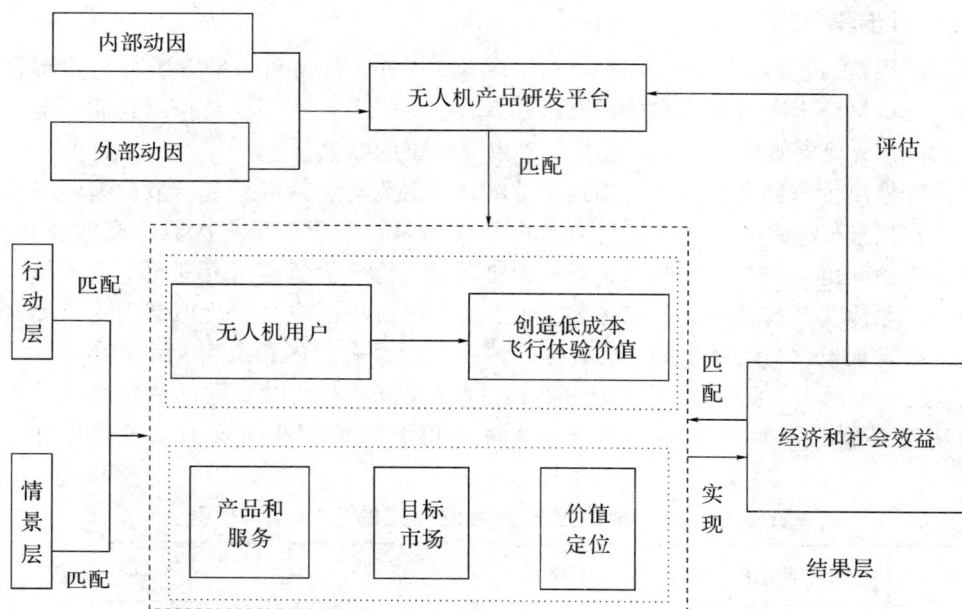

图 7.1　选择性编码过程图

7.4　商业模式的设计与解读

7.4.1　商业模式设计

经过严谨的 strauss 三阶段编码的扎根剖析，本研究得到 347 个概念和 63 个范畴，并以"价值创造"为主范畴按照典范模式依序进行编码，最终以"价值创造"为关键范畴串联起涌现的各个概念和范畴。根据范畴层次化，将无人机产业科技型初创企业商业模式结构的各个部分加以重新整理，按照前后因果对典范模式范畴层次进行调节，并且将调整后的层次进行再定义，分别称为动因层、目标层、情景层、基础层、行动层和结果层。建立的无人机企业商业模式二维结构如表 7.5 所示。

表 7.5　商业模式二维结构

层次	构件	关键要素	属　　性
动因层	领导者	企业家精神	专注、关注长远、创业精神
		领导者能力	理解市场、管理团队能力、制定决策能力
	时机	政策期	政策激励、市场规范
		市场需求	技术进步促进无人机企业能够提供低成本飞行体验
	企业战略	竞争战略	差异化、成本领先（以低价争夺市场份额）

层次	构件	关键要素	属　　性
目标层	价值主张	价值主张	以价值链关联企业进行价值共享传导,形成低成本飞行体验,共同参与市场竞争
情景层	宏观环境	国家政策	政策环境、技术环境、经济环境
	市场结构	市场潜在规模	产品需求规模大
		市场需求变化	快
		市场成熟度	低
		市场准入门槛	高
	行业结构	行业企业规模	1家独角兽型无人机企业,其余为中小型无人机企业
		竞争关键要素	技术创新研发,抢占市场份额
		行业竞争水平	高,行业企业数量中等;行业整体创新程度:高;行业整体发展趋势:差异化市场细分
		行业利润来源	产品销售,售后服务
	竞争者	类型	无人机整机研发企业,规模小,经营管理水平中等,服务水平中等,成长速度快,市场定位为个人和企业用户,融资能力强,决策速度快
		竞争手段	产品和服务品种:少,低价入市策略;营销方法:多渠道推广;产品和服务更新速度:快,自主创新
		主要成本	技术创新成本、生产成本、营销成本
		收入	产品销售,售后服务;利润率:低
	企业资源与能力	企业内部资源	资金优势:企业资金充沛; 人才资源:技术研发型人才和营销策划类人才为主; 企业文化:企业愿景规划、企业外在形象
		企业外部资源	投资者:互联网巨头企业、基金公司、风险投资类公司等;合作伙伴:电动发动机生产企业、互联网金融机构、电子商务平台公司
		企业能力	互联网营销能力;融资能力;线下公关能力;业务拓展能力;创新能力;团队执行力;资源整合能力
	内外部约束	外部约束	空域管控等政策风险;市场风险
		内部约束	资金,技术能力约束

层次	构件	关键要素	属 性
基础层	产品/服务	产品/服务类型	产品类型单一；提高用户低成本飞行体验满意度；快速抢占市场；以改善市场占有率为服务目的；产品/服务品质高；产品和服务创新速度快；产品和服务定价为低价策略
		产品/服务定位	消费能力较强的个人和企业用户
	目标用户	特征	消费能力强
		类别	航模爱好者、户外探险、自拍等个人用户，以及婚纱摄影等企业用户
		用户体验	傻瓜式便捷操作，可视化实时体验
	目标市场	目标市场	消费级无人机市场
行动层	营销	营销方式	体验营销；展览营销；电商营销
	管理控制	组织架构	扁平化组织结构
		决策机制	团队决策
	创新	方式	自主研发关键技术
		成果	智能无人驾驶
		研发团队	专业级技术人才构成
	利润	成本构成	技术研发成本、生产加工成本、营销推广费用
		主要收入	产品销售、售后技术服务
结果层	经营效益	效益指标	销售额；销售增长率；市场份额；利润总额，利润增长率
	社会效益	评价因素	社会影响力；品牌影响力；企业形象

1. 动因层

动因层描述驱动无人机产业初创科技型小微企业商业模式的动因。动因层的构件主要是领导者、时机和企业战略三个方面，领导者的关键因素是企业家精神、领导者能力；时机的关键要素是政策机遇和市场需求；企业战略的关键则在于企业竞争战略的制订。

通过剖析、查找到推进无人机产生初创科技型小微企业商业模式特有的驱动因素，一是企业领导者具有高度专注、远期谋划、创业精神、优秀品质的企业家精神，对市场敏锐的决策分析能力等能够将价值创造由概念转变为现实；二是技术进步降低使用成本，促进无人机企业能够提供低成本飞行体验，培育消费级无人机快速发展；三是为了实现无人机企业战略。

2. 目标层

目标层是对企业目标进行确认，目标层的构件主要是企业的价值主张这一方面，强调以价值链关联企业进行价值共享传导。因此，就无人机产业初创科技型小微企业而言，创造价值反映其商业模式的核心目标。价值主张要求企业从价值链视角剖析企业如何以低成本最大程度地满足客户需求、兼顾利益关联者的相关利益诉求。

3. 情景层

情景层是对无人机产业初创科技型小微企业外部环境以及自身情况的描述，情景层的构件主要是宏观环境、市场结构、行业结构、竞争者、企业资源与能力这五个方面，同时，特意增加了"约束"这一特别要素。① 宏观环境的关键要素主要指国家政策；② 市场结构的关键要素是市场潜在规模，市场需求变化、市场成熟度以及市场准入门槛；③ 行业结构的关键要素是行业企业规模、竞争关键要素、行业竞争水平、行业利润来源；④ 竞争者的关键要素是对手类型、竞争手段、主要成本和收入；⑤ 企业资源与能力的关键要素是企业内部资源、企业外部资源和企业能力；⑥ 约束的关键因素主要是企业的内部约束和外部约束。

对于无人机产业初创科技型小微企业而言，企业外部环境描述企业在纷繁复杂的商业竞争环境中，所处的经济政策、技术专利、所处行业成长情况等商业竞争环境。企业自身情况的描绘形式体现其拥有的资源和能力，其中就包含影响企业经营发展的核心竞争能力。在情景层增加"约束"这一特别要素是专门针对无人机产业小微企业提出的约束，作为新兴产业在发展之初就受到航行空域管制约束。

4. 基础层

基础层要求商业模式一定是为客户创造价值的，这也是商业模式能否成功的前提条件，基础层的构件主要包括产品/服务、目标用户以及目标市场三方面：① 产品/服务的关键要素主要是指产品/服务的类型和定位；② 目标用户的关键要素是用户特征、用户类型和越来越被市场所强调的用户体验；③ 目标市场的关键要素则是目标市场的定位选取。

对无人机产业初创科技型小微企业而言，基础层涵盖的是企业向市场提供的产品和服务、有效目标用户和正在开拓的目标市场，无人机企业为了生存将产品定位为细分市场，锁定目标客户，完成无人机企业的在激烈竞争环境下的商业立足。

5. 行动层

行动层是为了保证实现商业目标而实施的一系列措施。行动层策略是企业对外进行资源交换的关键举措，也是保证商业模式成功的最重要步骤。行动层的构件主要是营销、管理控制、创新和利润四个方面：① 营销主要是指企业的营销方式；② 管理控制的关键要素是企业的组织架构和决策机制；③ 创新的关键要素是指企业创新的方式、创新成果以及专业的可靠的创新团队。

对无人机产业中的初创科技型小微企业而言，就是要保证实现低成本飞行体验这一商业目标而实施的措施。低成本飞行体验和产品优良性能是无人机企业的根本之处，营销推广策略则作为核心措施用于吸引并锁住客户，管理控制和利润对于无人机企业来说更应该在企业内部展开价值链优化，前述4个层次均在一定程度上保证无人机产业初创小微企业市场地位，继而完成企业价值创造这一核心主张的重要活动。

6. 结果层

结果层就是企业最终可以取得的运行绩效，其构件主要包括企业的经营效益和企业所带来的社会效益两个方面，① 经营效益的关键要素主要体现在其具体的效益指标上；② 社会效益的关键要素则体现在目前社会对于企业发展所提出的主要的几大评价要素上。

对无人机初创小微企业而言，因其行业研发投入、产品推广和培育客户成本几大特点，一个好的商业模式一定具有经济和社会两重效益，两种效益互为支持条件，梳理出影响无人机初创小微企业商业模式的效益指标和评价因素，如以企业利润作为衡量商业模式的运行绩效。为保证企业迅速抢夺并占领无人机市场份额，无人机企业必须获得足够资金支持，并在此情况下将目标市场锁定在构建自拍、物流配送等生活场景上，以实现为客户创造价值的主张。

根据以上分析，无人机产业初创科技型小微企业面对市场初期状况与市场战略定位相匹配，目标层是反映基础层的诉求，企业行动策略作为实现基础层和目标层行动一致性要求，结果层也是反映目标层预设目标的完成情况，其商业模式具备完好的内部协调一致性。

7.4.2 商业模式解读

初创科技型小微企业对于政策更为敏感，其产品单一，为高新技术产品，往往以市场需求为导向进行相关经济活动。初创科技型小微企业商业模式具有以下特征：

1. 价值创造是初创科技型小微企业商业模式的核心

从价值链视角来看，价值创造是企业存续并得以快速发展的实际意义，也是企业商业模式的根本目标，要求企业不但要满足目标客户需求，还要满足利益关联者的利益诉求。无人机产业初创科技型小微企业进入市场初期就提出了价值创造，即以获取报酬为目的，为客户提供低成本飞行体验，最终达到无人机企业商业模式的价值主张。

2. 企业行动层策略保障价值创造的实现

企业行动层采取多种可行措施保证实现商业目的并完成价值主张。例如，智能手机 APP 操作；无人机自动化集群飞行编队展示，增强用户感知无人机飞行稳定性，开发并逐渐培育出用户成长体系，同时根据市场实际，组合使用营销策略，寻找最优方式以提高产品的影响力。

3. 产品的不断革新是初创科技型小微企业商业模式不断创新的驱动力

无人机企业进入市场初期，为快速占据市场份额，采取营销短时间创造轰动效应、参加展览提高行业影响力等营销手段推广产品，未来企业将把更多的资源投入飞行体验和产品创新上。

4. 外部风险约束是初创科技型小微企业商业模式的重要特色

企业所面对的外部风险主要包括现实中所存在的国家空域监管风险以及用户安全风险两部分。

7.5 实 例 应 用

7.5.1 实例介绍

在对初创科技型小微企业商业模式的应用方面，本文以深圳市睿炽科技有限公司特洛无人机作为应用案例，主要是因为深圳市睿炽科技有限公司于 2017 年 12 月注册成立，是深圳市大疆创新科技有限公司全资二级子公司，2018 年 1 月推出一款超小型无人机——特洛（Tello），其销售目标直指娱乐型无人机，官方售价只要 699 元 RMB，具有典型初创科技型小微企业特点。

睿炽科技公司致力于将所持有的先进的计算机视觉、航行控制等技术投放到新兴科技型娱乐产业当中，一直致力于拓宽和推广飞行乐趣，为客户提供更好的飞行体验产品。

特洛(Tello)是睿炽科技公司首次投放市场自主研发独具特色的第一款娱乐型玩具无人机产品，母公司技术授权使用航行控制系统，设计配备了英特尔高性能处理器和 TOF 红外线传感器。Tello 无人机飞控技术支持抛飞、全向翻滚等功能，客户或飞手能够配备 VR 眼镜体验实时的机器视觉所带来的稳定飞行功能。Tello 无负荷机身重 80 g，配有一块4.18 Wh的锂电池保证空中续航时间为 11 分钟，配备具有防抖功能清晰度达到 500 万像素、分辨率为 720 P 的摄像头，此款无人机的最大航行高度为 10 米、最远 100 米遥控飞行距离。

7.5.2 实例分析

1. 睿炽科技公司现有商业模式描述

本文通过描述、评估睿炽科技公司的商业模式的现状为例，详细说明价值链视角下商业模式的应用。经过查阅与睿炽科技公司相关的大量报道等的二手资料，整理出睿炽科技公司商业模式的情况，如表 7.6 所示。

表 7.6　睿炽科技公司商业模式

层次	构件	关键要素	属　性
动因层	领导者	企业家精神	布局无人机细分市场，热衷无人机行业创新
		领导者能力	良好战略决策能力；企业内部管控能力；深刻掌握目标用户需求
	机遇	政策期	2018 年 1 月工信部颁布指导意见，引导无人机市场发展
		市场需求	快速增长，飞控算法、新材料等技术进步促进无人机企业能够提供低成本飞行体验
	企业战略	竞争战略	差异化和成本领先战略，瞄准消费级无人机市场，进入引领低成本无人机市场，以低价销售策略占领市场份额，持续获得竞争优势
目标层	价值主张	价值主张	以价值创造获取利润为目的，以价值链理念开展内部资源整合，为客户提供低成本飞行体验
情景层	宏观环境	国家政策	政策环境、技术环境、经济环境、空域安全监管环境
	市场结构	市场潜在规模	产品需求规模大
		市场需求变化	快
		市场成熟度	市场品牌多，成熟度低
		市场准入门槛	高
	行业结构	行业企业规模	1 家独角兽型无人机企业，其余为中小型无人机企业
		竞争关键要素	飞控等核心技术创新研发，抢占市场份额
		行业竞争水平	高，行业企业数量中等；行业整体创新程度:高；行业整体发展趋势：差异化市场细分
		行业利润来源	无人机销售收入，售后服务收入

层次	构件	关键要素	属性
情景层	竞争者	类型	企业来源杂乱,有玩具厂也有无人机研发企业;经营管理水平中等,服务水平中等,成长速度快;市场定位为个人和企业用户;融资能力强;决策速度快
		竞争手段	产品和服务品种:少,低价入市策略;营销方法:多渠道推广;产品和服务更新速度:快,自主创新;
		主要成本	生产成本、技术创新成本、产品推广营销成本
		收入	无人机产品销售收入;零配件及技术支持售后服务收入
	企业资源与能力	企业内部资源	资金优势:母公司大疆创新提供资金支持; 人才资源:公司管理层具有丰富的管理经验,以技术导向型人才和营销策划类人才为主,暂时以母公司技术为支撑,下一步将寻求独立研发; 企业文化:企业愿景规划、企业外在形象
		企业外部资源	投资者:大疆创新; 合作伙伴:京东电商、大疆创新旗舰店、天猫电商等
		企业能力	互联网营销能力强;融资能力一般;线下公关能力一般;业务拓展能力强,创新能力强;团队执行力一般,资源整合能力强
	内外部约束	外部约束	行业监管政策风险(部分领空设有禁飞区,空域监管严格)
		内部约束	企业现有技术整合资源和融资能力约束
基础层	产品/服务	产品/服务类型	产品类型为玩具级无人机;提供低成本飞行体验,低价策略占有市场份额获取长期利润为服务目的;产品和服务品质高,产品和服务创新速度快;产品和服务定价为低价格迅速占领市场
		产品/服务定位	入门级青少年和部分飞行爱好者
	目标用户	特征	消费能力强
		类别	个人用户
		用户体验	操作便捷简单
	目标市场	目标市场	国内消费级娱乐无人机市场

层次	构件	关键要素	属　　　　性
行动层	营销	营销方式	推行低价格入门"玩具"飞行体验，参加 2018 年 CES 展销会
	管理控制	组织架构	扁平化组织结构
		决策机制	团队决策
	创新	方式	依托母公司大疆创新的技术研发能力，在逐步搭建自主研发技术平台
		成果	APP 傻瓜式便捷操纵；VR 实时眼镜
		研发团队	专业级技术人才构成
	利润	成本构成	营销推广费用、技术创新费用、人员薪资费用
		主要收入	无人机销售收入
结果层	经营效益	效益指标	市场份额：2018 年 1 月才投入市场，月销售量 1000 台以上；市场评价：续航时间较短，但总体飞行体验良好；行业地位：受母公司大疆创新品牌效应，行业地位逐步上升；企业收入：月销售额 100 万以上；用户满意度：高；用户规模增长扩大，目前已取得用户规模较小，用户规模增长速度实现较快增长
	社会效益	评价因素	社会影响力：迅速被接受；品牌影响力：逐步提高；企业形象：被贴上母公司大疆创新标签，待强化企业自身形象

根据上表可以描绘出睿炽科技公司商业模式的发展故事线。在价值链视角下的价值创造引导下，开创出消费级娱乐型无人机首个品牌——特洛。2018 年 1 月特洛被投入市场，并迅速抢占一定市场份额，且市场份额已呈现快增长态势。在对商业模式核心的理解上，睿炽科技公司与其他无人机公司一样，都将价值创造提供低成本飞行体验作为其商业模式核心。

2. 睿炽科技公司现有商业模式评估

通过对比睿炽科技公司商业模式和初创科技型小微企业商业模式的异同，对睿炽科技公司当前在运营的商业模式开展评估结果如下：

（1）战略定位清晰。自成立之初，睿炽科技公司就定位为"玩具级无人机"细分市场，目标用户锁定为初级飞行爱好者，如入门级青少年和成人。

（2）企业自身资源实力不强。与母公司大疆创新、亿航科技和零点智能等积淀时间较长的无人机企业相比，睿炽科技公司自身资金实力有所欠缺。企业资金实力主要由母公司大疆创新提供，自身资源实力有待加强。

（3）电池续航能力有待加强。睿炽科技公司面临的外部空管监管约束是无人机产业共同的特点，特洛运用大疆飞控技术提供安全起飞、着陆和自动返航等安全保障，产品携带电池容量较小，只能提供短时间飞行体验，用户飞行体验"不解渴"。

（4）产品单一，需要研发创新产品。睿炽科技公司目前的盈利来源于特洛无人机销售收入，利润会被新进入者稀释，只有增加研发投入，不断创新产品，以为客户提供持续低廉的飞行体验和产品创新，才能在激烈的市场竞争博弈中生存。

7.5.3 管理启示

无人机企业作为初创科技型小微企业的典型代表，同时基于以上商业模式研究成果，再结合无人机企业睿炽科技公司商业模式存在的问题，提出以下针对初创科技型小微商业模式持续改进的几点建议。

1. 坚持企业商业模式不断创新

（1）商业模式要适应市场前景，不断创新。初创科技型小微企业靠现有商业模式在市场上立足，随着外部商业经营环境的变化需要商业模式不断进行适应性调整，确保企业主动扬长避短，从而在激烈的市场竞争博弈中脱颖而出。企业要想取得商业成功就要时刻适应市场变化并调整商业模式，这种市场变化要求企业能够与时俱进，时刻要把握好终端顾客消费需求，商业模式成功的重点在于持续不断适应商业环境变化。

初创科技型小微企业的商业模式在适应市场的创新过程中应遵循三大原则：首先，应该遵循客户价值最大化原则，时刻把对目标终端客户价值的实现再实现、满足再满足作为自始至终要追逐的价值目标，一个不能甚至少部分满足客户价值最大化的商业模式，即使获得了一定的商业收益也必然存在很大的偶然性。反过来说，商业模式能否持续赢利与其是否能够满足客户价值需求最大化是绝对具有正相关关系的。一个始终坚持为终端客户创造并提供价值最大化的商业模式，即使暂时不能够取得赢利也会随着客户认可度的提高走向赢利。其次，应该遵循提高企业赢利原则，能否改善企业赢利能力是企业实现商业目的的体现，也是判别一种特定的商业模式是否取得成功的唯一尺度。最后，应该遵循以市场为导向不断创新的原则，商业模式适应市场才能锁定顾客价值，才能寻求到创新的方向。

（2）增强产品体验，改善商业模式驱动力。依靠产品创新吸引顾客并为顾客创造价值。商业模式的创新方向应该始终放在能够促使企业具备改善产品体验的核心竞争能力、使企业积淀独有生存价值的方向。产品创新能够使初创科技型小微企业扩大生存空间并能带来持续赢利，要用价值链思维推进产品创新，保持商业模式的生命力。商业模式创新区别于企业运营改良或优化，需要发掘出新的终端顾客需求，培育出新的目标消费群体，掌握核心竞争力才能提供新的产品或产品新功能等改善或彻底改变赢利模式。满足目标终端客户的需求比产品本身功能更重要，提高客户满意度的重点在于企业时刻依据客户的要求，以有效地满足客户需求设定产品或服务的价值，要求以终端客户价值需求为出发点为客户创造价值。

（3）把握核心技术，增强企业竞争优势。企业的竞争优势取决于独有性和企业优势的积聚，企业的商业模式融合独有技术使得企业拥有差异性竞争优势，而构成了竞争隔离墙机制。可持久竞争优势一般情况下来源于企业的已有资源产生的优势累积效应，就好像企业研发人员多年积累下的专利、产品、技术方案，其他同类型企业在短期之内不能模仿。商业模式在企业各类竞争优势中作用极其重要，在整个商业运营环境中企业不是一味占有资源，而是以商业模式去聚集资源达到变相控制资源，引导企业把积淀的技术优势装配到高效运行的现有商业模式中，提高能够满足顾客需求的产品特性，逐渐积淀、固化成企业核心竞争能力。企业面对的激烈竞争环境支撑其竞争优势的是在实现在一个完整的价值创造活动中拥有较之竞争对手数量更多、质量更好、互补性更强的产品或优势。

2．强化价值链，对商业模式持续改进

初创科技型小微企业价值链是描述生产经营过程中各项关键价值创造活动的有序组合，这些关键活动的累积递进不断创造价值，保证企业取得利润能够生存下来并得以有效经营、不断循环、周而复始。无人机企业可以设定标杆企业，探析其商业模式价值链，从价值链视角掌握重要商业活动并深刻透彻剖析，发现其在增值进程中的关键活动中善于做哪些事、存在哪些优势；找到企业有哪些点能够模仿、哪些点自身可以创新，优化设计出符合企业自身核心竞争能力的商业模式。做好价值链剖析改善商业模式，首先，要剖析企业各个关键环节运营情况，深刻把握哪些活动环节分摊的成本和资源较大，在企业内部价值链中成本比重较大；其次，要全面系统深刻剖析每个增值环节具体价值创造活动内容，与标杆企业进行横向对比剖析，探寻出存在的差别和各自优势和劣势，提炼总结、改善适合无人机企业自身竞争优势条件的商业模式，从而完成商业模式的不断创新。商业模式创新的目标是在创新过程中寻找商业机会，整合或调配无人机生产和销售等资源，运用强化优势活动和弱化劣势活动的方式不断累积优势，与竞争对手形成差异化，最终取得竞争优势。

初创科技型小微企业充分挖掘并利用价值链各个增值活动环节上的成本信息的基础上，以价值创造为指导思想展开业务流程优化工作，核实并确定减少不增值或可替代的活动，坚持优化减少价值作业的资源消耗，从而提高企业的市场竞争力。在初创科技型小微企业内部，价值链管理要兼顾生产作业和非生产作业，将生产过程向全过程延伸，将产品的厂内运输成本和研发设计成本等纳入价值链管理中来。在企业外部，要兼顾竞争对手商业战略、客户需求变化、供应商变化、经销商的促销活动对企业价值链管理的影响，通过优化价值链上的各种联系关系增加企业产品和服务的价值。价值链管理立足于初创科技型小微企业的价值创造流，将在整个价值链上的资源耗费过程元素全部考虑在管控范围，通过整合价值链各个环节上的资源配置实现优势累积效应以达到商业目标。

3．建立企业信息资源共享机制

初创科技型小微企业需建立信息和资源共享机制，面对日益激烈的市场竞争，对企业长远发展至关重要，尤其对上游制造企业、软件集成企业等的信息和资源共享机制，在价值链上实现信息及时传递和成本传导，对资源共享的效率和效果有非常重要的影响。资源共享理念是网络信息时代商业模式成功的基础，只有合作才能共享客户需求变化，只有互惠互利才能不断满足客户需求，只有建立资源共享机制才能保证信息的有效性；要破除地区、行业和组织的边界，不但要与上下游供应商形成产业联盟实现逆序开发等产品开发策略，也要与行业内其他竞争对手合作，共同推动产业可持续发展。

4．优化企业内部价值链结构

初创科技型小微企业与竞争对手较量的是产品和服务，实质上是其内部的管理与运营效率参与市场竞争的结果。想要提升管理与运营效率、降低各类活动成本赢得竞争，就需要不断优化内部价值控制体系，通过提升优化内部活动环节管理的规范性与业务流程的协调性和匹配性，使各项业务活动变得更加顺畅。

在传统制造业企业习惯采取提高产品性价比的方式来建立自己的市场竞争优势，初创科技型小微企业作为高科技类型企业，使用这一传统方式建立差异化竞争优势会得不偿失，因为此类企业通过知识创新打造的技术优势而建立起来的差异化竞争优势不能长久维持。在制定此类企业的差异化竞争策略时，应立足于最大化满足终端顾客需求，在价值创造进程中向顾客提供优于且不能够被竞争对手轻易模仿的创造价值的能力。企业为逐步建立差异化竞争优势而展开的价值链优化过程也被视为向顾客提供和创造价值的过程，以满足顾客价值需求为导向，以顾客的满意度与忠诚度为评价标准。要取得竞争优势，无人机企业既要优化生产经营过程，也要从始至终坚持以满足并优于顾客需求提供价值创造和提高效率为目的。

以价值链为准绳满足顾客需求优化的价值创造体系需要持续不断改进。优化活动涉及企业现有文化、员工思维及生产加工技术的调整等多种要素，就需充分要求企业具备能与优化内部价值链相适应的健康组织结构，外部世界发生变化时组织架构自适应性做出迅速、准确、有效的反应。

5. 提高企业自主创新能力

初创科技型小微企业的创新成果只有被商业化并实现了其商业价值，创新在提高企业关键竞争力方面的作用才比较明显。提高企业自主创新能力要从企业文化、企业管理和技术创新三个方面入手：首先，企业文化是企业在剧烈市场竞争博弈过程中逐渐形成的文化，指导企业生产经营活动，企业要提高自主创新能力就要发挥企业文化的积极作用；其次，采取公司治理方式创新提高企业竞争力，实施管理创新就是要根据企业资源情况制定符合公司发展要求的现代企业管理制度，标准化、规范化企业日常经营活动，形成有激励、有约束以及有活力的组织管理机制，提高企业的核心竞争能力；最后，以企业技术创新方式提高企业核心竞争力，以信息技术为推动力的科技革命已经被时代所证实，高新技术转化为现实生产力的速度加快，要求企业时刻保持技术创新，才能赢得竞争优势。

本章采用扎根理论质性分析方法，梳理出价值创造是决定初创科技型小微企业生存下来的关键因素，也是企业的竞争优势所在，构建出初创科技型小微企业商业模式。该商业模式层次间具备明确因果联系，能够解释无人机行业的初创科技型小微企业商业模式的逻辑关系，从根本逻辑关系上诠释该商业模式价值创造过程。鉴于选取的无人机行业发展处于市场发展初期，关于商业模式研究仍有宽广可待深入的研究空间。本章是在少量案例基础上构建出初创科技型小微企业商业模式，未来可以选取更多具有行业代表性的无人机企业作为应用案例验证商业模式的实用性。

第八章 价值主张视角下的
商业模式创新演化

　　越来越多的学者致力于商业模式创新的探索研究,以期探索出一种普适性的商业模式创新模型和方法,从而为企业活动提供进一步的指导。但是回顾相关文献研究可以发现,目前探讨科技企业商业模式创新及演化的文献较少,同时结合价值主张的商业模式创新演化相关理论也相对较少。

　　扎根理论是质性研究的一种,本研究使用的 Strauss 三阶段扎根理论主要是通过搜集整理主题相关资料,进行三阶段编码,最后提炼理论范式的过程。Kearney 等学者认为既包含情景化理解,又有行动过程整合的现象级研究对象,应用扎根理论分析方法是非常合理的。

　　鉴于现有理论对于价值主张视角下商业模式创新演化模型构建支持的不足,本研究在对价值主张视角下商业模式创新演化研究过程中应用了扎根理论分析方法,以科技企业孵化器的商业模式创新为对象,对 20 篇有代表性的 SSCI 文章进行扎根,最终形成由 4 个主范畴和 10 个子范畴构成的价值主张视角下商业模式创新演化理论模型,从创新演化的演化阶段、创新演化的驱动因素、创新演化的构成因素和创新演化的本质特征等方面对科技型企业商业模式创新的演化过程进行梳理,为其在商业模式创新发展提供一定的建议。

8.1　相关理论综述

8.1.1　价值主张理论

1. 价值主张的基本原理

　　价值主张,有时候也被称为顾客价值主张(CVP),是对顾客真实需求的深度描述,探索什么对顾客来说才是有意义的。"价值主张"术语首先来自广告,20 世纪 50 年代初,Reeves 提出 USP 理论,即每一则广告都要对消费者有一个消费主张,也就是说消费者要从广告中得到"东西",强调企业间的差异性和产品的独特性。近年来,价值主张作为一个专业术语频繁地出现在营销学、战略学和商业模式学等不同的学科文献中,并逐渐被不同的领域应用在不同的情境中,价值主张呈现多样化的理解,因此价值主张概念尚未形成统一的概念。目前对价值主张主要是从以产品定位为焦点、以企业与顾客的关系为焦点和以战略导向为焦点三个维度进行探究。

　　(1)以产品定位为焦点方面,20 世纪 60 年代营销学提出产品定位的概念,即后来的定位理论。定位在激发企业生产效率和运营效率上发挥着重要的作用。具体来说,定位可分为四个步骤:确定竞争对手、建立自身优势位置、整合内外部资源、植入特征于消费者。定位理论是对顾客价值主张早期的认知，强调以竞争为核心，企业定位的目的是操纵消费者心里形成的特征，而不是创造新事物来吸引消费者。与此同时，学者们更多的是将价值理论与企业的产品服务、自身品牌联系起来。Reeves（1961）提出以产品本身为导向的 USP 理论，并认为价值主张是顾客关注的集中点。Kambil（1997）提出价值主张的本质是一种增值价值，主要作用是满足客户的需求。Anderson（2006）等提出 B2B 的 3 种价值主张（罗列全部优点、宣传有利差异点、突出共鸣点），认为为顾客展示其价值的方式就是价值主张。价值主张在以产品定位为焦点方面，强调价值主张对企业及其提供物、运营方式等方面的描述，注重企业自身产品或服务与竞争者的差异性。

（2）以企业与顾客的关系为焦点方面，学者们认为价值主张是企业与顾客的一种协议，企业要用自身的产品或服务来满足顾客的需求。Kelly 等（1995）提出价值主张与业务特征之间的关系。企业通过什么样的定价以实现顾客什么样的利益就是价值主张，这里的利益指的是顾客感情满足的最终状态。Lanning（1998）认为价值主张是与企业互动中顾客所得到的体验。Kowalkowski 等（2011）基于服务主导逻辑，借助知识管理和实践理论，提出价值主张是企业与互惠价值承诺者之间资源整合、知识创造的实践过程。价值主张在以企业与顾客的关系为焦点方面，强调企业要以顾客为导向，所提供的产品或服务作为企业对顾客的一种感知承诺。从企业视角到顾客视角的转变，强调顾客不再仅作为资源的满足对象，而是产品或服务的共同创造者。价值主张是一种承诺，即企业与顾客在相互接触过程中形成的互惠共利的价值承诺。

（3）以战略导向为焦点方面的研究得益于商业模式作为独立学科的发展。商业模式的构成要素必须要考虑价值主张。商业模式创新与价值主张之间存在互利共存的作用关系。Christensen 等（2008）认为目标客户群、业务完成情况和相关物料的供应情况三个要素构成价值主张。Barnes 等（2009）认为价值主张是企业与顾客之间的驱动力，价值主张包括能力、影响和成本三个要素。Teece（2010）提出企业家在实际运营过程中得到的关于顾客的欲望、评估顾客的方式、顾客未来的行为走势以及对企业可能带来的成本和竞争力等就是价值主张。在以战略导向为焦点方面，价值主张被赋予了战略性的概念，注重价值主张在商业模式及其创新设计上的重要作用。价值主张被认为是一种战略导向，认为它是在企业面对未知市场、潜在顾客以及开展新运作时，如何满足这些需求所做出的一种假设，这种假设是一种创新性的理念，能够更加清楚地解释企业的业务本质。

由于本研究是对科技企业孵化器在价值主张视角下商业模式创新演化模型的研究，更强调价值主张与商业模式创新之间的共存关系。因此，选取以战略导向为焦点的价值主张概念，并将其定义为科技企业孵化器在开展新业务以及商业模式创新的活动中，面对未知市场、潜在顾客和如何运作等问题时，通过整合和提供一整套孵化服务来满足孵化企业的需求，并以此来挖掘和创造价值的一种经验表达，价值主张决定了科技企业孵化器及其孵化服务等对孵化企业的实用意义。

2. 价值主张的影响因素

根据对相关文献的归纳总结，价值主张的影响因素可以划分为五个驱动因素和三个阻力因素，即顾客需求、企业家精神、技术变革、竞争强度、组织学习能力五个驱动因素，以及顾客误解、自我设限、管理者主导逻辑陷阱三个阻力因素。对价值主张驱动因素和阻力因素的内涵理解如下：

（1）顾客需求。顾客需求是顾客对其所要购买的产品或服务的偏好情况。价值主张是基于顾客需求产生的，价值主张驱动商业模式的创新。因此多样性、动态性的顾客需求有助于商业模式的创新。Deloitte 公司（2002）提出企业为满足顾客被忽视或未满足的真正需求而做出的创新行为是商业模式创新的核心驱动力。

（2）企业家精神。企业家洞察、想象、思考和判断力的集合构成企业家精神。Cantrell 等（2000）提出企业家精神的本质就是创新的意识和创业的精神，公司领导层的个人能力和素质影响商业模式的创新。

（3）技术变革。技术变革的价值依赖于商业模式，只有利用技术创新并作用于企业所提供的产品或服务上，形成技术创新与商业模式创新的最佳匹配方式，从而实现技术变革的经济价值。Christensen（2002）基于破坏性技术，提出破坏性商业模式创新概念。从顾客价值创造的角度出发，关注非消费群体，利用破坏性技术打破对非消费群的认识，满足需求的同时，实现价值的凝聚和提取，帮助企业开拓新市场，争夺其他企业的既有顾客，同营销学倡导的主动性市场导向概念一样，破坏性商业模式创新强调企业主动挖掘消费群体，商业模式创新的作用在于利用破坏性技术"蚕食"非消费群，抢夺更多市场。

（4）竞争强度。企业在面对竞争环境时往往通过降低成本来改善不利状态，但是这样的竞争反击行为并不能从根本上帮助企业逃离竞争困境。企业应该从竞争困境的源头来彻底改变，即颠覆传统的战略思维，在原有的商业模式基础上，寻求商业模式的创新，为企业找到新的商机。Venkatraman 和 Henderson（2008）认为企业在原有基础上对自身运作和技术进行改变，这种改变行为会以累积的方式给企业造成巨大的压力，当企业对压力的承受达到最高点时，企业的商业模式将会发生巨大创新，即外部的竞争强度对企业内部的商业模式创新有着强大的驱动性。

（5）组织学习能力。组织学习是企业在不断的运营过程中发现问题、修正问题的过程。良好的组织学习能力可以帮助企业对市场变化和竞争压力做出快速的应对反应。Hansen 等（1996）认为组织学习能力促进企业创新能力的形成，企业通过创新理论的不断尝试，在发现错误和纠正错误的过程中，不断指导企业的商业运作，最终实现商业模式的创新。

（6）顾客误解。顾客误解受到"竞争主导"思维的影响，认为竞争优势通过企业内部差异化的运营活动，但却将顾客甚至竞争者等其他的外部因素排除在外，从而阻碍了企业商业模式的创新。"竞合理念"油然而生，以构建商业生态系统为目标，将企业外部的影响因素纳入其中，注重对核心业务、核心价值的控制和创造。

（7）自我设限。企业对自身产品和服务进行了自我设限，对于超出限制范围的市场和消费群都会选择自动忽略，这样的行为势必会导致企业商业模式创新的失败。Kuusisto 和 Meyer（2002）提出竞争力的提升往往来自于反常规的变化，商业模式的创新将由于公司固化思维和行为限制受到阻碍。

（8）管理者主导逻辑陷阱。企业管理者在企业的经营过程中会形成一些想法和世界观，这些想法统称为管理者的主导逻辑。管理者的主导逻辑是以启发式逻辑、行动准则的形态指导企业的商业行为。Chesbrough（2002）认为当企业管理者未能跳出固有的主导逻辑时，就很难从外部解锁，改变原有的产业生态，从而丧失可能的市场商业机会，阻碍企业的商业模式创新。

8.1.2　价值主张与商业模式创新的关系

价值主张是商业模式创新中的首要考虑因素，两者相互作用，驱动商业模式的创新和价值主张的实现。在商业模式创新的过程中，价值的发现、价值的创造、价值的传递和价值的获取都是围绕价值主张展开的。因此回顾相关文献的研究，价值主张和商业模式创新的关系可以归纳为以下两点：

第一，商业模式创新基于价值主张不断变化。企业的生存与发展都要依赖客户，因此客户价值的满足程度是巨大利润获取和竞争优势提升的关键。创造卓越的顾客价值是企业获取竞争优势和持续创造利润的关键。Chesbrough 和 Rosenbloom（2002）提出顾客价值主张通过特定的提供物给顾客带来的价值，顾客价值主张的明确直接导致企业的商业模式创新。公司不断通过客户需求的变动调整价值主张的实现方式和内容，进而实现企业商业模式的创新。Teece（2010）认为即使企业拥有卓越的技术创新，由于价值主张的缺失或顾客需求的洞察不足、盈利模式的欠优，因此企业商业模式的创新很难实施。顾客价值主张激发持续性且卓越的企业竞争优势，凝聚社会、环境等多方位的价值利益，由此可见，顾客价值主张是商业模式创新实现概念化和实践性的必要基础和前提。

第二，价值主张贯彻商业模式创新始终。商业模式创新并非局限于某处，它是具有全局性的整体创新。价值主张、价值创造、价值传递以及价值获取这四个环节贯穿商业模式创新始终。价值主张作为商业模式创新的源头，要求企业首先应该识别并挖掘顾客需求，根据需求的特点特征提出相应的价值主张，优化完善盈利和运营模式等环节。价值主张是商业模式创新的起始点，为其他的创新运作环节提供方向和指导，因此，价值主张贯彻商业模式创新始终。

但目前结合价值主张的商业模式创新研究较少，大多研究都建立在孤立的案例分析层面，缺乏基于理论框架的研究范式，因此本研究以价值主张为研究视角，运用扎根理论对文献的研究方法，探讨商业模式创新演化的过程，进一步丰富现有商业模式创新理论的研究成果。

8.1.3　商业模式创新演化的相关研究

商业模式演化的过程比商业模式的架构更值得关注（Mitchell 和 Coles，2004）。目前大部分文献对商业模式创新的研究集中在生成机理和构成要素的探讨中。对于商业模式创新演化的研究由于研究角度、研究方法、研究领域等的不同，很难形成较为统一的理论框架。但是主流的观点认为商业模式创新随时间变化而演化。当前大部分文献集中在对商业模式演化的研究。Morris（2005）提出商业模式演化遵循阐述、改编、适应、修订和再造五个阶段的生命周期。原磊（2007）认为重构型、改变型、调整型和完善型对应着不同生长阶段企业的商业模式创新。Chesbrough（2007）认为商业模式的演化需要经历产品价格、核心要素差异化、细分市场情况、创新的开放度、流程集成、企业自适应等六个阶段。Sosna（2010）提出实验探寻、急速发展的演化阶段。项国鹏、罗兴武（2016）基于价值创造视角研究浙江物产的商业模式演化机制，研究不同阶段商业模式要素的变化。而关于商业模式创新的演化研究的文献，更多的是利用不同领域，构建不同行业商业模式创新的演化模型。欧阳峰、赵红丹（2010）梳理了近 20 年来的商业模式创新研究文献，提出五条演化路径，即探索商业模式创新的秘密、探讨商业模式创新的思路、注重商业模式创新的方法研究、转向商业模式创新的过程性研究、聚焦于商业模式评估的结合，并以此构建商业模式创新研究演化路径的模型。王茜、江倩（2014）从系统观点出发，利用 NK 模型构建商业模式创新模型，并采用仿真方法揭示商业模式创新随着其构成单元复杂度变化的演化规律。邓汝春、陈广仁（2015）基于产业价值链的构成范式，得出企业由低附加值向高附加值的商业模式创新的演化路径。齐二石等（2016）提出封闭、半开放、完全开放的三个阶段。成立等（2016）从商业模式创新的演化逻辑和驱动因素出发，结合价值理论，构建商业模式创新演化的理论模型，并以中国 PC 网络游戏行业为案例验证。

综上可以看出，学术界对于商业模式创新演化的研究主要集中在特定行业领域，利用不同的研究方法，构建基于该行业特点的商业模式创新演化的模型，对商业模式创新的演化路径进行探讨。商业模式创新演化的研究侧重点各不相同，但也相对零散。本研究基于价值主张的视角，遵循时间序列，探究商业模式创新的演化，以科技企业孵化器为研究样本，将商业模式创新各阶段中构成要素的变化、关键驱动因素的变化和企业发展阶段的变化结合起来，构建商业模式创新的演化模型，全面认识企业商业模式创新演化的本质。

8.2 研 究 设 计

8.2.1 研究方法

本章节对于价值主张视角下商业模式创新演化的研究，首先检索 SSCI 数据库的相关文献，主要以"Value proposition"、"business model"、"business model innovation/evolution"、"Business lncubator"作为关键词的形式，运用 Strauss 三阶段扎根理论，进行开放式编码（Open coding），对 20 篇 SSCI 文章提炼初始理论后进行范畴化，形成构成要素、驱动因素以及演化阶段等范畴。主轴式编码（Axial coding）进行主范畴及之间关系的识别。选择性编码（Selective coding）主要目的是形成核心范畴的"故事主线"，最后构建价值主张视角下商业模式创新演化模型，并利用剩余的 10 篇 SSCI 文章对得到的理论模型进行理论饱和度的检测。由于整个三阶段编码的工作量较大，因此借助质性分析软件 Nvivo 9.0 协助进行相关的编码工作。

8.2.2 资料收集

以"Value proposition""business model""business model innovation/evolution""Business incubator"作为关键词，检索 SSCI 数据库，时间范围确定为 2009—2017 年。关于筛选相关文献的原则，主要是参考 Atkins 等学者的测定准则，通过查阅收集到的与主题相关的文献的摘要和具体内容，进行扎根文献的筛选工作，经过反复比对确定了 30 篇，其中将 20 篇 SSCI 文章作为扎根文献，另外 10 篇作为理论的饱和度检测的依据文献。文献列表如表 8.1 所示。

表 8.1 文献列表

标题	作者	发表时间
A New Business Model for Technology-Based Business Incubators The Case of Innovation Works in China	Mingfeng. Tang 等	2014
Analyzing a Successful Incubator Business Model The Case of Barcelona Activa	Geovanny Perdomo Charry 等	2014
Business incubation in the United States，China and Brazil a comparison of role of government，incubator funding and financial services	Aruna Chandra, Tim Fealey	2009
From the diffusion of innovation to tech parks，business incubators as a model of economic development the case of "Sardegna Ricerche"	Alessio Tola, Maria Vittoria Contini	2014
Incubators in Multinational Corporations-Development of a Corporate Incubator Operator Model	Rebecca Hirte 等	2017
Managing the incubator system Critical success factors to accelerate new company development	R A Y M O N D W. S M I L O R	1987
Service Innovation Based on Operational model a Case of Business Incubator	Lin Dechang 等	2010
Service-based differentiation strategies for business incubators Exploring external and internal alignment	Johanna Vanderstraeten Paul Matthyssens	2012
The Co-evolution of Business Incubators and National Incubator	David F. Robinson	2010
The Development and Diffusion of Business Incubation Capabilities in Five Emerging Markets in South America	David F. Robinson	2008
The open incubation model deriving community – driven value and innovation in the incubation process	Ziouvelou Xenia 等	2015
What determines a successful business incubator	Sophia Gerlach Alexander Brem	2015
Study on the Incubator Business Mode：Theory Structure and Empirical Analysis	YZ Liang，SI Chun-Lin	2010
The Incubator Business Model and its Development—Case Analysis	SI Chun-lin, LIANG Yun-zhi	2010
The profit — making model of science and technology enterprise incubators in China based on value chain	J Guo，G Huo，Y Yuan	2013
Critical Influential Factors of Knowledge Service Innovation of Business Incubator—An Exploratory Research Based on Grounded Theory	LI Wen-Bo	2012
Design Incubator's Business Model from the Perspective of Value-network	D Huang，K Zheng	2017
Exploratory Research on Operation Model of Corporate Incubator from the Perspective of Open Innovation	H Guo，D Center	2017
Technology Incubator Park and Its Business Model	W Li	2013

标　　题	作者	发表时间
Research on Business Model Construction of Technology Business Incubator——Multi-case Study Based on Tianjin	J Chen, N Li	2013
A Study on the Innovation of Operational Model of Technology Business Incubator	H Wang, D Lin, J Yang	2010
Service innovation based on operational model：A case of business incubator	D Lin, Q Lu, H Wang	2010
Business Operational Model of Entrepreneurial Knowledge Service of Business Incubator：A Multi-case Study	LI Wen-Bo	2014
Knowledge modeling for innovative companies：case of business incubator	Y Naumov	2011
The Business Model System Construction and Factors Analysis of High-Tech Business Incubator	WU Yao, GE Shu	2014
Business Incubators an Effective Business Model in Latin America	AA Nichols	2011
Study on the Commercial Collaboration Network of High-tech Business Incubator：Comparative Analysis of Multiple Cases	WU Yao, CHEN Fan	2017
Research on High-tech Business Incubator Development Path from the "Resource-Capability-Relationships" Perspective：Multi-Case Study	Luo Yulan, Zhang Yang, Tang Zhen	2016
Exploratory Analysis of the High-tech Zone Collaborative Innovation System's Construction and Influencing Factors——An Example of 56 National High-technology Zones	Ou Guangjun Sun Qian	2013
Analysis of Symbiotic Between Business Incubator and High-tech Start-ups	DY Tai, XU Fu-Yuan	2014

8.2.3　资料编码

本研究对于价值主张视角下商业模式创新演化的研究采用 Strauss 三阶段扎根理论分析方法，并严格依照 Strauss 三阶段扎根分析方法的编码程序。本研究主要依照如下三种编码原则：

（1）以编码小组的形式对所确定的主题相关文献资料进行编码工作，以避免个人主观因素对编码结果的影响。编码小组的成员对最终确定的 20 篇文章进行阅读，然后一起就文献中提到的观点进行认知和编码，所有编码结果以编码小组成员一致认同为止。

（2）在每篇主题相关文献资料的编辑过程中，对编码结果和二次修改做好相应的记录，方便对研究过程的进行查阅。

（3）扎根理论分析方法的主要思路是持续比较，持续比较是扎根理论分析方法的精髓。在扎根理论分析过程中，持续比较是研究方法的核心。持续比较注重数据资料搜集与分析的同步性，数据资料搜集之后，立即展开分析。为防止新理论的出现，在对原始数据资料扎根分析之后，利用大量新的数据资料对所得出的理论进行饱和度检验，直到不再有新的理论出现。数据资料的搜集与分析工作伴随着整个扎根分析研究过程。

1. 开放性编码

标签化、理论化和范畴化是开放性编码主要的三个流程。开放性编码首先是要对搜集到的原始资料中的各个现象贴标签，并界定各标签的理论化含义，通过对理论化含义的整合发现范畴、范畴自身属性以及方向维度。研究者抛开主观意识和固有思维，在开放性编码过程中，使用原生代码对资料逐句编译，从而体现所得到的标签的客观性。发现各个标签之间的内在联系，进一步将标签归纳总结为理论定义，理论化积累到一定数量之后，再利用理论之间的内在联系归纳提炼形成范畴。在整个开放性编码过程中，基于理论抽样和持续比较的原则，不断修改和补充所得到的理论和范畴。

标签化是开放性编码的第一步，即根据论文语句的表述，标记与商业模式创新及演化的原始语句，为理论化工作奠定基础，也方便后续的查找。接着，将第一篇文章中标签化的语句进行理论化，并以此为理论模板，后面的文章与之比对，不断迭代和补充，直到完成剩余所有文章的理论化工作。最后，根据第二步得到的初始理论的属性和维度，不断比较理论化的结果，识别它们之间的内在关系，并依照关系及其累计量进行分类，实现初始理论范畴化工作。本研究在开放性编码中标签化、理论化过程举例如表 8.2 所示，范畴化结果举例如表 8.3 所示。

表 8.2 编码标签化、理论化举例

标签	资料记录（译文）	提炼核心词	初始理论
A001	目前的创业者群体来源日益多元化	顾客群多样化	客户特征（n001）
A002	而且社会商业环境已经较为发达	环境成熟	市场环境（n002）
A003	科技企业孵化器；一些传统服务难以满足初创企业创始人的需求	传统服务欠佳	企业劣势（n003）
A004	原以政府为直接主导方的孵化活动发生改变，政府更多的是扮演服务购买者的角色	政府行为转变	政府行为（n004）
A005	原来以政府为主要负责对象的孵化器在市场经济的压力之下，改变自身的企业运作方式迫在眉睫	市场经济转型	市场环境（n002）
A006	随着孵化器行业的不断发展，企业对员工个人发展的需求逐渐重视起来，最初，员工只是机械地完成工作任务，薪酬更多是与工作量相匹配；现在，更多的是企业对于高素质人才的渴求，员工对自身职业发展的认知以及员工薪酬需求的满足程度	员工动机改变	企业员工（n005）
⋮	⋮	⋮	⋮
A009	孵化器行业主要分为营利和非营利两种制度模式，学者开始探讨两者的异同以及对商业化运营的推动情况	两种制度模式	制度模式（n006）
⋮	⋮	⋮	⋮
A014	科技企业孵化器的主要工作是帮助其"产品"（初创企业）创造价值，实现可持续性盈利和发展	服务对象（初创企业）创造价值	价值创造（n007）

标签	资料记录（译文）	提炼核心词	初始理论
A015	其"产品"经济能力的有限性、发展周期的不确定性、去留的随机性，增加了科技企业孵化器的风险	忠诚产品培育"悖论"	产品培育（n008）
A016	科技企业孵化器商业模式的运作是一种服务性的运营方式，强调各价值链上资源的有效整合、利用	整合价值链资源	资源整合（n009）
A017	对初创企业的投资可以增加科技企业孵化器的收益，降低产品流失带来的风险	创业企业成长带来投资收益	收入来源（n010）
⋮	⋮	⋮	⋮
A020	孵化器的两种模式，表现了两种领导层对于价值创造的理解、公益性创业者强调价值的创造性，目的是为了满足作用方的收益；而盈利性企业家认为价值带来的收益主要服务于自身及股东	孵化器商业模式差异性；价值创造及占有	价值创造（n007）
A021	公益性创业者注重通过创业行为，实现发展，资源配置的不平等和有限性的影响程度较低	冒险行动	创新活动（n011）
A022	盈利性创业者关注商业与社会利益的权衡，利用创新活动，协调两者之间的关系	创新活动	创新活动（n011）
A023	作为国内第一批建立的孵化器，具有20多年的发展历程，商业模式随着时间的推移不断发生演变	行业发展历程	演化阶段（n012）
A024	企业的创新活动驱动商业模式的演化；主要是从活动的作用对象和创新性来区分，其中，作用对象分为企业内部和外部，而创新性分为开源性和探究性	创新活动作用对象和创新性	创新活动（n011）
A025	开源性的创新活动主要是通过利用企业既有的资源和能力，不断提高资源整合和自身优势能力，以提供更好的产品或服务，来满足目标顾客群的需求。探究性的创新活动注重再开发的行为模式，在现有资源和能力的基础上，探究新的资源和能力，不断开拓新的市场机会和创新渠道	开源性创新；探究性创新	创新活动（n011）
A026	外部竞争环境的变化和压力的累积是商业模式发生演化行为的诱因	外部环境	市场环境（n002）
A027	大多数孵化器在创业的初期，由于政府的主导，一般以公益性组织的形式定位，商业模式因为产品服务的单一，主要是以单一商业模式的形态出现	公益性服务组织；单一商业模式；外部环境	组织类型（n013）
A028	随着内外部环境的驱动，孵化器开始展开企业内部架构的调整、资源整合能力的提升、价值的创造传递等一系列创新活动，维持现有顾客群的同时，深入探寻领域相关机会	组织变革	组织变革（n014）
A029	孵化器行业随着市场需求的不断变化，出现对围绕孵化器的资源、利益主体、信息等相关方的深挖，以寻求建立一个以孵化器为中心的资源网络，通过制度创业的形式，改进现有的网络位置	网络位置改进	网络位置（n015）

标签	资料记录（译文）	提炼核心词	初始理论
A030	网络位置的不断改进，为孵化器提供更宽广的业务线，实现业务领域的多元化，为孵化器带来更多收入的同时，其商业模式也发生了巨大的创新，最终由单一商业模式形态转化成了复合商业模式形态	业务收入多元化	业务类型（n016）收入来源（n010）
A031	孵化器的商业模式同样也会受到内外部环境和行业发展周期的影响	制度环境；行业发展周期	制度环境(n017)演化阶段(n012)
A032	商业模式创新的演化是其与创新活动相互作用的结果。创新活动的主要方式是孵化器做出的创新行为，其中包括开源型创新行为和探究型创新行为。开源型创新行为以组织架构的变动和孵化器相关价值网络的变化作为表现形式；而探究型创新行为则以网络位置的改进和制度创业模式的推进作为表现形式	价值链重构；网络位置改进；制度创业	价值链（n018）网络位置（n015）
A033	孵化器的发展初期是创业期到调整期的演变，由于政府行为的主导，这时候孵化器的盈利模式为公益性，商业模式形态单一，注重为科技企业创立发展提供必要的物料场地等服务	创业期；调整期；单一形态商业模式	演化阶段（n012）组织类型（n013）
⋮	⋮	⋮	⋮
A038	随着孵化器的不断发展，传统意义上的非营利性组织模式已经无法满足孵化器的企业运作，孵化器需要进行组织架构和业务内容的调整和更新	服务内容；内部变革	服务内容(n019)组织变革(n014)
⋮	⋮	⋮	⋮
A042	孵化器开始注重价值的创造和实现，利用将价值主张的关注对象调整为科技初创企业，除了为其提供产品或服务，也改变了孵化器的盈利模式，以生产者的身份逐渐过渡到投资者的身份，实现孵化器收入的多元化，并且孵化器在价值层面上的获取也呈现多元化，除了固定资产类的传统收入以外，还增加了投资收益，实现边孵化边盈利的商业模式形态	价值获取多元化	价值获取（n020）价值主张（n021）
⋮	⋮	⋮	⋮
A058	孵化器随着内外在因素的驱动，需要分别从内外部对压力做出反应。内在主要表现为对自身组织情况的诊断，包括组织架构合理性、组织活动运行有效性以及组织行为指导前瞻性等的组织行为的分析。外在主要表现为对自身相关资源情况的梳理，包括顾客资源的利用、相关利益方的认知等资源整合能力的变革	资源配置；组织架构	资源整合（n009）组织变革（n014）

标签	资料记录（译文）	提炼核心词	初始理论
A059	网络位置所涉及的对象包括孵化器本身以及孵化器参与者，即孵化器与其相关利益者之间构成的某种关系网络，并且该网络会随着关键成员行为的改变而发生一定的变化。因此孵化器需要在网络位置中占据主导性位置，以自身行为推动网络其他成员的变化，而不是被动变动	网络位置改进	网络位置（n015）
⋮	⋮	⋮	⋮
B001	孵化器的建立初期是作为政府行为的延伸工具，因此其运作模式以非营利、公益性为主。免费为科技企业提供固定资产和法律政策等服务，甚至为其提供原料供应和市场分销。	公益性服务平台供应商	组织类型（n013）
⋮	⋮	⋮	⋮
B024	资本市场呈现多层次的发展、私募股权投资市场的规模化运作、移动互联网的兴起，对传统的孵化器提出更高的挑战。孵化器需要改变原有的商业模式形态，搭建多元化的服务平台，包括技术、资本、贸易等一系列的服务内容，因此公益且非盈利性的服务平台需要向盈利性发生转变	市场规模化且多样化	市场环境（n002）
B025	随着市场需求的变动，孵化器本身的定义也在发生变化，孵化器的公益性特征逐渐弱化，出现商业化的运作模式，原有作为顾客的科技初创企业变成了孵化器的产品，而孵化器的客户由于提供服务内容的多样化转变，资本、技术和贸易市场作为主要的客户群	产品特殊；客户特殊；资本市场；技术市场	产品特征（n020）客户特征（n001）
B026	孵化器在 20 世纪 90 年代后期已经不单只是以供应商平台的形式出现，孵化器同样作为初创的企业，为科技企业提供技术指导和融资的同时也需要被孵化	行业发展历程	演化阶段（n012）
⋮	⋮	⋮	⋮
B031	孵化器具有多种形式，包括企业建立的创业中心、以高校为发起者的大学科技园、私人创建的孵化器和公司与私人共创的孵化器等四种类型	类型多样化	组织类型（n013）
B032	孵化器所提供的产品内涵也在发生改变，这里的产品并不单指的是孵化器为科技企业提供的场地、资本等服务，还包括科技企业的价值主张	产品双属性	产品属性（n021）
B033	孵化器的客户群体由于提供服务内容的多样化转变，资本、技术和贸易市场是主要的客户群	客户群特殊	客户特征（n001）
B034	孵化器为了谋求商业模式的创新，不断改变创新活动，主要表现为非定向性创新，即孵化器在为科技企业提供服务的同时，资本相关服务则通过与大企业资本和技术上的合作，促进商业模式创新的创新行为	非定向创新活动	创新活动（n011）

标签	资料记录（译文）	提炼核心词	初始理论
B035	孵化器与大企业在资本层面上的合作结果往往依赖于孵化器自身的情况	影响力	企业优势（n022）
⋮	⋮	⋮	⋮
B043	孵化器因为所交叉涉及的利益方众多，因此作为资源网络的中心，孵化器的资源整合能力尤为重要，良好的资源整合能力能够最大程度上帮助孵化器获得更多的利益	资源整合能力	资源整合（n009）
B044	孵化器除了作为产品服务的提供商，本身也是所服务科技企业的投资商。科技企业所孵化的产品项目为孵化器带来更多的收益，生产方式的转变推动生产行为的可持续性	生产方式转变	生成方式（n026）
B045	孵化器的成本收益模式逐渐多样化，由原来的产品服务作为成本支出，租金等作为收入来源。孵化器的更多盈利来自于对科技企业的投资，建立风险承担—孵化服务—投资收益不断循环的运作模式	成本收益模式	成本收益（n023）
⋮	⋮	⋮	⋮
B052	早期的孵化器注重孵化服务的质量和深度，强调孵化的全方位性	全方位创业培育	产品培育（n024）
B053	创新工场的产品含义来源于两方面：孵化服务和投资融资	产品定位	产品定位（n025）
B054	清华科技园主要是寻找由商业价值和市场价值的科技企业作为投资项目对象，帮助其进行市场和行业的研发和运营，并找有兴趣的企业参与并购融资	并购融资；参与项目研发和运营	服务内容（n019）
B055	魔图精灵是清华科技园的成功投资项目之一，清华科技园不仅为其提供技术上的指导和服务，并利用政府关系、资源整合、财务运营和用户渠道挖掘等一系列的服务，帮助其产品的上线和商业运作	服务多样化	服务内容（n019）
B056	孵化器产品的价值主张的内涵是孵化器通过什么样的产品或服务作用于其客户对象，目的是为了满足客户群体的需求。这里的需求满足强调满足程度的精准性。	价值主张再定义	价值主张（n021）
B057	创新工场商业模式的创新主要是通过其所提供的产品或服务的创新影响创新	产品拉动创新	创新活动（n011）
B058	创新工场主要是建立产品创新系统，注重所提供产品服务的升级优化	产品创新系统	产品培育（n024）
B059	创新工场的产品创新定位主要是依照时代背景的影响，选取移动互联网企业作为服务对象，因为移动互联网企业生产周期短、成长迅速、资源整合能力要求高，并且具有较高的经济性	产品创新定位	产品定位（n025）

标签	资料记录（译文）	提炼核心词	初始理论
B060	在产品拉动创新的作用下，以创新工场为中心的移动互联网初创企业、资源配置、资本技术实现良性循环	产品创新作用	产品培育（n024）
B061	李开复团队自身在行业领域的知名度和影响力帮助创新工场降低了运营成本和宣传费用，并为创新工场挑选出具有发展潜力的科技企业	品牌优势	品牌优势（n027）
⋮	⋮	⋮	⋮
C018	张江孵化器是以客户为导向的创新商业模式，强调所生产的产品和客户群体之间的相互作用，注重两者之间的内容衔接	客户导向型创新	客户导向（n036）
C019	张江孵化器是典型的"资本孵化器"，其产品是所服务的初创企业，而客户则是资本市场，自身也是所生产产品的投资方，寻求获得最大化的投资收益	资本孵化器；多层次资本市场	资本市场（n037）
⋮	⋮	⋮	⋮
C033	张江孵化器通过三阶段的创新行为，建立孵化器产品间的相互联系，逐渐形成具有张江孵化器特色的产业链。孵化的产品并不是独立存在的个体，而是相互关联的共同体	完整产业链	产业链（n044）
C034	清华科技园作为中关村科技园的重要成员，不同于其他孵化器的可用资源范围，而是可以享受更多的来自政府方面的优惠政策	政府资源	政府资源（n045）
C035	清华科技园因为是清华大学主办，具有清华、北大以及中科院的优势科研资源，同时在信息网络等科学资源上也具有很大的优势	科学资源	科学资源（n046）
C036	清华科技园通过与金融机构、法律机构等第三方建立长期的合作关系，可为孵化企业提供一整套优质的资本和法律政策的孵化服务	社会资源	社会资源（n047）
C037	清华科技园利用自身的品牌优势和影响力，吸引大量全球的高端资源，包括国外优秀的创业团队	全球资源	全球资源（n048）
⋮	⋮	⋮	⋮
C055	清华科技园在筛选孵化企业时，其技术的核心优势帮助提高清华科技园孵化水平的专业度和知名度	品牌优势	品牌优势（n027）
C056	清华科技园作为一个国际性的孵化器，来自清华的强大海外校友资源是其关键的驱动因素	校友资源	校友资源（n049）
C057	联想之星是混合型孵化器的代表，其发起者为国资和民资的混合体，即国有资产和天使投资的融合，因此可概述为"创业培训＋天使投资＋孵化器开放平台"三位一体的商业模式形态	"创业培训＋天使投资＋孵化器开放平台"三位一体	组织类型（n013）

标签	资料记录（译文）	提炼核心词	初始理论
C058	联想之星同样也是通过投资所孵化的企业获取收益，在风险规避问题上，联想之星采用"隔轮退出"的方法来降低投资的风险，主要操作方式是在孵化企业完成 A 轮融资过后，并不是从投资方中撤离，而是继续进行 B 轮融资，待 B 轮融资完成后，联想之星才退出	风险规避	风险规避 （n050）
C059	联想实际操控联想之星，因此联想之星具有很强的影响力，但正是联想知名度为联想之星带来了资本和孵化服务的优势	品牌优势	品牌优势 （n027）
⋮	⋮	⋮	⋮
D021	YC 作为孵化器的领军，在商业模式创新上采用大胆的变革行为，主要包括新市场的开拓、新运营模式的创建、产品服务领域的拓展等	核心要素整体变革	要素变革 （n061）
D022	YC 讲求自身利益的获取，因此所有的商业行为都与其利益相关，注重利益相关方关系的维护	伙伴关系建立	伙伴关系 （n062）
D023	YC 以培训的形式，每隔两年将以 YC 为中心的人力资源聚集起来，新老校友的互动，能延长校友资源的广度和联系	校友资源	校友资源 （n049）
D024	YC 专门组织项目展示日的活动，主要是吸引硅谷创投和技术市场的注意，帮助孵化企业资本的投资和技术获利	产品培育	产品培育 （n024）
D025	YC 在价值传递方式上注重渠道的选择，价值传递的渠道需要具有拓展性和延续性的特点	渠道传递价值	渠道传递 （n063）
D026	YC 孵化的企业或者项目因为其高产高质的特点，尽管具有高风险性，依然吸引了大量投资者的关注	竞争优势	竞争优势 （n064）
D027	YC 的收益来源主要是对孵化企业或项目的股权收益；通常 YC 拥有 2%～10% 的股份	收益来源	收入来源 （n010）
D028	孵化器与资本及技术市场逐渐形成互利共生的关系，资本市场通过判断孵化器自身的运作情况提供资本融资的程度，而技术市场通过孵化器所孵化企业或项目的发展潜力提供相应的技术支持	资本市场化与技术市场化	资本市场 （n037） 技术市场 （n065）
⋮	⋮	⋮	计 167 个

表 8.3　开放性编码范畴化举例(创业调整期)

范畴	提炼理论	初始理论(部分)
前因	内部因素	管理主体(组织类型)、产品/服务(产品/服务定位、产品/服务深度、产品/服务内容)、盈利模式(收入来源)、组织活动(组织能力)、资源能力(资源来源)、管理认知(社会效益、公益性)
	外部因素	情境因素(市场环境、政策法律、经济环境、竞争强度)、技术变革(技术创新、技术市场)、顾客误解
途径与实施	静态创新	创新型的产品/服务(产品/服务定位、产品/服务内容)
阻力	内部阻力	管理者认知、组织结构、资源配置、组织能力、管理者主导逻辑
	外部阻力	外部环境(市场环境、经济环境、政府行为)、产业结构
内部动力	组织变革	管理模式、组织结构、人员构成
	顾客需求	客户特征(顾客群单一)、产品/服务特征(单一产品/服务)
外部动力	政策	政府行为
单一商业模式形态	公益性且非营利性组织	社会价值、公益性、非营利性、单元化孵化业务;收入来源单一、坐等孵化
创业调整期	创业期、调整期	创业期、调整期

表 8.4　开放性编码范畴化举例(应用改进期)

范畴	提炼理论	初始理论(部分)
前因	内部因素	组织活动(拓展新领域、组织学习、组织能力)、价值链(价值创造、价值获取)、管理主体(组织类型、组织变革)、产品/服务(业务多元化、产品/服务定位、产品/服务深度、产品/服务内容)、盈利模式(收入来源多样化)、资源能力(资源来源、资源整合)、管理认知(经济效益、商业性)
	外部因素	市场机会、情境因素(市场环境、政策法律、经济环境、竞争强度)、技术变革(技术创新、技术市场)
途径与实施	静态创新	价值主张、价值定位、创新型产品与服务
	动态创新	系统性(产品/服务系统化)
阻力	内部阻力	管理者主导逻辑、管理者认知、组织结构、资源配置、组织能力、顾客误解
	外部阻力	自我设限、消费者认知、外部环境(市场环境、经济环境、政府行为)、产业结构
内部动力	组织变革	工作流程、管理模式、组织结构、人员构成
	价值主张	顾客主体、产品/服务主体、顾客需求(顾客群多样化、产品/服务深度)

范畴	提炼理论	初始理论(部分)
外部动力	技术创新	产品/服务创新、应用创新
	政策	政府行为
	市场化	竞争强度、市场机会
复合商业模式形态	营利性组织、商业化组织	经济价值、孵化业务多元化、市场需求变化、组织定位变化、营利性组织、商业化组织
应用改进期	应用期、改进期	应用期、改进期

表 8.5 开放性编码范畴化举例(发展创新期)

范畴	提炼理论	初始理论(部分)
前因	内部因素	企业家精神、品牌优势、产品/服务(产品/服务培育、产品/服务宽度、产品/服务定位、产品/服务深度、产品/服务内容)、盈利模式(收入来源多样化、风险规避)、组织活动(组织学习、组织能力)、价值链(价值创造、价值获取、价值活动)、管理主体(组织类型、组织变革)、资源能力(资源链、资源来源、资源整合)、管理认知(经济效益、商业性)
	外部因素	网络位置、制度创业、情境因素(市场环境、政策法律、经济环境、竞争强度)、技术变革(技术创新、技术市场)
途径与实施	静态创新	价值主张、价值定位、创新型产品与服务(产品/服务培育)、构成要素更改(关系资本)
	动态创新	商业创意、模式拓展系统性、产品/服务系统化创新
阻力	内部阻力	企业家精神、管理者认知、组织结构、资源配置、组织能力
	外部阻力	消费者认知、外部环境(市场环境、经济环境、政府行为)、产业结构
内部动力	组织变革	工作流程、管理模式、组织结构、人才培育
	产品/服务创新	客户特征(顾客群多样化、顾客群层次化)、产品/服务特征(产品/服务深度、产品/服务宽度)
	企业家精神	企业家创新意识、企业家创新精神、企业家洞察力
外部动力	技术变革	学习创新、产品/服务创新、应用创新、科技创新
	政策	政府行为、制度创业
	盈利渠道	风险规避、企业投资、网络位置收益
	竞争强度	市场需求变化、外部生存压力、科技创新、核心竞争力
	价值网络	价值链改进、孵化价值链、收入来源多元化、探索性创新
	关系网络	网络位置改进、建立网络关系、发挥网络作用、声誉、建立信任
复合商业模式形态	商业模式生态系统	商业模式生态系统、企业化形式运作、经济价值、多元化孵化业务、收入来源多样化、市场需求不断变化、组织定位变化、持续创新、拓展新领域、声誉
发展创新期	发展期、创新期	发展期、创新期

通过对 20 篇 SSCI 文献资料的整理分析，将每篇文章单句作为基本单元，共得到 2002 个编号样本句。提炼每个编号样本句的核心词，并将这些核心词概念化，最后将得到的初始理论上升为范畴。在研究过程中共得出 167 个初始理论，将这些初始概念不断比较，剔除与商业模式创新和价值主张无关的概念，得到 103 个高度吻合的初始概念。在 20 篇扎根文献资料中，范畴化出现频次较高的初始概念，将抽象出的 22 个提炼概念相互比较迭代，最终提炼出 10 个范畴。

2. 主轴编码

主轴编码是通过判断各初始范畴间的层次关系，结合其他的相关研究成果，进行提取整合的过程。通过对初始范畴的不断比较、归纳合并与迭代，总结出价值主张视角下商业模式创新演化的演化阶段、构成要素、驱动因素以及商业模式形态 4 个主范畴，如表 8.6 所示。由此可知，价值主张视角下商业模式创新的演化是企业由于内外部驱动因素的影响，综合考虑企业当下的内外部要素、内外部阻力，通过一定的途径与实施而不断对商业模式进行创新优化的过程。

表 8.6　主轴编码形成的主范畴

主范畴	对应范畴	关 系 内 涵
演化阶段	创业调整期	由政府主导，定位于公益性、非营利的服务组织；孵化业务围绕简单的服务和物业；注重社会效益；资源能力较差的单一形态商业模式
	应用改进期	政府主导地位降低，出现企业化，通过内部改革优化服务内容；追求经济价值；营利性组织模式；提出价值主张；满足孵化企业需求；利用技术创新、市场化环境等因素，实现科技企业孵化器商业模式创新，形成复合商业模式形态
	发展创新期	原有顾客群以产品形式出现；由于关系网络、价值网络的建立以及网络位置的改进，导致顾客主体发生改变；企业盈利模式出现多样化，企业既是产品的生产者，同样也是产品的购买者和中间商。企业注重产品/服务创新、企业家精神等内驱动力，同样由于组织变革等外部因素的影响，企业的商业模式逐渐创新发展为商业模式生态系统
构成要素	前因	在内外部因素驱动下，当达到某一临界点时，企业产生商业模式创新的需求，并通过商业模式创新创造价值
	途径与实施	企业依据当前内外部环境情况，采取不同的商业模式创新途径，创新实施强度也有所不同
	阻力	由于内外部阻力的影响，企业组织能力、资源能力等现状以及产业结构和外部环境的考虑，都会在不同程度上阻碍商业模式创新
驱动因素	内部动力	基于顾客需求、组织变革、产品/服务创新、企业家精神等核心内部因素的驱动，为企业商业模式创新提供方向，同时帮助企业实现商业模式创新内因的革新
	外部动力	政策法律改革、技术创新、市场机会和竞争强度等外部环境多维度影响，驱动企业从外部展开商业模式创新

主范畴	对应范畴	关系内涵
商业模式形态	单一商业模式形态	以政府行为为指导，讲求社会价值；开展单元化孵化业务；收入来源单一；坐等孵化现象严重；满足政府部分需求的公益性非营利性组织为代表的商业模式形态
	复合商业模式形态	以企业化形式运作，讲求经济价值；开展多元化孵化业务；收入来源多样化；市场需求不断变化，组织定位随市场需求改变；企业持续创新，拓展新领域；注重企业声誉的营利性组织为代表的商业模式形态

3. 选择性编码

选择性编码(Selective coding)是根据主轴编码所归纳出主范畴之间、主范畴与相对应的副范畴之间的深层逻辑关系，形成一个"核心属类"，最后根据逻辑关系搭建"故事主线"，从而构建价值主张视角下商业模式创新演化的理论模型。

价值主张视角下商业模式创新演化的重点在于企业价值主张的出现以及扩张。随着科技企业孵化器商业模式创新的演化，其价值主张宽度逐渐扩大、深度不断延伸，形成"价值主张网络"。"价值主张网络"的提出是扎根编码过程中的自然产物，在频繁度、强解释和关键性上满足核心范畴的要求，因此本研究将"价值主张网络"作为核心范畴，来解释价值主张视角下商业模式创新演化的核心特征。同时"价值主张网络"与编码形成的所有理论和范畴都有一定的关联性，从而本研究所得到的是价值主张视角下商业模式创新演化过程的"故事主线"，基于科技企业孵化器商业模式创新发展的三个演化阶段(创业调整期、应用改进期、发展创新期)，商业模式创新的构成要素、驱动因素为主要关注的对象，各演化阶段所得到的商业模式形态即为科技企业孵化器商业模式创新发展的结果。利用开放性编码和主轴编码结果，进行选择性编码，构建出反映价值主张视角下商业模式创新演化的理论模型，如图 8.1 所示。

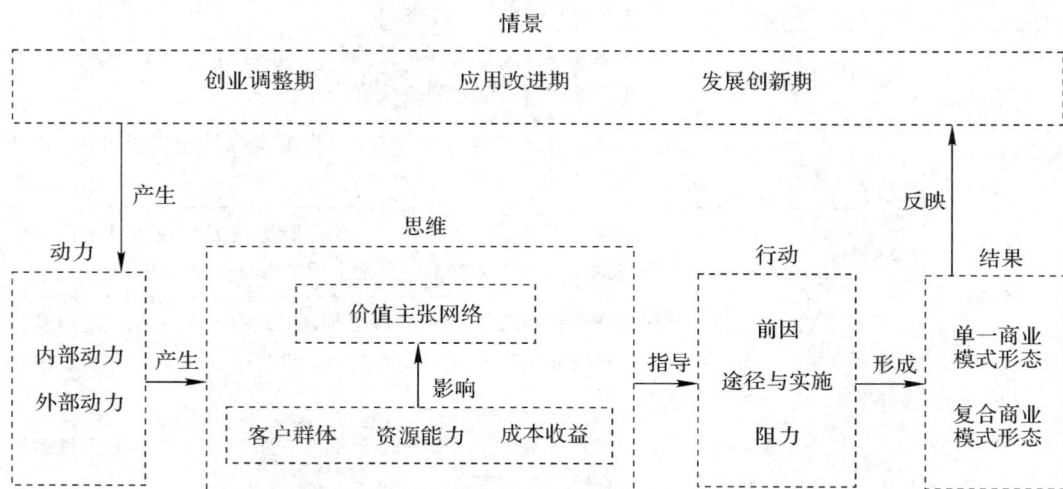

图 8.1 价值主张视角下商业模式创新演化的理论模型

8.3 创新演化模型构建与检验

8.3.1 理论模型构建

经过 strauss 三阶段扎根理论的编码，本研究总结出价值主张视角下商业模式创新演化的演化阶段、构成要素、驱动因素以及商业模式形态的 4 个主范畴，以及相对应的 10 个次范畴、22 个提炼概念和 167 个初始概念，最后以"价值主张网络"为核心范畴串联各范畴及概念。根据商业模式创新的演化阶段特征、构成要素、驱动因素以及商业模式形态特点将价值主张视角下商业模式创新演化中的各要素进行联系和层次化，从而形成"情景—动力—思维—行动—结果"的价值主张视角下商业模式创新演化过程。通过三阶段编码建立的理论模型如图 8.1 所示。

8.3.2 理论饱和度检测

扎根研究方法对于研究结果的真实有效性判断，可从以下四个标准来评判：① 原始资料来源可信度、可靠性及有效性；② 扎根方法形成的结果有无遗漏；③ 研究结论与经验资料有无差异；④ 研究结果自省。通过对 30 篇 SSCI 论文中剩余 10 篇样本的归纳分析，所得到的理论模型中没有产生新的重要范畴，现有的价值主张视角下商业模式创新演化的理论模型体系囊括验证文章材料中所得的理论范式，4 个主范畴也未产生新的理论内容，因此，图 8.1 所示的价值主张视角下商业模式创新演化的理论模型是比较饱和的。

8.4 商业模式创新演化模型分析

8.4.1 创新演化的阶段

商业模式创新的演化阶段是基于时间序列的商业模式创新变化过程。由于内外部环境的不同，形成不同的演化阶段，而这些不同的演化阶段是商业模式创新演化最直观的表现形式。谢佩洪、成立从商业模式创新的演化逻辑和驱动因素出发，结合价值理论，构建商业模式创新演化的理论模型，并以中国 PC 网络游戏行业为案例验证，提出演化阶段划分的概念。本研究所提出的价值主张视角下商业模式创新演化的概念模型，将商业模式创新的演化过程划分为三个阶段：创业调整期、应用改进期、发展创新期，如图 8.2 所示，依据各个阶段商业模式形态的特征、时代背景、企业行为等，认为科技企业孵化器价值主张视角下商业模式创新经历了以上三个阶段，不同阶段的客户群体、企业资源能力和成本收益也存在较大的差异，对"价值主张网络"的影响也是不同的，从而形成不同的商业模式形态。

（1）创业调整期阶段，科技孵化器主要由政府主导，孵化业务单一。孵化器自身资源能力较差，只需要为孵化企业提供包括场地、基础的业务咨询和培训服务等；收入来源单一，主要为场地租金、咨询培训服务费。相比经济收益，孵化器更注重社会效益，强调公益且非营利性，商业模式形态单一。由于内外部环境的变化，科技企业孵化器需要通过自身的商业模式的创新，以适应不断发展的市场环境和市场需求，因此出现商业模式创新的应用改进期。

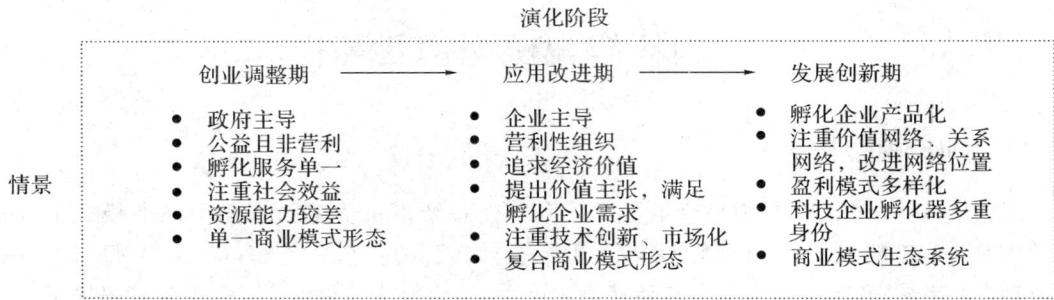

图 8.2　创新演化的演化阶段

（2）应用改进期阶段，基于创业调整建立的稳定的产品/服务基础，科技企业孵化器开始追求自身产品/服务的独特性，通过技术改革和资源网络的建立，发挥产品/服务的绝对性优势。在这个阶段孵化器开始注重技术创新、市场化的运作方式，提出价值主张，以此满足孵化企业的需求，经济价值逐渐起主导作用，形成复合的商业模式形态。

（3）发展创新期阶段，随着互联网的逐渐发展、其他竞争者对市场份额的窥视、政策环境的导向等因素，需要科技企业孵化器突破自身瓶颈，强调科技企业孵化器身份的多重性，不仅是产品/服务的培育者，同样也是产品/服务的投资者。注重孵化企业的产品化，以短、平、快的产品形式不断迭代，以适应快速变化的市场环境。科技企业孵化器重视价值网络、关系网络的发展，通过网络位置的改进，实现盈利模式多样化的同时，形成商业模式的生态系统。

8.4.2　创新演化的驱动因素

商业模式创新是内外部驱动力相互作用的结果，内部动力可以归纳为需求驱动、组织变革、产品/服务创新、企业家精神和组织学习能力；外部动力可以归纳为技术驱动、竞争驱动、政策法律改革、市场机会、盈利渠道和价值/网络关系。需求的驱动方面，企业为满足顾客被忽视或未满足的真正需求而做出的创新行为是商业模式创新的核心驱动力。孵化企业随着发展状态的变化，对孵化服务的需求也在发生变化，由传统的场地、咨询培训服务的提供，逐渐增加到对资本的融资、对技术创新的指导、对关系网络的扩展等需求。这需要科技企业孵化器根据自身的发展状况，及时调整孵化服务内容，实现孵化服务的多元化，以此吸引更多企业的入孵，促进科技企业孵化器的发展。组织变革方面，科技企业孵化器在面对环境因素改变时，同时需要对孵化器内部组织结构进行相应的调整。比如，按照孵化内容的不同，对孵化园区进行划分，提供更有针对性的孵化服务。同时随着科技企业孵化器身份的多重性，组织内部需要按照要求，招募更多专业化人才，以方便孵化器内外部更顺畅的管理。产品/服务创新方面，传统的孵化服务普适性太强，缺乏科技企业孵化自身特色；同时孵化企业需求的变动，也强调孵化器需要对自身产品/服务进行创新，实现科技企业孵化器自身的独特性，增强其核心竞争力。企业家精神驱动方面，Lindqr 和 Cantre 提出企业家精神的本质就是创新的意识和创业的精神，企业家是推动企业商业模式创新的主要驱动力。组织学习能力方面，组织学习是企业在不断的运营过程中发现问题、修正问题的过程。良好的组织学习能力可以帮助企业对市场变化和竞争压力做出快速的应对反应。Hansen 等（1996）认为，组织学习能力可以促进企业创新能力的形成，企业通过创新理论的不断尝试，在发现错误和纠正错误的过程中，不断指导企业的商业运作，最终实现商业模式的创新。技术驱动方面，阳双梅和孙锐认为结合技术创新，有助于对商业模式创新更为量化和形式化的描述与分析。虽然只有技术创新很难实现商业模式的创新，但是技术是商业模式创新的源头推动力。竞争驱动方面，Sosna等认为当新的市场规则、竞争者、创新者出现时，打破原有的商业模式，外界环境压力突破某一临界状态，就需要商业模式的创新。政策法律改革方面，政策上的优惠能帮助孵化企业在产品推广、渠道开拓上增加机会，提供有针对性的孵化服务。市场机会方面，多样化的市场机会给科技企业孵化器更多创新的方向，商业模式生态系统的建立依据市场的多元化拓展。盈利渠道方面，多渠道的盈利模式帮助科技企业孵化器更好地完善孵化服务。价值/关系网络方面，价值/关系是科技企业孵化器软实力的体现，价值/关系网络的建立和发展，为科技企业孵化器提供更多发展视角。本研究提出的价值主张视角下商业模式创新演化的概念模型中的因果方面则是由驱动因素所决定的。各个演化阶段在不同的内外部驱动力相互作用下，所产生的"价值主张网络"也是有所差异的，这会影响到创新行为的导向，从而形成不同的商业模式形态。创新演化的驱动因素如图8.3所示。

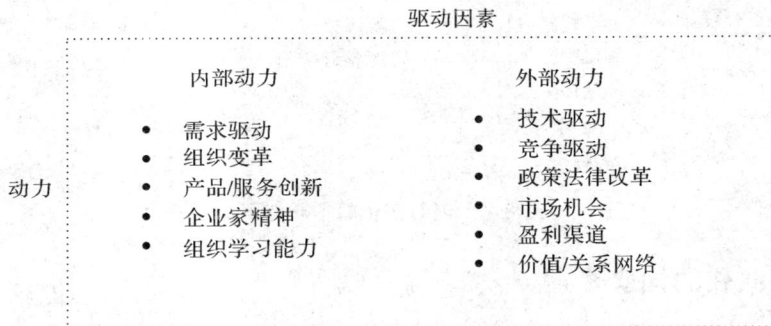

图 8.3 创新演化的驱动因素

	驱动因素	
	内部动力	外部动力
动力	• 需求驱动 • 组织变革 • 产品/服务创新 • 企业家精神 • 组织学习能力	• 技术驱动 • 竞争驱动 • 政策法律改革 • 市场机会 • 盈利渠道 • 价值/关系网络

8.4.3 创新演化的本质特征

1."价值主张网络"是价值主张视角下商业模式创新演化的核心

价值主张是对顾客真实需求的深度描述，探索什么对顾客来说才是有意义的。实现"价值主张网络"，主要从客户群体、资源能力和成本收益上进行匹配，同时基于演化的不同阶段，构成要素、驱动因素不断进行匹配，实现科技企业孵化器商业模式的不断创新，形成各阶段的商业模式形态，为科技企业孵化器带来能力价值的提升、经济价值的再创造、社会价值的升级和知识价值的发展。关于商业模式生态系统的提法，是价值主张视角下商业模式创新演化的高阶模式。其强调客户关系网络的发展、网络位置的改进、资源能力的提升、客户/产品服务的多样性、组织扮演角色的多样性以及成本收益的多元化等商业模式创新的影响因素，而这些影响因素都可以归为价值主张网络横向、纵向的延伸，因此"价值主张网络"就是价值主张视角下商业模式创新演化的核心，"价值主张网络"的变化从根本上影响商业模式创新的演化。

2. 价值主张视角下商业模式创新演化构成要素保障"价值主张网络"的实现

"价值主张网络"所形成的指导观点需要实践的验证，价值主张视角下商业模式创新演化中创新的构成因素则从前因、实施途径以及阻力三个维度反映价值主张网络观点的指导效果。前因从内外部因素两方面帮助科技企业孵化器分解商业模式创新的核心点；实施途径指导科技企业孵化器在既定的"价值主张网络"条件下，科技企业孵化器可以进行商业模式创新的主要创新方式；阻力则从内外部两个维度提醒科技企业孵化器为达成现有"价值主张网络"下商业模式创新可能会面临的阻碍，提前帮助科技企业孵化器认识阻碍，缓解阻力带来的影响。对科技企业孵化器商业模式创新从前因、实施途径以及阻力三个维度所对应的主体具体分析，保障"价值主张网络"的实现，推进商业模式创新的演化。创新演化的本质特征如图 8.4 所示。

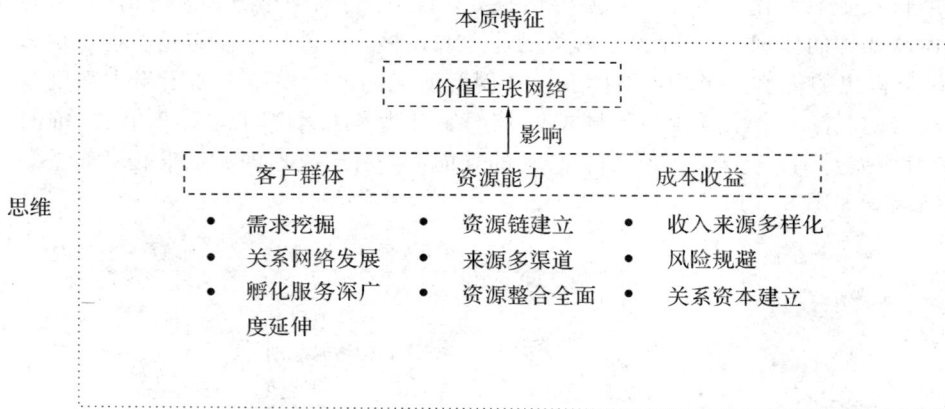

图 8.4　创新演化的本质特征

8.4.4　创新演化的构成要素

商业模式创新的构成可以从前因、实施途径以及阻力三个方面进行描述。

商业模式创新的前因来源于内部和外部两个维度，从企业内部来讲，管理认知、资源能力、组织活动和盈利模式等是主要的影响因素。Doz 和 Kosonen 等认为管理认知（企业管理者对企业内外部环境的认知）直接影响企业对外部威胁的解读以及做出的应对措施，从而影响外部环境变化，造成企业商业模式创新决策的速度变化。即使外部环境未发生变化，管理认知水平依然可以帮助企业判断下一个技术范式发生时企业商业模式创新的方向。资源能力（企业内部的资源和能力）可以帮助企业拓展业务和市场边界，为企业的商业模式创新创造可能。面对动态的内外部环境，对企业资源资产的灵活性整合以及特定动态能力的运用，决定了企业商业模式的发展和创新。组织活动（企业内部的组织架构和活动）从战略和目标两个维度影响企业商业模式的创新。Mezger 等提出在企业面对外部冲击时，企业组织结构的调整可以增强企业的战略敏感性、灵活性。而组织学习能够帮助企业借鉴优秀的商业模式经验，在规避风险的同时，不断优化自身组织结构、吸引优秀人才和培养无形资产，实现企业的商业模式创新。盈利模式变化的同时，企业的价值创造和价值获取模式也发生了改变。从企业外部来讲，技术创新、情景因素、市场机会和价值网络等是主要的影响因素。Ghezzi 等提出了企业商业模式与不确定的外部环境、模糊的政策法律、缺乏完备性的市场设施、动态变化的竞争和经济环境这些情景因素的冲突性。价值网络中企业的利益相关者影响企业商业模式的创新。商业模式创新的途径与实施基于静态创新和动态创新两种视角，静态创新视角下的创新关注商业模式构成要素的改变；动态创新视角注重商业模式创新每个阶段的特征、存在问题及创新建议。认知阻碍、组织结构单一、资源配置不合理和外部环境作用等四方面构成商业模式创新的阻力。Sosna 认为商业模式创新的一部分阻力来源于管理者既定的思维及认知。Sosna 提出组织内部结构直接影响商业模式的创新，权利中心分散化不利于创新的实施。Amit 和 Zott 认为企业资源配置常与企业的商业模式创新相矛盾。Sosna 指出企业管理者在面对不确定、未知且快速变化的外部环境时，并不能果断做出商业模式创新的决策。

本文提出的价值主张视角下商业模式创新演化的概念模型是由前因、途径与实施以及阻力三个方面研究各个演化阶段商业模式创新的构成，并结合各个演化阶段价值主张网络的特点，分别对前因、途径与实施以及阻力三个维度进行分析总结。创新演化的构成要素如图 8.5 所示。

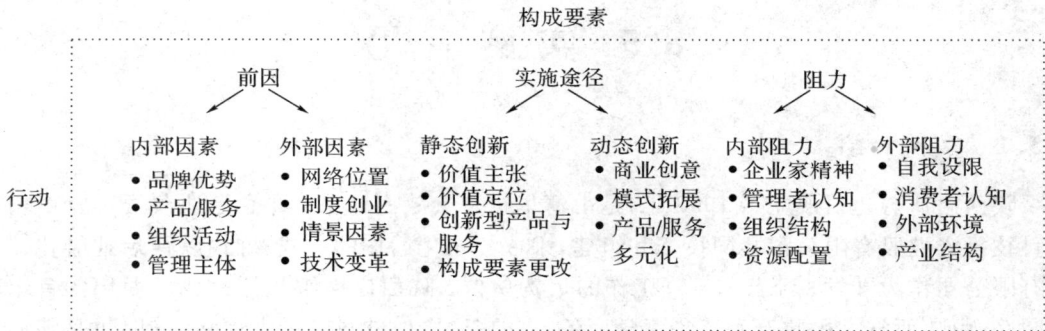

图 8.5　创新演化的构成要素

8.4.5　创新演化模式形态

商业模式形态是商业模式创新演化的结果。商业模式形态可以简单分为单一商业模式形态、复合商业模式形态。不同行业商业模式形态所包含的内容和特点特征是不同的。对本研究所涉及的科技企业孵化器来说，单一商业模式形态是以政府行为为指导，讲求社会价值，开展单元化孵化业务，收入来源单一，坐等孵化现象严重，满足政府部分需求的公益性非营利性组织为代表的商业模式形态。复合商业模式形态以企业化形式运作，讲求经济价值，开展多元化孵化业务，收入来源多样化，市场需求不断变化，组织定位随市场需求改变，企业持续创新，拓展新领域，注重企业声誉的营利性组织为代表的商业模式形态。随着其不断地发展，复合商业模式形态主要经历了两个阶段的演化。由单一商业模式形态只注重社会价值到对经济价值的重视，为应对市场需求的变化，注重孵化业务展开，实现多样化的孵化业务内容。随着科技企业孵化器的发展推进，孵化器的孵化业务由多样化逐渐变为多元化，组织定位的变化强调孵化器身份的多样化产生，孵化器进行持续性的创新，不断拓展新领域，打造品牌化，注重孵化器声誉，形成商业模式生态系统。本研究提出的价值主张视角下商业模式创新演化的概念模型中的结果层面就是以商业模式形态的形式出现的。商业模式形态是商业模式创新演化各个演化阶段的总结，清晰归纳出不同演化阶段的差异性特点，帮助企业回顾和理解。创新演化的商业模式形态如图 8.6 所示。

商业模式形态

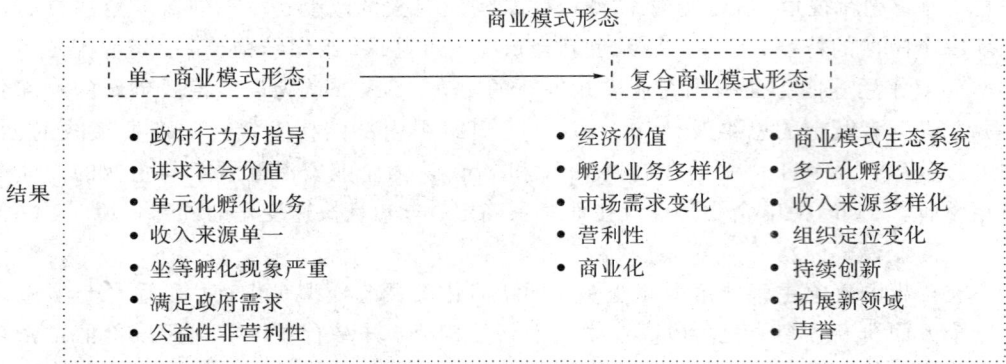

图 8.6　创新演化的商业模式形态

8.5　实例应用

8.5.1　实例介绍

陕西启迪孵化器成立于 1998 年,是由清华校友会陕西成员、北京启迪公司以及西安蓝溪科技投资控股有限公司共同投资和组建,采取公司化运作的方式,并由陕西启迪孵化器发展有限公司作为开发、经营和管理工作的负责单位。陕西启迪孵化器是我国西部的首个辐射园区,由陕西省人民政府和清华大学所签订的校企合作的科技产业园区,同时也是陕西省唯一的国家级医疗器械的专业科技企业孵化器。陕西启迪孵化器作为清华科技园的有机外延,并依托于总园的 Tuspark 创新服务体系,主要为西部创业企业的孵化、研发、人才培育的科技成果转化等提供发展的空间和服务。历经 20 多年的发展,陕西启迪孵化器由最初提供单一孵化服务、加速器和生态办公基地等多样化的科技服务产品,发展到商业、住宅、酒店、学校、会展等全方位配套服务设施的提供和经营,在清华科技园的各分园中,逐渐成为最为完整的科技新城业态。

陕西启迪孵化器自 2008 年被评定为国家级科技企业孵化器以来,已经孵化企业多达 80 余家,其中蓝港数字医疗、西部数通、众邦药业和陕西坚瑞消防等一大批高精尖企业都是由其孵化培育而成的。同时陕西启迪孵化器培养的企业中,在 A 股创业板上市的目前有两家,专注于高新技术发展的企业已经有 23 家,同时陕西启迪孵化器还与 72 家科技金融、产学研、培训和管理咨询等中介性的服务机构签约。陕西启迪孵化器在发展的 20 年期间,先后荣获过国家各孵化器大奖,以及"国家级科技企业孵化器"等多达 30 余项的荣誉称号,陕西启迪孵化器为西安的西部地区"创新之城"的打造注入了强大动力。

陕西启迪孵化器采用"平台型＋个性化"的中小企业服务模式,围绕企业和人才的培育发展需求,通过设立投资、运营参股、配置市场、集成服务的创新模式"五措并举"的方法,打造具有陕西启迪孵化器园区特征的中小企业服务体系。目前园区集聚孵化企业 180 余家,上市公司 3 家,国外、港澳台投资企业共计 10 余家,入园的企业实现的年产值已超过 15 亿元,孵化器园内相关工作人员在 5000 人左右,作为国家级医疗器械的专业科技企业孵化器,涉及的行业包括医疗器械、生物医药、软件开发、食品健康等,初步形成以医疗器械和电子信息为主的科技型产业集群。

陕西启迪孵化器园区不断完善"孵化＋投资"的服务体系，依靠"启迪之星"的影响力打造创新服务品牌的目标，实现最大化的园区内企业与公共资源的共享，为中小型科技企业建立更优越的创新创业环境。未来，陕西启迪孵化器以现有服务为基础，不断拓宽服务平台，突破园区资源的限定，逐渐形成没有围墙的科技园区，同园区的孵化企业共同进步，不断提升孵化器自身影响的同时，不断促进区域经济的持续性发展。

8.5.2 实例分析

1. 创新演化描述

本研究通过描述、评估陕西启迪孵化器的商业模式创新的现状为例，详细说明图3.1中价值主张视角下商业模式创新演化模型的应用。陕西启迪孵化器作为我国科技企业孵化器的开创企业之一，其发展的历程也是科技企业孵化器商业模式不断创新的过程。经过查阅与陕西启迪孵化器相关的大量报道、访谈等资料，根据本研究得出的陕西启迪孵化器商业模式创新演化的情况，如表8.7～表8.9所示。

表 8.7   陕西启迪孵化器商业模式创新演化的范畴化（创业调整期）

主范畴	对应范畴	提炼理论	属　　性
演化阶段	创业调整期	创业调整期	陕西启迪孵化器成立于1998年，由陕西省人民政府和清华大学所签订校企合作的科技产业园区
构成要素	前因	内部因素	管理主体：省校合作单位；盈利模式：高科技产业化活动；资源能力：资源的"创新场"，利用与企业相关利益方建立合作关系；管理认知：孵化服务的增值性
		外部因素	情景因素：互联网技术；技术变革：互联网发展；顾客误解：技术创新为主的技术服务支撑
	途径与实施	静态创新	创新型的产品/服务：传统孵化服务
	阻力	内部阻力	管理者认知：技术方面提升；组织结构：模仿母公司的组织结构模式，忽视特殊性；资源配置：资源整合水平制约
		外部阻力	外部环境：区域环境发展受限；产业结构：陕西整体孵化器产业起步较晚
驱动因素	内部动力	组织变革	管理模式：与更多利益相关方建立合作甚至共同管理的关系；人员构成：引进地方高校专业人才
		顾客需求	客户特征：孵化对象为医疗硬件相关的科技初创企业；产品/服务特征：孵化服务相对单一
	外部动力	政策	政府行为：陕西省政府提供政策上的优惠
商业模式形态	单一商业模式形态	公益性、非营利性组织	陕西启迪孵化器由陕西省人民政府和清华大学所签订校企合作的科技产业园区

表 8.8　陕西启迪孵化器商业模式创新演化的范畴化(应用改进期)

主范畴	对应范畴	提炼理论	属　性
演化阶段	应用改进期	应用改进期	陕西启迪孵化器转变以往的孵化服务业态,聚集孵化器品牌、资源网络、孵化器规模、产品价值链和孵化标准化的服务内容,结合科技技术的创新,打造以科技技术为主导的孵化服务业态
构成要素	前因	内部因素	组织活动:调整组织行为,引进新型的管理模式;产品/服务:提供资本融资、国家产业扶持计划、企业产品贸易销售渠道等孵化服务;资源能力:融入科研机构和消费市场的资源
		外部因素	情境因素:2012年9月由陕西省科技资源统筹中心牵头并投入设计建设的5大科技创新服务平台和12个科技资源共享系统
	途径与实施	静态创新	价值主张:逐渐构建以数字化医疗为中心的医疗科学技术产业集群;价值定位:始终贯彻数字医疗产业基地雏形的建立和形成;创新型产品与服务:专注于科学医疗器械产业
		动态创新	系统性:基础设施丰富和完善、商业化运作机制、吸取先进的技术成果
	阻力	内部阻力	顾客误解:资本市场的引入相对匮乏;管理者主导逻辑:忽视资本融资对于孵化全过程的影响。管理者认知:资本市场利用率较低,难打开更多的市场渠道;资源配置:资本资源的整合利用能力较弱
		外部阻力	自我设限:资本市场的利用率较低;消费者认知:孵化产品或项目后期市场化运作表现疲软;外部环境:科技医疗企业孵化器产业比较小众,陕西地区的发展较滞后,目标顾客群需求量较少;产业结构:整体产业规模较小,并且未能将"数字化+医疗"的产业模式完全打开
驱动因素	内部动力	组织变革	工作流程:陕西启迪孵化器依然借鉴母公司北京清华科技园的组织运作和工作流程,主要的工作内容包括对地方性人才的引入以及与其他利益相关方的合作
		价值主张	产品/服务主体:医疗器械及其相关产业的研发设计生产的科技创新创业企业;顾客需求:提供国际一流的数字医疗科学技术
	外部动力	政策	政府行为:陕西政府建立西咸新区
		技术创新	产品/服务创新:打造以数字医疗为核心的产业基地;应用创新:产业聚集和技术创新的能力
		市场化	竞争强度:始终贯彻西部最大的数字医疗产业基地雏形的建立和形成;市场机会:西部地区唯一一所大学性质的科技企业孵化器
商业模式形态	复合商业模式形态	营利性、商业化组织	陕西启迪孵化器是由陕西省人民政府同清华大学共同签订的以校企为合作方式的科技企业孵化器,从所孵化培育的产品或项目收取培育租金等费用,并与投资机构合作,增加陕西启迪孵化器的投资收益

表 8.9　陕西启迪孵化器商业模式创新演化的范畴化（发展创新期）

主范畴	对应范畴	提炼理论	属　性
演化阶段	发展创新期	发展创新期	陕西启迪孵化器打造"孵化器＋加速器＋创业园"的全产业链的孵化器产业布局
构成要素	前因	内部因素	品牌优势：陕西省国家级医疗器械专业相关的唯——家科技企业孵化器；产品/服务：医疗科技初创企业孵化和市场推广共建的双创成果转化基地；盈利模式：提供专项基金；组织活动：以数字医疗科技企业为孵化核心的孵化基地，搭建专门的数字医疗科技的孵化服务平台；资源能力：资源整合的全球化和全方位，对资源网络筛选排序进行投资融资活动；管理主体：平台化运作方式
		外部因素	情景因素：国家新一轮产业结构的调整，中央"一带一路"规划的落实；网络位置：引入清华幸福科技实验室
	途径与实施	静态创新	价值主张：打造"孵化＋投资"为主要特色的新一代孵化器；价值定位：打造集"政、产、学、研、金、介、贸、媒"为一体的数字医疗科技企业创新创业平台；创新型产品与服务：形成以多种孵化服务模式为主的资源与信息集成平台；构成要素更改：打造"互联网＋孵化器"的新型运营模式；应用创新：形成研发区、孵化区、发展区和配套区等一体化的创新产业链条
		动态创新	商业创意、模式拓展：打造以"孵化服务＋咨询培训＋天使投资＋开放平台"四位一体的商业化运作模式；系统性：吸取先进的技术成果，实现孵化器园区的高速发展
	阻力	内部阻力	企业家精神：本身领导层的个人魅力和影响力还有待提升，软实力方面的优势相对匮乏；管理者认知：市场渠道仍然很难打开
		外部阻力	消费者认知资本市场的引入相对匮乏；外部环境：产业比较小众，陕西地区的发展较滞后，目标顾客群需求量较少；产业结构：未能将"数字化＋医疗"的产业模式完全打开
驱动因素	内部动力	组织变革	工作流程：举行专门的评审会；管理模式：共同管理关系；人才培育：与西安市政府展开深度合作
		产品/服务创新	客户特征：医疗器械及其相关产业的研发设计生产的科技创新创业企业；产品/服务特征：为入孵企业投入天使基金、专业的创业咨询和培训以及科学技术的辅导
		企业家精神	企业家创新意识/企业家创新精神：提供一整套的创新创业相关的解决方案

主范畴	对应范畴	提炼理论	属　性
驱动因素	外部动力	政策	政府行为：与西安市政府签署《全面战略合作框架协议》
		技术变革	产品/服务创新：开拓多种园区和入孵企业的沟通渠道，建立启迪园区云平台
		盈利渠道	企业投资：建立启迪之星创业营；网络位置收益：金融通资源注入入孵企业的产品或项目中
		竞争强度	市场需求变化：将孵化器、加速器和生态办公基地等科技服务聚焦成一体，打造完整的科技新城业态雏形；核心竞争力：依托总公司全球集群式创新网络的优势
		关系网络	建立网络关系：不定期地举办各类型的孵化园区与孵化企业之间的互动活动；发挥网络作用：与西安市政府合作进行专业化人才的培养；声誉：陕西唯一一个具备"五个国家级"荣誉的科技企业孵化器
		价值网络	孵化价值链：逐渐打造全球化的孵化价值链网络；收入来源多元化：打造"资本＋技术"的投资方式；探索性创新：启迪之星创投的落地
商业模式形态	复合商业模式形态	商业模式生态系统	陕西启迪孵化器打造"孵化＋投资＋价值链＋关系网络"为特色的新一代孵化器

根据上面三个表格可以总结归纳出陕西启迪孵化器商业模式创新演化的故事线。

陕西启迪孵化器成立于 1998 年，陕西启迪孵化器是由陕西省人民政府同清华大学共同签订的以校企为合作方式的科技企业孵化器。实际由陕西启迪孵化器有限公司董事长王武及其西安清华校友会合作经营运作。作为清华科技园"辐射发展"战略网络而形成的重要组成部分，陕西启迪孵化器成为清华除校本部外的第三个科技园区。1984 年，原国家科委向国务院首次提出孵化器的概念，同时建议在有条件的市场环境区域创建孵化器，并强调为孵化器提供相应的优惠政策。在第一次全国创业中心的工作会议上，提出以服务为本的主要组织行为的基本方针，为以陕西启迪孵化器为首的一系列孵化器的创业初期指明发展方向。1993 年高校开始考虑以大学为中心的孵化器可行性，至此教育界正式开始关注孵化器的发展。1996 年《国家高新技术创业服务中心认定暂定办法》首次对创业中心的条件做出了明确规定。在政府行为的不断驱动下，王武和其团队在创设之初就提出陕西启迪孵化器要建立资源的"创新场"，利用与企业相关利益方建立合作关系，其中合作单位包括学校、政府、资本市场机构、技术市场企业、贸易渠道对象等，发展企业资源整合能力。2001 年，陕西启迪孵化器园区完成基本建设；2004 年，陕西启迪孵化器西安园区空间建设基本完成；2005 年，北京启迪控股股份有限公司增资控股陕西启迪孵化器，陕西启迪孵化器的产品/服务主要还是聚焦在医疗器械行业。因此其商业模式的创新是伴随商业模式的形成而逐渐变化的。在面临内外部不同阻力时，陕西启迪孵化器能够始终以资源能力为主要核心力，坚持医疗器械领域的孵化。在企业内部，出现产品/服务结构和人力等难题，如缺乏具备现代化的企业管理知识以及科技企业孵化等经验；而企业外部方面，西部地区发展相对落后，科技孵化意识不强等阻力，这些阻力因素的存在都会在一定程度上影响企业商业模式的创新发展。面对以上阻力，陕西启迪孵化器主要以静态创新的方式，通过提供创新型的产品/服务，将企业的产品/服务以解决方案的形式呈现，讲求以增值服务体系为支撑，提出科技创新和创业环境相一致的解决方案。

2012年陕西启迪孵化器转变以往的孵化服务业态，聚集孵化器品牌、资源网络、孵化器规模、产品价值链和孵化标准化的服务内容，结合科技技术的创新，打造以科技技术为主导的孵化服务业态。根据对《中国科技企业孵化器"十一五"发展规划纲要》的梳理，我国科技企业孵化器面临的一个重要问题是科技型创业企业在资金筹措、技术开发和管理组织等方面还存在许多困难，在激烈的市场竞争条件下，存活率较低，成功率更低，因此陕西启迪孵化器通过科技技术创新，调整组织行为，引进新型的管理模式，孵化服务的主要集中点是通过陕西启迪孵化器孵化培育科技技术创新创业的孵化服务体系；在固定资源和技术资源的基础上，为入孵的科技技术初创企业提供资本融资、国家产业扶持计划、企业产品贸易销售渠道等孵化服务。同时，陕西启迪孵化器结合创业调整期对相关资源整合的基础，融入科研机构和消费市场的资源，丰富孵化器产业链的同时，提高陕西启迪孵化器资源创新的能力，势必会进一步增加科技企业孵化器市场竞争强度。陕西政府建立西咸新区，拉近西安和咸阳经济文化交流的同时，加快推进西咸地区的一体化，为西安国际化大都市提供建设基础，帮助陕西启迪孵化器接触国际一流的管理理念和科学技术。2012年9月由陕西省科技资源统筹中心牵头并投入设计建设的5大科技创新服务平台和12个科技资源共享系统，帮助陕西省内以科技技术创新创业的中小企业提供良好的资源环境，同时也帮助陕西启迪孵化器搭建更为完整的科技创新孵化服务。但是，陕西启迪孵化器虽然为孵化企业提供一整套孵化服务，着重科学技术的引进和发展，但对资本市场的引入相对匮乏，影响了孵化产品或项目后期市场化运作表现。同时陕西启迪孵化器管理者强调科学技术的跟进和学习，孵化器的绝大多数精力用在了科技技术的二次创新，忽视资本融资对于孵化全过程的影响，再加陕西启迪孵化器对于资本资源的整合利用能力较弱，虽然早与投资机构等第三方财务机构建立了合作关系，但陕西启迪孵化器更多是作为被动的角色，势必会影响孵化产品或项目的研发进展和后期发力。因此陕西启迪孵化器逐渐形成复合型的商业模式形态，专注于数字医疗科技创新创业企业的孵化和培育，为满足科技企业的需求，在提高科学技术的同时，逐渐构建以数字化医疗为中心的医疗科学技术产业集群，并且在打造数字医疗产业集群的活动中，始终贯彻数字医疗产业基地雏形的建立和形成。陕西启迪孵化器除了建立具有自身特色的科技企业孵化器模式，在孵化器内外部通过基础设施的丰富和完善、商业化运作机制的高效和有利以及借助科学技术的更新换代，吸取先进的技术成果，实现孵化器园区的高速发展。

陕西启迪孵化器提出打造"孵化器＋加速器＋创业园"的全产业链的孵化器产业布局，以"平台型＋个性化"的孵化服务模式为医疗科技中小企业提供全方位的孵化服务。陕西启迪孵化器开始将重心转移到投资收益上，着手打造"孵化＋投资"为主要特色的新一代孵化器，除了继续发展科学技术，还围绕投资，实现陕西启迪孵化器平台的金融化升级。同时陕西启迪孵化器打造集"政、产、学、研、金、介、贸、媒"为一体的数字医疗科技企业创新创业平台，依托清华总园对于服务和资源的经验，形成以多种孵化服务模式为主的资源与信息集成平台，加强多元纵深的孵化服务网络。2017年印发的《国家科技企业孵化器"十三五"发展规划》提出我国孵化器行业已经进入全面深化发展阶段，要求地区进一步加大对孵化器支持力度，并且对孵化质量提出更高的要求。对此陕西启迪孵化器将孵化园区重新划分，形成了研发区、孵化区、发展区和配套区等一体化的创新产业链条。随着国家新一轮产业结构的调整，不断推进西部地区大开发，中央"一带一路"规划的落实，将陕西正式纳入国际舞台，配套设施和优质企业资源的引入，帮助陕西启迪孵化器资源的全球化，以及合作关系网络的扩展，而清华总园则帮助陕西启迪孵化器引入了清华幸福科技实验室，以打造集"研究、学习、体验、孵化"于一体的复合型科技创新平台。

2017年3月7日，西安市政府与陕西启迪孵化器签署了《全面战略合作框架协议》，为陕西启迪孵化器的入孵企业提供政策上的优惠和便利。陕西启迪孵化器成为陕西唯一一个具备"五个国家级"荣誉的科技企业孵化器，在面对传统的孵化器所提供的服务内容已经无法满足入孵企业需求的现状，陕西启迪孵化器将孵化器、加速器和生态办公基地等科技服务聚焦成一体，提供多样化的服务或产品，同时增加商业、酒店等全方位的配套服务设施，以此来打造完整的科技新城业态雏形。

陕西启迪孵化器依托总公司全球集群式创新网络的优势，不断发展陕西启迪孵化器的核心科技产业实施能力。在网络关系维护上，陕西启迪孵化器会不定期地举办各类型的孵化园区与孵化企业之间的互动活动，并邀请关系网络的成员参与，增加互相之间的沟通和交流。通过与西安市政府合作进行专业化人才的培养，打造"资本＋技术"为核心的投资方式，不断完善平台服务。陕西启迪孵化器依托清华总园的优势，逐渐打造全球化的孵化价值链网络和"资本＋技术"的投资方式，并为入孵企业引进专项基金。

2. 创新演化评估

通过对比陕西启迪孵化器商业模式创新演化模型和价值主张视角下商业模式创新演化理论模型的异同，对陕西启迪孵化器现有的商业模式评估结果如下：

（1）紧紧围绕价值主张网络开展创新。陕西启迪孵化器在整个商业模式创新演化过程中，不断调整优化客户群体、资源能力和成本收益三方面的匹配情况，客户群体由最初的医疗器械相关创业企业发展到搭建孵化网络、共建双创成果转化的基地，开发孵化器、加速器和生态办公基地等多样化的科技服务产品，进行商业、住宅、酒店、学校、会展等全方位配套服务设施的经营，打造完整的科技新城业态雏形。在资源能力方面，借助清华总园资源整合上的巨大优势，从创设之初就提出将"政府、企业、学校"等创新资源聚合在一起的"创新场"，讲求资源的全方位整合应用，在近20年的发展过程中，陕西启迪孵化器也始终注重资源能力的优化和提升，园区围绕科技资源统筹和高新技术产业培育，与陕西省科技资源统筹中心、陕西省中小企业服务平台、西安科技大市场、西安高新区创业研发园四大服务平台资源共享、服务对接，为园区企业搭建更加广泛的服务网络。对于成本收益层面，陕西启迪孵化器强调"孵化器＋"的盈利模式，从"孵化器＋投资"模式到园区依托自身的专业孵化器管理机构以及配备的投融资平台。启迪之星创投的落地，让陕西启迪孵化器为优秀的医疗科技初创企业提供全方位的金融服务。陕西启迪孵化器逐渐形成以"孵化＋投资＋价值链＋关系网络"为特色的新一代孵化器。始终围绕价值主张网络的发展和优化，从宽度和深度，延伸价值主张网络的范围，不断促进商业模式的创新。

（2）关系网络激活不足。虽然陕西启迪孵化器园区与政府、企业及创业园等服务平台进行了资源对接与服务共享,"从一对多到一对一、多对一"等多样化的企业服务方式线上线下服务结合,搭建科技创新创业"云服务"平台,同时陕西启迪孵化器不定期举办各类型的孵化园区与孵化企业之间的互动活动,增加互相之间的沟通和交流,并通过这些活动主动拉近关系网络成员的行为,但受限于陕西启迪孵化器产品/服务的局限性和内外部环境的制约,陕西启迪孵化器并没有充分使单个园区或科技城内的企业形成有效互动,更没有使分布在不同城市或地区的科技园之间形成生态网络。对此,陕西启迪孵化器可以促进园区内各成长阶段的企业充分合作或促进各地区在不同产业的企业进行有效沟通,进而形成完整的创新生态系统。

(3)"孵化器+投资"运行瓶颈。对于国内的科技企业孵化器,逐渐将重点转移到以"天使投资+孵化"的投资模式当中,这种商业模式很显然是对美国 YC 商业模式的借鉴,但与国内的科技企业孵化器背景来源不同的是,美国 YC 是基于硅谷自身的特殊环境和发展趋势而形成的产物,美国 YC 的商业模式重点强调对于硅谷原有资本市场上买卖双方顺序的颠倒。但对于国内的科技企业孵化器来说,国内资本市场上天使投资数量级较小,天使投资本身品牌打造尚不成熟,也未能完全形成一整套的天使投资路线,因此中国风投行业的整体环境与硅谷差异性较大,国内的科技企业孵化器无论是对于风投的选择还是自身商业模式的改进,都不能完全照搬美国 YC 的商业模式。陕西启迪孵化器整合来自大学、企业、政府和国内外等各方面资源,为孵化企业提供包括"创业咨询辅导+全方位孵化服务+创业投资运营模式+开放信息交流平台"等一揽子服务,但是依然受到国内风投环境和投资人来源等问题的限制,因此,陕西启迪孵化器需要更多时间建立、摸索、完善自身的投资模式,保持可持续长期商业化运营。

8.5.3 管理启示

根据对陕西启迪孵化器价值主张视角下商业模式创新演化模型的描述、评估,可以看出陕西启迪孵化器的商业模式创新仍然存在一些问题。因而本研究对陕西启迪孵化器在价值主张视角下商业模式创新演化提出以下建议,以期对陕西启迪孵化器发展有一定意义。

1. 准确识别自身商业模式形态

虽然陕西启迪孵化器已经提出"孵化+投资+价值链+关系网络"全产业链的科技园区产业布局,以"平台型+个性化"的服务模式专门为中小企业提供孵化服务,围绕企业及人才发展的需求,通过"五措并举",即投资设立、参股运营、服务集成、模式创新、市场配置五项措施,来打造具有园区特色的中小科技企业服务体系,但由于陕西启迪孵化器面临的顾客需求、宏观环境以及市场竞争环境更复杂,因此陕西启迪孵化器需要对自身商业模式具体形态需要有完整识别,始终围绕价值主张网络的发展和优化,从宽度和深度,延伸价值主张网络的范围,不断促进商业模式的创新。

2. 充分整合完善关系网络

陕西启迪孵化器受限于产品/服务的局限性和内外部环境的制约,虽然会不定期地举办各类型的孵化园区与孵化企业之间的互动活动,并通过与西安市政府、高校和投资机构等建立战略合作关系,以建立关系网络的形式,促进陕西启迪孵化器全方位产业化的形成。但陕西启迪孵化器仍未充分使单个园区或科技城内的企业形成有效互动,更没有使分布在不同城市或地区的科技园之间形成生态网络。因此，陕西启迪孵化器需要充分调动孵化器周围相关的内外部关系资源甚至全球化资源，借鉴清华总园关系网络的布局与发展模式，建立具有自身特色的全球化关系网络，形成完整的创新创业生态系统。

3．持续优化"孵化器＋投资"的商业模式

陕西启迪孵化器依托自身的专业孵化器管理机构以及配备的投融资平台，征集来自在自身园区甚至全国范围内"拥有领先的行业创新技术或基于技术的商业模式"的创业项目，整合多方资源提供综合性服务给予孵化产品或项目全力扶持和帮助，以培育优质的企业，并实现自身盈利模式的改变。目前，风投行业发展仍处于初级阶段，品牌、数量级等方面存在诸多缺陷，大公司倾向于短平快的企业发展和投资模式，小公司受制于体量级和资源的限制，而陕西启迪孵化器通过与政府合作，改变原有的投资方式，进一步完善陕西启迪孵化器以科学技术为中心的创业创新平台。陕西启迪孵化器对于"孵化器＋投资"的商业模式仍处于探索阶段，在借鉴美国 YC 成功的商业模式经验的同时，更要注重挖掘自身产品/服务的特点和优势，借助内外部环境的影响，打造具有陕西启迪孵化器优势的"孵化器＋投资"的商业模式。

附录 科技型小微企业商业模式创新影响因素的调查问卷

尊敬的先生/女士：

您好！我们是西安电子科技大学经济与管理学院王益锋导学团队，现针对"基于长尾理论的科技型小微企业商业模式创新研究"课题做本次问卷调查。我们承诺，此次调查问卷仅作为科研之用，绝不会用于任何商业用途。恳请您抽出宝贵的时间，对我们的研究给予支持，我们将不胜感激。

第一部分：被调查者基本信息

此次的问卷是以选择题的形式进行，请您根据贵公司的具体情况在相应选项上画"√"。

1. 您的性别：

A. 男   B. 女

2. 您的学历：

A. 专科以下   B. 专科   C. 本科   D. 研究生及以上

3. 您的职位：

A. 高层   B. 中层   C. 基层

4. 贵公司规模：

A. 50 人以下   B. 50～100   C. 100～150

5. 贵公司所属行业性质：

A. 信息传输业   B. 软件和信息技术服务业

第二部分：具体测量量表

请您根据贵公司的具体情况在对应的框内画"√"，每个题有 7 个等级选项：1（非常不同意）；2（不同意）；3（有点不同意）；4（不确定）；5（有点同意）；6（同意）；7（非常同意）。为保证问卷有效性，请您对每一道题都做回答，且每题只勾选一个答案。

商业模式创新影响因素的具体测量量表

	非常不同意	不同意	有点不同意	不确定	有点同意	同意	非常同意
商业模式创新的内部影响因素							
企业家能够及时捕捉和抓住市场商机 a1	1	2	3	4	5	6	7
企业家能够整合和配置资源以匹配公司战略 a2	1	2	3	4	5	6	7
企业家有较强创新意识，并愿意承担由此带来的风险和不确定性 a3	1	2	3	4	5	6	7
企业对于公司定位和未来发展有着很清晰的界定 a4	1	2	3	4	5	6	7
企业定期组织业务培训和技能培训 a5	1	2	3	4	5	6	7
企业员工定期分享业务知识和工作经验 a6	1	2	3	4	5	6	7

	非常 不同意	不同意	有点 不同意	不确定	有点 同意	同意	非常 同意
企业拥有高素质和高质量的人才储备 a7	1	2	3	4	5	6	7
企业配备先进的设备以匹配业务需求 a8	1	2	3	4	5	6	7
商业模式创新的外部影响因素							
企业对市场有敏锐的洞察力和消费者需求信息掌握能力 a9	1	2	3	4	5	6	7
企业能够根据消费者需求，提出创新产品并满足其期待 a10	1	2	3	4	5	6	7
企业重视科技研发，愿意投入较多的研究经费 a11	1	2	3	4	5	6	7
企业有自主研发产品的能力，并拥有些许专利 a12	1	2	3	4	5	6	7
国家政策鼓励行业创新发展 a13	1	2	3	4	5	6	7
国家对企业创新提供法律保护 a14	1	2	3	4	5	6	7
银行等金融机构对于企业创新会给予资金支持 a15	1	2	3	4	5	6	7
行业竞争激烈，需不断创新方能跟上经济发展步伐 a16	1	2	3	4	5	6	7
能够对行业竞争进行分析，并结合企业的内部条件和外部环境进行决策 a17	1	2	3	4	5	6	7
社会鼓励冒险、支持创新的氛围对企业商业模式创新起到了促进作用 a18	1	2	3	4	5	6	7
企业所在城市创业文化氛围较浓 a19	1	2	3	4	5	6	7
商业模式创新的内在结构							
企业能够准确地进行市场细分和目标顾客的锁定 b1	1	2	3	4	5	6	7
企业以独特新颖的方式深度挖掘并满足客户的需求 b2	1	2	3	4	5	6	7
企业开发了很多行业内的核心产品和服务 b3	1	2	3	4	5	6	7
企业在提供各类产品附加服务中找到新的业务增长点 b4	1	2	3	4	5	6	7
企业开发和维护关系客户的方式具有创新性 b5	1	2	3	4	5	6	7
企业与上下游合作状况较佳，拥有优秀的营销推广渠道 b6	1	2	3	4	5	6	7
公司获得规模增长的盈利模式是创新的 b7	1	2	3	4	5	6	7
公司在价值链中定位较准确，能获得价值链中相对份额的利润 b8	1	2	3	4	5	6	7

中国历史上十大商帮的商业模式

中国商帮历史悠久,山西商帮、徽州商帮、陕西商帮、山东商帮、福建商帮、洞庭商帮、广东(珠三角和潮汕)商帮、江右商帮、龙游商帮、宁波商帮为中国十大商帮。其中晋商、徽商、潮商势力最大影响最深远。由于地区和历史原因,各商帮特点不同:北方善义,南方善商;北方厚重,南方灵活;北方重古典,南方更现代。

〖晋商〗晋商的经营模式最先进。十大商帮中最早崛起的就是山西商人。历史上,山西商人称为晋商。晋商是明清时国内最大的商帮,在商界活跃了500多年,足迹不仅遍及国内各地,还出现在欧洲、日本、东南亚和阿拉伯国家,完全可以与世界著名的威尼斯商人和犹太商人相媲美。山西商人曾稳稳地把自己放在全国民间钱财流通主宰的地位上,山西票号俨然成为清政府的"财政部"。这种作为都是大手笔,投机取巧的小打小闹与它完全不可同日而语。山西票号注重信息的捕捉与反馈,并视之为成功的关键。山西人能够首创票号,他们长远的战略眼光和经商天赋无疑起到了决定性作用。山西票号堪称现代金融业的雏形。晋商的文化程度相对于其他商帮比较高,他们的经营模式也是最先进的,股份制、资本运作等现代经营方式,已经在他们身上萌芽。晋商把商业作为一项崇高的事业,这是晋商成功的一大关键因素。在实际经营中,晋商信奉关公,讲究以义制利,义利结合,这是晋商价值观的核心。而晋商所逐步探索完善的掌柜制度,合理公正地界定东家与掌柜之间的权利与义务、分红与责任,并利用行会之权威培育从业者的诚信荣誉感,可谓最富中国特色的"委托—代理"制度,其所蕴涵的中国传统智慧,对当下的民营企业的组织管理,仍有启示意义。首先是所有权与经营权相分离,实行经理负责制;其次是人身顶股制,这也是山西票号首创的激励机制,把员工的利益与票号的利益紧紧联系在一起,有利于协调劳资关系、调动劳动者积极性;最后是管理监督机制。晋商一方面发明了联号制即大号管小号的层级管理方式以加强自我约束,同时还创造了钦差制。这些管理制度有效地促进了晋商的迅速发展。点评:文化乃商业之脉。

〖徽商〗徽商贾而好儒。徽商与晋商齐名,作为中国商界中的一支劲旅,徽商曾活跃于大江南北、黄河两岸,以至日本、东南亚各国和葡萄牙,"无徽不成商"叫遍天下。其商业资本之巨、从贾人数之众、活动区域之广、经营行业之多、经营能力之强,都是其他商帮所无法匹敌的,在中国商界称雄数百年。徽州人都是经商能手,他们善于分析和判断经济形势,在买贱卖贵的不等价交换中牟取厚利,大规模的长途商品贩运是徽商致富的一个重要途径,另外,囤积居奇、特权牟利、牙行制度、高利贷等,也是不少徽商致富的手段。徽商与其他商帮的最大不同,就在于"儒字"。徽州是南宋大儒朱熹的故乡,被誉为儒风独茂,因此徽商大多表现"贾而好儒"的特点,他们的商业道德观带有浓厚的儒家味。徽商很爱读书,他们有的白天经商,晚上读书,在路途中也是时时忘不了读书。爱读书给徽商带来了"贾而好儒"的特色,既促使徽州成为文风昌盛之地,又对商业经营产生积极影响,使徽商称雄于明清两朝。徽商以儒家的诚、信、义的道德说教作为其商业道德的根本,使他们在商界赢得了信誉，促进了商业资本的发展，是他们经商成功的奥秘所在。点评：商人的务实和精明，加之厚重的历史使命感和责任感，这样的商人，真有魅力。

〖福建商帮〗福建商帮的兴起，一开始就与封建政府的官方朝贡贸易和禁海政策针锋相对。他们走私进行商业贸易，不能贸易时就进行抢劫，他们具有海盗和商人的双重性格。"内外勾结"的贸易方式是福建海商最常见的经商方式，他们广泛联络沿海居民，建立了许多据点，利用据点收购出海货物，囤积国外走私商品，以利销售，他们不仅在海营商，还有许多也是陆地商，水陆两栖，海上贸易也做，陆地贸易也做。明清福建商人，把国内与国外的贸易紧密地结合起来，努力经营，进行多种形式贸易，从而形成了中国封建社会晚期一个很有影响的地方商帮。随着封建社会的消亡，福建商帮却在海外南洋、台湾等地开辟出新的商业场地。福建商帮中的许多商人，正是以自由商人的身份，大无畏地开拓海外市场，终于在福建帮这棵枯树上开出了新枝，使福建商帮的商业精神在海外华人和台湾的福建籍人身上得到延续。点评：盗亦有道。

〖广东商帮〗广东商帮喜欢"头啖汤"。粤商深受岭南文化的影响，远离政治中心，不受所谓"正统"、"权威"观念的束缚。粤商为了赚钱，天不怕，地不怕，擅打擦边球、有冒险精神是其最为突出的特性。他们永远敢做"吃螃蟹"的第一人，喜欢"头啖汤"。粤商以快制胜，出击迅速。粤商从不将自己的生产经营局限于某一固定的框架之中，注重灵活变通，"上得快，转得快，变得快"正是这种写照。粤商文化水平往往不高，自有资金不多，技术力量也不雄厚，但他们会"借"：一是借钱发挥；二是借才发挥。粤商文化信奉"开放包容不排外"，"不搞独食、有钱大家赚"。近代粤商发扬了古代广东商人的冒险开拓、独立进取的商业精神，而在参与国际商业贸易的过程中，近代潮商又具有了某种开放的心态。在近代广东商人身上，我们看到传统文化与近代商业文化的某种有效的结合与融合。而正是这种文化的发展与融合，也许才是粤商继晋商、徽商衰落之后仍能发展，并进一步成长的原因。点评：开放为经商之先。

〖宁波商帮〗宁波商帮创业上海首创金融。1984年，因邓小平一句"要把全世界的'宁波商帮'都动员起来建设宁波"的豪言壮语，"宁波商帮"举世闻名。事实上，宁波商帮在十大商帮中属于后来者。然而宁波商帮在工商业、金融业等领域不但影响了江浙、上海的进程，可以毫不夸张地说，更影响了中国工商业、金融业的进程。鸦片战争后，尤其是民国时期，宁波商帮中新一代商业资本家脱颖而出，把商业与金融业紧密结合起来，从而使宁波商帮以新兴的近代商人群体的姿态跻身于全国著名商帮之列。他们所经营的银楼业、药材业、成衣业、海味业以及保险业，也是名闻遐迩。宁波商帮形成的时间较晚，但其发展势头却非常之快。他们的活动区域不断拓展，最终形成四处营生，商旅遍于天下的局面。宁波商帮不仅善于开拓活动地域，还善于因时制宜地开拓经营项目。他们的致富之道非常有特点，也非常实用：以传统行业经营安身立命，以支柱行业经营为依托，新兴行业经营为方向，而往往一家经营数业，互为补充，使自己的商业经营在全国商界中居于优势地位。点评：后来者居上。

〖陕西商帮〗陕西商帮尽可能追逐厚利。在明代的商界里，山西与陕西商人为了对抗徽商及其他商人的需要，常利用邻省之好，互相结合，人们通常把他们合称为西商或是山陕商帮。陕西商帮在明代前期的势力很大，他们从经营盐业中获得了大量的厚利，可惜利益的原因使他们内部开始分化，陕西盐商与山西盐商分道扬镳，最终陕西盐商到了四川独立发展，这也为陕西商帮的最终形成奠定了基础。陕西商帮生财的行道较多，在这一点上他们与江西商帮相似。陕西商帮是一个综合性的商帮，他们对财富的追求与一般商帮相同：尽可能追逐厚利，如果不行，就退而求其次。陕西商帮以盐商最为著名，经营布业、茶业和皮货业也是陕西商帮盈利的重要途径。虽然贵为中国十大商帮之一，且民风习俗与山西商帮相近，但在外人看来陕西商帮见识短浅，在各个方面都无法与晋帮相比。而对于商业资本的使用上，陕西商人采取的是土财主方式，很少有人投资手工业，这与江南地区商人积极发展手工业的情况恰恰形成鲜明的对比。点评：逐利是商家本性。

〖山东商帮〗山东商帮重在一个"义"字。山东商帮有山东人的特点，重在一个"义"字上。正因为如此，与别的商帮相比，山东商帮的致富之道显得单纯、直截了当。山东商帮的致富之道，总体来讲就是长途贩卖和坐地经商，讲求信用的商业道德和规范的商业行为。同时，在山东商帮中，主要是一些大官僚、大地主兼大商人，因此，鲁商大部分可以说是封建性的商人。历史上的"鲁商"虽不如晋商、徽商那般辉煌，但兴盛时也曾控制了北京乃至华北地区的绸缎布匹、粮食批发零售、餐饮等行业。特别在东北地区，鲁商有着地缘、人缘的便利，曾在那片"商场"上纵横驰骋，名重一方。山东商帮经营总体看有两种方式：一是独资经营；二是合伙经营。在独资经营中，一般情况是本人或本家族是大商人，资本很雄厚，当然也包括不少资本较少的小商小贩。他们规范商业行为主要表现在与生意对象间的信义约束，按约定俗成的规矩办事；在合伙经营中，山东商帮的规范行为有点像现在的股份公司的做法，合伙人之间先立合伙合同，据史料，往往邀同亲好友作见证，以示恪守信用。点评：信为经商之本。

〖龙游商帮〗龙游商帮手段最为高明。当徽商、晋商在商场争雄之时，冷不防在浙江中西南部崛起一个颇有影响的龙游商帮。历史上所称的龙游商帮，实际上是衢州府商人集团，其中以龙游县商人人数最多，经商手段最为高明，故冠以龙游商帮。龙游商帮虽地处偏僻，却有着开放的心态，在观念上也比较新潮，主要表现在两个方面上，即投资上的敢为天下先精神和海纳百川的肚量。明清时期，许多商人将经营商业所赚得的资金用来购买土地或者经营典当、借贷业，以求有稳定的收入。而龙游商敏锐地意识到，要获得更多的利润，必须转向手工业生产和工矿产业上。他们果断地投入纸业、矿业的商品生产，或者直接参与商品生产，使商业资本转化为产业资本，给当时封建社会注入了带有雇佣关系的新生产关系。龙游商人还不排斥外地商帮对本乡的渗透，并且相处友善，吸收外地商人于己帮，推进了龙游商帮的发展。龙游商人敢为天下先的精神和海纳百川的肚量，是他们良好的经商心态的反映。他们虽然是出自一个偏僻之地，既无官府支持，又无强大的宗族势力作坚强后盾，但他们却能在强手如林的各大商帮中崛起，自立于商帮之林。点评：穷二代的突围。

〖洞庭商帮〗洞庭商帮是聪明的商帮。几乎就在龙游商帮兴起的同时，另一个商帮在中国的洞庭湖上不知不觉地兴起了——洞庭商帮。当年范蠡财色尽得，泛舟五湖，引起多少人的艳羡。他经商成功，一定给太湖、洞庭湖流域的人们留下深刻印象。洞庭商帮是在明万历年间才初步形成。审时度势，把握时机，这是聪明的商人的做法，而洞庭商人就是这样聪明的商帮。洞庭商人没有与徽商、晋商在盐业和典当经营上争夺市场，而是扬长避短，稳中求胜，利用洞庭湖得天独厚的经商条件贩运起米粮和丝绸布匹。他们还不断更新观念，开拓经营新局面，向外部世界发展。尤其是鸦片战争后，在作为金融中心的上海，洞庭商人利用自己的"钻天"之术，开辟了买办业、银行业、钱庄业等金融实体和丝绸、棉纱等实业。在新的历史背景下，从事着不同于以往的商业活动，由此，洞庭商帮产生了一批民族资本家，走上了由商业资本向工业资本发展的道路。点评：审时度势是商人的天性。

〖江西商帮〗江西商帮讲究贾德。江西商人绝大多数是因家境所迫而负贩经商的，因此，小本经营、借贷起家成为他们的特点。他们的经商活动一般是以贩卖本地土特产品为起点，而正是江西商人这些独特的背景，使得江右商帮具有资本分散、小商小贾众多的特点。除少数行业如瓷业比较出众外，其他行业与徽商、晋商等商帮相比经营规模就要显得相形见绌，商业资本的积累也极为有限。当代著名作家沈从文在他的作品中，曾经就这样描述江西布商一个包袱、一把伞，跑到湖南当老板。另外，江西商人浓厚的传统观念、小农意识也影响到他们的资本投向，只求广度，不求深度。所以，尽管江西商人人数众多，涉及的行业甚广、经营灵活，但往往在竞争中容易丧失市场。江西商人讲究贾德，注重诚信是江西人质朴、做事认真的性格的一个外在反映，也是江西人头脑中中国传统儒家思想的自然流露。江西商人还善于揣摩消费者心理，迎合不同主顾的要求。总之，以售尽手中的商品和捕捉商机为原则，这是江西商人发财致富的经验总结。点评：草根起家，更懂消费者的心。

（资料来源：http://www.sohu.com/a/165064821_382109/2017-08-16.）

十一种颠覆未来的最佳免费商业模式

免费形式依据性质与行业的不同，能够分为以下的十一种形式：

一、体验型形式

客户看待一个新的产品常常抱着疑心与盼望的双重态度，让客户得到平安与信任，就成了企业营销的中心。体验型形式，是经过客户先停止体验，取得客户的信任后，再停止成交的方式。这种形式能够分为两种：一种是企业设计能够用于体验的产品，客户能够免费体验该产品，觉得良好后再停止消费；另一种是与时间挂钩的免费体验，就是客户在单位时间内，能够免费体验该产品，然后停止资费长期的运用。

二、第三方资费形式

我们需要客户，有些企业更需要我们的客户。因此我们搭建了一个资源对接的平台。简单说，消费我们产品的客户将会取得免费，而向我们付费的是想拥有我们客户的第三方，如报纸、电视、播送、杂志等。消费者是免费取得，而资费方是第三方的企业。

三、产品型形式

免费取得产品，对于消费者来说，具有极大的吸引力。通过免费来吸收客户，然后停止其他产品的再消费的方式。

产品型形式是一种产品之间的穿插型补贴，即某一个产品对于客户是免费的，而该产品的费用由其他的产品停止了补贴。产品型形式分为三种：

（1）诱饵产品的设计（设计一款免费的产品，目的是培育大量的潜在目标客户）。

（2）赠品的设计（将一款产品变成另一款产品的免费赠品；或者将同行业或边缘行业的主流产品变成我方的免费赠品）。

（3）产品分级的设计（普通版的产品，客户能够免费得到；高级版本或个性化的产品客户需求资费）。

四、客户型形式

人类是群居性的动物，在人群中一部人群关于另一部人群来说，具有强大的吸收力。经过对其中一部人群停止免费，从而取得另一部分人群的消费。该形式是企业找到一部分特定的客户停止免费，对另一部分客户停止更高的收费，完成客户与客户之间的穿插性补贴。这种形式设计的关键中心，在于找到特定的客户群。比如，女士免费，男士收费；小孩免费，大人收费；过华诞者免费，朋友收费；老人免费，家眷收费等。

五、时间型形式

有些行业具有明显的时间消费差别。比如电影院，上午看电影的人十分少，那么能够在上午对客户停止免费，从而吸收大量的客户在上午进入电影院，而电影完毕时常常是中午，客户会停止餐饮等其他的消费。时间型形式是指在某一个规则的时间内抵消费者停止免费。如：一个月中的某一天，或一周中的某一天，或一天中的某一个时间段。采用这种形式要将详细的时间固定下来，让客户构成时间上的条件反射。该形式不但对客户的忠实度、宣传有极大的作用，另外客户还会消费其他产品，能够停止产品之间的穿插补贴。

六、功用型形式

有一些产品的功用，能够在另一产品上表现，于是能够将另一种产品的功用对客户停止免费。功用型免费形式是指将其他产品的功用在我们的产品上停止表现，让客户取得免费的运用，如手机相机、U盘等功用。

七、空间型形式

企业为了拉动某一特定空间的客户数量，对于指定的空间，客户能够取得相关的免费。空间型形式是指该产品或效劳对于客户来说是收费的，但是在指定的空间或地点，客户能够享用到免费的待遇。

八、跨行业型形式

将其他行业的产品当作我们的诱饵产品或者是赠送产品，来吸引客户消费我们行业的主流产品。跨行业型形式是指企业将其他行业的产品归入我们的产品体系，而归入的产品对于客户来说是免费取得的，条件是消费我们的主流产品。这种形式将使得行业之间的界线越发含糊，会将一个行业局部或全部的并入另一个行业。

九、耗材型形式

有一些产品的运用，需求大量的相关耗材，从而对该产品停止免费，而耗材停止资费。消费型形式是指客户将免费取得我们的产品，但是由该产品引发的产品（耗材）客户需求资费。

十、增值型形式

为了进一步促进客户的黏性与反复性消费，我们必须对客户停止免费的增值型效劳。如服装能够做到免费烫洗；化妆品能够做到免费美容培训；咖啡厅能够做到免费的英语培训等。

十一、利润型形式

利润型形式是指客户将免费取得我们的产品，以至是劳务、营销及产品的运用。条件是我们将参与产品所产生利润收益的分配。如某一些医疗器械，医院能够免费取得，而我们要参与该产品的利润分红。

（资料来源：https：//www.jianshu.com/p/3d0d1d42c78c/2018.09.20）

参 考 文 献

[1]　张春莲. 广州市科技型小微企业的成长环境及问题分析[J]. 市场周刊(理论研究)，2017(12)：8－10.

[2]　张鹏飞."双创"背景下四川省科技型小微企业成长的影响因素研究[D].西南科技大学，2017.

[3]　秦祥红.基于商业模式的互联网初创企业价值评估研究[D].河北大学，2015.

[4]　尹毅强.大亚湾区科技型小微企业创业影响因素研究[D].广西师范大学，2017.

[5]　邓明亮，刘钒.区域科技型小微企业政策环境评价研究：基于京津沪渝四市的分析[J].科技和产业，2016(6)：11－16.

[6]　吴静.科技型小微企业扶持生态环境构建探讨[J].法制博览，2018(18)：69－70.

[7]　张远帆.对亚马逊公司商业模式的几点思考：以亚马逊公司 2010 年报为中心[J].出版广角，2012(4)：13－15.

[8]　陈治扬.互联网平台企业的商业模式成功要素研究：以亚马逊为例[J].中外企业家，2017(2)：39－40.

[9]　乔丽媛.共享经济下知识付费商业模式研究[D].北京交通大学，2018.

[10]　耿童童.基于价值网的共享型商业模式研究[D].西安电子科技大学，2017.

[11]　张兴安.企业商业模式及结构体系研究[J].商品与质量，2012(S3)：30－31.

[12]　吴玉玲，吴迪.互联网企业商业模式结构模型研究文献综述[J].当代经济，2018(2)：78－79.

[13]　刘培.商业模式创新对企业竞争优势的影响研究[D].内蒙古财经大学，2017.

[14]　江先会.初创企业包容型领导与员工建言行为的关系研究[D].河北工程大学，2017.

[15]　熊彼特.经济发展理论[M].北京：商务印书馆，1990：73－75

[16]　Chesbrough H W. Open business models[M]. Boston：Harvard Business School Press，2006.

[17]　Bucherer E，Eisert U，Gassmann O. Towards systematic business model innovation：Lessons from product innovation management [J]. Creativity and Innovation Management，2012，21(2)：183－198.

[18]　Gordijn J. Value-based requirements engineering-Exploring innovative e-commerce ideas [D]. Vrije Universiteit，Amsterdam，2002.

[19]　Mitchell D W，Coles C B. Establishing a Continuing Business Model Innovation Process[J]. Journal of Business Strategy，2003，25(3)：38－49.

[20]　Tidd J，Bessant J. Managing innovation：Integrating technological，market andorganizational change [M].(4th Ed.). Chichester：John Wiley&Sons Ltd，2012.

[21]　Bock A and Gerard G. Business model innovation and strategic flexibility：A study of the effects o1 informal and formal organization［R］. Sumantra Uhoshal Conference for Managerially Relevant Research，London，2010.

[22]　谢德苏.源创新：转型期的中国企业创新之道[M].北京：五洲传播出版社，2012.

[23]　Schlegelmilch B B，et al. Strategic innovation：The construct，its drivers and its strategic outcomes [J]. Journal of Strategic Marketing，2003，11(2)：117－132.

[24]　Cassdesus-Masanell R，Ricart J E. From strategy to business models and to tactics[J]. Long Range Planning，2010，43(2/3)：195－215.

[25]　Demil B，Lecocq X. Business model evolution：In search of dynamic consistency[J]. Long Range Planning，2010，43(2/3)：227－246.

[26]　Zott C，Amit R. Designing your future business model：An activity system perspective[J]. Long Range Planning，2010，43(2)：216－226.

[27] Ostenwalder A, Pigneur Y, Tucci C L. Clarifying business models: Origins, present, and future of the concept[J]. Communication of the Association for Information Systems, 2005(15): 1 - 25.

[28] Michael Hammer. Deep Change: How Operational Innovation Can Transform Your Company [J]. Harvard Business Review, 2004, 82(4).

[29] 孔翰宁, 张维迎, 奥赫贝. 2010 商业模式: 企业竞争优势的创新驱动力[M], 北京: 机械工业出版社, 2008, 9 - 12.

[30] 齐严. 商业模式创新研究[D]. 北京邮电大学, 2010.

[31] 翁君奕. 商务模式创新: 企业经营"魔方"的旋启[M]. 北京: 经济管理出版社, 2004. 98 - 103.

[32] 杨锴. 企业商业模式发展阶段及对策研究[J]. 中国管理信息化, 2012 (15): 84 - 85.

[33] 刘扬. 商用车联网企业的商业模式创新策略研究[D]. 北京交通大学. 2015.

[34] 胡艳曦, 曾楚宏. 论商业模式创新中的组织合法性[J]. 学术研究, 2008(9): 55 - 58, 159.

[35] 荆浩, 贾建锋. 中小企业动态商业模式创新: 基于创业板立思辰的案例研究[J]. 科学与科学技术管理, 2011, 01: 67 - 72.

[36] Siggelkow N. Evolution Toward Fit[J]. Administrative Science Quarterly, 2002, 47 (1): 125 - 159.

[37] 沈永言. 商业模式理论与创新研究[D]. 北京邮电大学, 2011.

[38] Weill P and Vitale M R. Place to space: Migra-ring to e-business models [M]. MA: Harvard Business School Press, 2001: 95 - 100.

[39] Trimi T, Meeus M. Dynamics in busiess models: An empirical analysis of medical biotechnology firm in the Netherlands[J]. Technovation, 2010, 27(2): 221 - 232.

[40] Tucker, P. Business. models for electronic markets[J]. Journal on Electronic Markets, 2010, 8(2): 3 - 81.

[41] Magretta. Why business models matter[J]. Harvard Business Review, 2008, 80(5): 86 - 92.

[42] Mayo M C, Brown G S. Building a competitive business model[J]. Ivey Business Journal, 1999, 63 (3): 18 - 23.

[43] 乔为国. 大力推动商业模式创新[J]. 中国经贸导刊, 2009, 11: 25 - 26.

[44] Linder J, Cantrell S. Changing Business Models: Surveying the Landscape [J]. Institute for Strategic Change, 2000: 1 - 6.

[45] Mahadevan B. Business Models for Internet-Based e-Commerce [J]. California Management Review, 2000.

[46] 原磊. 商务模式体系重构[J]. 中国工业经济, 2007(6): 70 - 79.

[47] Johnson M, Christensen C, Kagermann H. Reinventing your business model [J]. Harvard Business Review, 2008(86): 50 - 59.

[48] 高闯, 关鑫. 企业商业模式创新的实现方式与演进机理: 一种基于价值链创新的理论解释[J]. 中国工业经济, 2006(11): 83 - 90.

[49] Amit R, Zott C. Value creation in e-business[J]. Strategic management journal. 2001, 22(6 - 7): 493 - 520.

[50] Zott C, Amit R. Business Model Design and the Performance of Entrepreneurial Firms[J]. Organization Science. 2007, 18(2): 181 - 199.

[51] Zott C, Amit R. The fit between product market strategy and business model: implications for firm performance[J]. Strategic Management Journal, 2008, 29(1): 1 - 26.

[52] Aziz S A M R. The relationship between business model and performance of manufacturing small and medium enterprises in Malaysia[J]. African Journal of Business Management, 2011, 22(5): 8918 - 8932.

[53] Rhoads K, Townsend D, Busenitz L. Novel Business Models and Radical Technologies under Capital Constraints: Complements or Liabilities? [J]. Frontiers of Entrepreneurship Research, 2011, 12

(31)：3.

[54] Brettel M, Strese S, Flatten T C. Improving the performance of business models with relationship marketing efforts-An entrepreneurial perspective[J]. European Management Journal, 2012, 30(2)：85 - 98.

[55] 刁玉柱, 白景坤. 商业模式创新的机理分析：一个系统思考框架[J]. 管理学报, 2012(1)：71 - 81.

[56] Osterwalder A. The Business Model Ontology-a proposition in a design science approach[D]. Lausanne：University of Lausanne, 2004：20 - 55.

[57] 王红, 孙敏. 移动互联网时代文化产业的商业模式与创新路径[J]. 学习与实践, 2015(10)：121 - 126.

[58] 王鑫鑫, 王宗军. 国外商业模式创新研究综述[J]. 外国经济与管理, 2009(12)：33 - 38.

[59] 欧晓华, 余亚莉. 国内外商业模式创新研究综述[J]. 生产力研究, 2013(6)：184 - 187.

[60] Gambardella A, McGahan A M. Business Model Innovation：General Purpose Technologies and Their Implication for Industry Structure[J]. Long Range Planning, 2009(43)：262 - 271.

[61] Yovanof G S, Hazapis G N. Disruptive Technologies, Services, or Business Models? [J]. Wireless Personal Communications, 2008(4)：569 - 583.

[62] Malhotra Y. Knowledge management & New Organization Forms：a Framework For Business Model Innovation[J]. Information Resources Management Journal, 2000, 13(1)：5 - 14.

[63] Lindgadt Z, Reeves M, Stalk G, et al. Business model innovation-When the game gets tough, change the game[J]. The Boston Consulting Group, 2009(9)：1 - 8.

[64] 张璐璐. 商业模式创新影响因素研究：基于家电连锁行业的实证分析[D]. 安徽大学, 2014.

[65] 许萍. 基于网络消费的商业模式创新的影响因素研究[D]. 西安电子科技大学, 2013.

[66] 黄谦明. 论商业模式创新与企业持续竞争优势[J]. 商业时代, 2009(16)：38 - 40.

[67] Doz Y L, Kosonen M. Embedding strategic agility：A leadership agenda for accelerating business model renewal[J]. Long Range Planning, 2010, 43(2 - 3)：370 - 382.

[68] Cavalcante S A, Kesting P, Ulhi J P. Business model dynamics and innovation(RE) establishing the missing linkages[J]. Management Decision, 2011, 49(8)：1327 - 1342.

[69] 谷奇峰, 丁慧平. 企业能力理论研究综述[J]. 北京交通大学学报(社会科学版), 2009, 8(01)：17 - 22.

[70] 加里·哈默尔. 管理创新[J]. 施工企业管理, 2012(12)：91.

[71] Sinkovics N, Sinkovics R R, Yamin M. The role of social value creationinbusiness model formulation at the bottom of thepyramid-Implications for MNEs? [J]. International Business Review, 2014, 23(4)：692 - 707.

[72] Itami H, Nishink K. Killing two birds with one stone：Profit for now and learning for the future[J]. Long Range Planning, 2010, 43(2 - 3)：364 - 369.

[73] Timmers Paul. Business Models for Electronic Markets [J] Electronic Markets Journal, 1998.8(2)：3 - 81.

[74] Faber E, et al Designing business models for mobile ICT services [R]. 16th Bled Electronic Commerce Transformation Conferences, Slovenia. June9 - 11. 2003.

[75] Venkatraman N, Henderson J C. Four of business model innovation：Value capture in a network era [A]. 2008：259 - 280.

[76] Winter B W, Pistoia A, Ullrich S, et al. Business models：Origin, development and future research perspectives[J]. Long Range Planning, 2015, 49(1)：36 - 54.

[77] Sosna M. Business model innovation：through trial-and-error learning-the naturhouse case[J]. Long Range Planning, 2010(43)：383 - 407.

[78] 李全起. 企业自主创新的影响因素分析[J]. 创新科技, 2006(8)：16 - 17.

[79] 李东. 基于规则的商业模型研究：功能、结构构建方法[J]. 中国工业经济，2010(9)：10-11.

[80] 谢洪明，韩子天. 组织学习与绩效的关系：创新是中介变量吗？：珠三角地区企业的实证研究及其启示[J]. 科研管理，2005(5)：1-10.

[81] 易加斌，谢冬梅，高金微. 高新技术企业商业模式创新影响因素实证研究：基于知识视角[J]. 科研管理，2015，02：50-59.

[82] 姚伟峰，鲁桐. 利益相关者博弈对企业商业模式创新的影响[J]. 中国流通经济，2011(1)：81-84.

[83] 郭海，沈睿. 如何将创业机会转化为企业绩效[J]. 经济理论与经济管理，2014，(3)：70-83.

[84] 秦瑶. 商业银行如何支持科技型小微企业发展[J]. 现代金融，2012(3)：40-41.

[85] 姚伟峰. 企业商业模式创新影响因素评价研究[J]. 哈尔滨商业大学学报(社会科学版)，2013，129(2)：92-95.

[86] 王炳成，杨芳，周晓情. 管理学实证研究中的内容分析法探析：以商业模式创新影响因素为例[J]. 统计与信息论坛，2014，29(5)：105-110.

[87] 刘敦虎，矫健，唐孝文. 移动互联网企业商业模式创新关键要素模型构建及分析[J]. 管理现代化，2015(5)：92-94.

[88] 焦凯. 互联网时代下企业商业模式创新研究[J]. 对外经贸，2015，253(7)：98-100.

[89] 刘彬. "互联网＋"商业模式创新的影响因素及机理研究[D]. 西安理工大学，2017.

[90] 丁萍. 基于扎根理论的移动出行平台商业模式结构模型研究[D]. 西安电子科技大学硕士学位论文，2017.

[91] 王益锋，曹禺. 科技型小微企业商业模式创新影响因素分析[J]. 科技进步与对策，2013，30(18)：13-17.

[92] 王琴. 基于价值网络重构的企业商业模式创新[J]. 中国工业经济，2011(01)：79-88.

[93] 关鑫，高闯. 社会资本视角下的企业商业模式创新机理研究[C]. 第三届中国管理学年会论文集，2008.

[94] 袁新龙，吴清烈. 江苏企业信息化与电子商务应用现状分析[J]. 科技与经济，2003(03)：33-36.

[95] 王茜. IT驱动的商业模式创新机理与路径研究[J]. 管理学报，2011，08(1)：126-132.

[96] Mitchell D, Coles C. The ultimate competitive advantage of continuing business model innovation[J]. Journal of Business Strategy, 2003(24)：15-18.

[97] Ostenwalder A, Pigneur Y, Tucci C L. Clarifying business models: Origins, present, and future of the concept[J]. Communication of the Association for Information Systems, 2005(15)：1-25.

[98] 罗倩，李东. 基于价值维度的商业模式分类方法研究：以战略新兴产业样本数据为例[J]. 软科学，2013(7)：18-23.

[99] 张晓玲，赵毅，葛沪飞. 商业模式典型特性对企业经营绩效的中介影响：基于企业关键资源视角[J]. 技术经济，2015(2)：1-12.

[100] Kim S K, Min S. Business Model Innovation Performance: When does Adding a New Business Model Benefit an Incumbent? [J]. strategic Entrepreneurship Journal, 2015, 9(1)：34-57.

[101] 夏清华，娄汇阳. 规模与垄断如何影响企业商业模式创新：对熊彼特假说的新检验[J]. 学习与实践，2018，4：22-34.

[102] Teece D J. Business Models, Business Strategy and Innovation[J]. Long Range Planning, 2010, 43(2-3)：172-194.

[103] Denicolai S, Ramirez M, Tidd J. Creating and capturing value from external knowledge: the moderating role of knowledge intensity. R&D Management, 2014, 44(3)：248-264.

[104] 程愚. 商务模型与民营企业绩效[J]. 中国工业经济. 2005，6：120-127.

[105] Malone T W, Weill P. Do Some Business Models Perform Better Than Others? [J]. MIT Sloan

Management Working Paper，May 2006：1 - 37.

[106] Christensen C M，et al. Foundation for growth：Howto identify and build disruptive new businesses [M]. Sloan Management Review，2002，43(3)：22 - 31.

[107] Chesbrough H W. Business Model Innovation：Opportunities and Barriers[J]. Long Range Planning，2010，43(2/3)：354 - 363Boston：Harvard Business School Press，2006.

[108] Aversa P，Furnari S，Haefliger S. Business model configuration and performance：A qualitative comapretive analysis in Formula One racing，2005 - 2013. Industrial and Corporate Change，2015，24(3)：655 - 676.

[109] Willamson O E. Credible commitments：Using hostages to support exchange. The American Economic Review，1983，73(4)：519 - 540.

[110] 郭毅夫. 商业模式创新与企业竞争优势的实证研究[J]. 科技与管理，2010(4)：26 - 29.

[111] 蒋天颖，孙伟. 基于市场导向的中小微企业竞争优势形成机理：以知识整合和组织创新为中介 [J]. 科研管理，2013(6)：17 - 24.

[112] 田庆峰，张芳. 基于协同创新的科技型小微企业竞争优势研究[J]. 西安工业大学学报，2014(1)：72 - 76.

[113] 邹樵，席雪. 基于内、外部环境分析的小微企业竞争力研究[J]. 商业经济，2013(18)：24 - 27.

[114] 原磊. 商务模式体系重构. [J]. 中国工业经济，2007(6)：70 - 79.

[115] 赵书坤. 网络零售企业商业模式创新影响因素研究：以淘宝网为例[D]浙江工商大学，2011.1.

[116] 王益锋，曹禺. 科技型小微企业商业模式创新影响因素分析[J]. 科技进步与对策，2013，30(18)：13 - 17.

[117] 丁萍. 基于扎根理论的移动出行平台商业模式结构模型研究[D]. 西安电子科技大学，2017.

[118] Gambaridella A，Mcgahan M. Business model innovation：general purpose technologies and their implications for industry structure[J]. Long Range Planning，2009(7)：1 - 10.

[119] Sosna Marc，Nelly Rosa，Trevinyo-Rodríguez S. Ramakrishna Velamuri. Business Model Innovation through Trial-and-Error Learning[J]. Long Range Planning，2010，43(2)：383 - 407.

[120] Lindgadt Z. Business model innovation：when the game gets tough，change the game[J]. he Boston Consuiting Group，2009(9)：1 - 8.

[121] 秦瑶. 商业银行如何支持科技型小微企业发展[J]. 现代金融，2012(3)：40 - 41.

[122] 李森森. 我国科技型小微企业成长的影响因素研究[D]. 山东大学，2014.

[123] 郭毅夫. 商业模式创新与企业竞争优势：内在机理及实证研究[D]. 东华大学，2009.

[124] 张婧. 市场导向、创新、组织学习和组织绩效的关系研究[J]. 科技管理研究，2004，(4)：49 - 51

[125] 郭毅夫. 商业模式转型影响因素的实证研究[J]. 中国管理科学，2012，S2：594 - 599.

[126] 翁君奕. 商务模式创新：企业经营"魔方"的旋启[M]. 北京：经济管理出版社，2004：98 - 103.

[127] 易加斌，谢冬梅，高金微. 高新技术企业商业模式创新影响因素实证研究：基于知识视角[J]. 科研管理，2015，02：50 - 59.

[128] Ozgen Eren. Entrepreneurial Opportunity Recognition：information Flow，Social and Cognitive Perspectives [D]. Paper for the degree of doctor of RensselaerPolytechnic Institute. New York，2003.

[129] Man T W Y. Entrepreneurial Competencies and the Performance of Smalland Medium Enterprises in the Hong Kong Services Sector [D]. Doctor Paper from Department of Management of The Hong Kong Polytechnic University，2001：169.

[130] 朱凤涛. 企业能力系统演化的实证分析[J]. 工业技术经济，2006(12)：120 - 124.

[131] 丁岳枫. 创业组织学习与创业绩效关系研究[D]. 浙江大学，2006.

[132] Teece D J. Business Models, Business Strategy and Innovation[J]. Long Range Planning, 2010, 43 (2 - 3): 172 - 194.

[133] Zott C, Amit R. Business Model Design and the Performance of Entrepreneurial Firms[J]. Organization Science, 2007, 18(2): 181 - 199.

[134] 郭锦利. 基于长尾理论的科技型小微企业商业模式创新研究[D]. 西安电子科技大学, 2015.

[135] 曹禺. 科技型小微企业商业模式创新影响因素研究[D]. 西安电子科技大学, 2014.

[136] Glass G V. Primary, Secondary, and Meta-analysis of Research [J]. Educational Research, 2006, (5): 3 - 8.

[137] Gambardella A, Mcgahan M. Business-model innovation: general purpose technologies and their implications for industry structure [J]. Long Range Planning, 2009, (7): 1 - 10.

[138] Sosna M. Business model innovation: through trial-and-error learning-the naturhouse case [J]. Long Range Planning, 2010, (43): 383 - 407.

[139] 王璐, 高鹏. 扎根理论及其在管理学研究中的应用问题探讨[J]. 外国经济与管理, 2010, 12: 10 - 18.

[140] 焕明, 处凤. 基于扎根理论的商业模式创新生成机理研究[D]西安电子科技大学学报(社会科学版), 2015, (05): 13 - 19.

[141] 吴毅, 吴刚, 马颂歌. 扎根理论的起源、流派与应用方法述评: 基于工作场所学习的案例分析[J] 科技管理研究, 2016 (03): 32 - 41.

[142] 张敬伟. 扎根理论研究法在管理学研究中的应用[J]. 科技管理研究, 2010, (01): 235 - 237.

[143] 卡麦兹. 建构扎根理论: 质性研究实践指南[M]. 边国英, 译. 重庆: 重庆大学出版社, 2004.

[144] Glaser G. The Grounded theory perspective: Conceptualization contrasted with description[M]. Mill Valley: Sociology Press, 2001: 11 - 14.

[145] Sutton. Fuzzy set models of the helmsman steering a ship in course-keeping and course-changing models[J]. University of Wales Institute of Science & Technology, 1987.

[146] Gersick C J G. Time and Transition in Work Teams: Toward a New Model of Group Development [J]. Academy of Management Journal, 1988, 31(31): 9 - 41.

[147] Browning L D, BeyerJ M, Shetler J C. Building Cooperation in a Competitive Industry: Sematech and the Semiconductor Industry[J]. Acadeny of M anagement Journal, 1995, 38(1): 113 - 151.

[148] Uzzi B. Social Structure and Competition in Interfirm Networks: The Paradox of Embeddedness[J]. Administrative Science Quarterly, 1997, 42(1): 35 - 67.

[149] 丁鹏飞, 迟考勋, 孙大超. 管理创新研究中经典探索性研究方法的操作思路: 案例研究与扎根理论研究[J]. 科技管理研究, 2012, 17: 229 - 232.

[150] 韩炜. 基于扎根理论的企业战略定位探讨[J]. 现代财经. 天津财经大学学报, 2008, 28(10): 38 - 42.

[151] 许爱林, 郑称德, 股薇. 基于扎根理论方法的商业模式结构整合模型研究[J]. 南大商学评论, 2012(3)117 - 139.

[152] 赵佳英, 郑称德, 股薇. 我国电子商务商业模式动态演变: 基于内容分析法的纵向研究 * [J]. 情报杂志, 2013(3): 189 - 194.

[153] 马凤岭, 陈颉. 基于扎根理论的孵化器商业模式演进机制研究[J]. 科学与科学技术管理, 2014 (5): 130 - 136.

[154] 姚明明, 吴晓波, 石涌江, 等. 技术追赶视角下商业模式设计与技术创新战略的匹配: 一个多案例研究[J]. 管理世界, 2014(10): 149 - 162.

[155] 陈文基, 忻展红, 申志伟. 基于经典扎根理论的商业模式研究[J]北京邮电大学学报(社会科学

版），2011(03)：81－88.

[156]　科技部、财政部、国家税务总局. 科技型中小企业评价办法[S]. 2017－05－03

[157]　第十二届全国人民代表大会常务委员会第二十九次会议修订. 中华人民共和国中小企业促进法
[S]. 2017－09－01.

[158]　爱迪斯. 企业生命周期[M]. 北京：中国社会科学出版社，1997.

[159]　钱德勒. 看得见的手：美国企业的管理革命[M]. 北京：商务印书馆，1987.

[160]　马歇尔. 经济学原理. 北京：商务印书馆，1991：1－90.

[161]　克林·盖尔西克. 家族企业的繁衍：家族企业的生命周期[M]. 北京：经济日报出版社，1998.

[162]　工业和信息化部. 关于促进和规范民用无人机制造业发展的指导意见[S]. 2017－12－06.